_____ 님의 소중한 미래를 위해
이 책을 드립니다.

**왜 우리는
도박에 빠지는 걸까**

왜 우리는
도박에 빠지는 걸까

도박으로 고통받는 사람들과 가족들을 위한 110가지 이야기

김한우 지음

초록북스

초록북스

우리는 책이 독자를 위한 것임을 잊지 않는다.
우리는 독자의 꿈을 사랑하고,
그 꿈이 실현될 수 있는 도구를 세상에 내놓는다.

왜 우리는 도박에 빠지는 걸까

초판 1쇄 발행 2013년 10월 10일 | **초판 5쇄 발행** 2024년 10월 5일 | **지은이** 김한우
펴낸곳 (주)원앤원콘텐츠그룹 | **펴낸이** 강현규 · 정영훈
등록번호 제301-2006-001호 | **등록일자** 2013년 5월 24일
주소 04607 서울시 중구 다산로 139 랜더스빌딩 5층 | **전화** (02)2234-7117
팩스 (02)2234-1086 | **홈페이지** www.matebooks.co.kr | **이메일** khg0109@hanmail.net
값 16,000원 | **ISBN** 978-89-6060-305-9 03320

잘못 만들어진 책은 구입하신 서점에서 교환해 드립니다.
이 책을 무단 복사, 복제, 전재하는 것은 저작권법에 저촉됩니다.

이 도서의 국립중앙도서관 출판시도서목록(CIP)은 e-CIP홈페이지(http://www.nl.go.kr/ecip)에서
이용하실 수 있습니다.(CIP제어번호 : CIP2013019172)

성장은 뜻밖의 어둠 속에서
도약할 때 이루어진다.

· 헨리 밀러 ·

지은이의 말

도박중독은 결코 불치병이 아니다

    많은 사람들이 도박중독은 "손목을 자르면 발가락만 갖고도 도박을 할 정도의 불치병이라서 결코 나을 수 없다."라고 단언한다.
    하지만 필자는 그 말에 전혀 동의할 수 없다. 도박중독이 무서운 병임에는 틀림없지만 분명히 치유될 수 있다는 것을 알고 있고, 그동안의 경험을 통해서 더욱더 확신하기 때문이다. 물론 사람들이 왜 그렇게 생각하는지는 충분히 이해한다. 사람들은 사실 도박중독이라는 병에 대해 잘 모르고 치료 방법 또한 알 턱이 없기 때문에 그저 두려워서 그러는 것뿐이다.

    도박중독의 치료 방법을 널리 알리기 위해 이 책을 썼다. 국내에 출판된 도박중독 관련 서적이 그리 많지도 않고 대개 치료자를 위한 전문 서적들뿐이어서, 정작 도박중독자와 가족이 치유의 길잡이로 참고할 만한 책이 많지 않은 것이 내내 아쉬웠다. 그래서 부족하나마 그동안의 경험을 모아 그 첫걸음을 떼고자 한다.

이 책은 4부로 구성되어 있다. 1부에서는 도박과 도박중독이 무엇인지에 대해 설명한다. 2부에서는 본격적으로 도박중독과 도박중독자의 특성에 대해 살펴본다. 그 밖에 도박중독과 도박 충동의 관계, 도박중독으로 인해 필연적으로 발생하는 돈 문제, 특히 도박으로 돈을 딸 수 없는 이유를 강조해 설명한다. 3부는 도박중독 치유와 회복을 방해할 수 있는 가족들의 오해와 편견에 초점을 맞추고 있다. 마지막으로 4부에서는 도박중독 문제를 해결하기 위한 구체적인 방법을 소개하고 있다. 세세하게는 빚을 갚는 방법, 재정을 관리하는 방법에서부터 법적 문제를 해결하는 방법, 도박 충동에 대처하는 방법, 여가 생활을 하는 방법, 가족이 도박중독 문제에 대처하는 방법, 도박중독 재발을 예방하는 방법 등을 살펴본다. 이 책에서 도박중독과 관련된 문제를 총망라하려고 많은 노력을 기울였다.

어렵게 느껴질 수 있는 전문적인 용어보다는 가능한 한 쉬운 용어와 예를 사용하려고 노력했다. 그러다 보니 개인적인 임상 경험에 기초한 주관적인 내용들도 다수 포함되었다. 이는 앞으로 계속 보완해 나갈 것이다. 지금 이 순간에도 고통받고 있는 도박중독자와 가족들을 위한 작은 희망이 되기를 바라는 진실된 마음으로 이 책을 조심스레 세상에 내놓는다.

CONTENTS

지은이의 말   도박중독은 결코 불치병이 아니다   — 6

Part 1
도박과 도박중독을 말한다

1장   도박이란 무엇인가?   — 18

도박을 없앨 수가 없다면 바로 알자 • 도박의 기준은 무엇인가? • 주식은 도박인가? • 가족에게 말할 수 없다면 도박이다 • 도박의 종류를 알아보자

2장   도박중독이란 무엇인가?   — 26

도박이 아니라 도박중독이 문제다 • 도박중독은 행동중독이다 • 도박중독은 물질중독과 이것이 다르다 • 도박중독은 어떻게 진행되는가? • 도박중독은 은밀한 중독이다 • 도박에 중독되는 이유 • 도박중독의 약물치료 • 가장 효과적인 도박중독 치료법은 무엇인가? • 도박중독 분야의 추세

Part

도박중독에 대한 이해가 필요하다

1장   도박중독이 우리 삶에 치명적인 이유   — 46

대체 어느 정도가 지나친 도박인가? • 도박중독은 브레이크가 고장 난 차를 타는 것이다 • 도박중독이라는 산불 • 도박중독은 모든 것을 빨아들이는 블랙홀이다 • 도박중독자의 2가지 특징 • 도박중독이 무서운 이유 • 도박중독은 절호의 기회가 될 수 있다

2장   도박중독자는 어떤 사람인가?   — 56

도박중독자의 착각 • 도박중독자는 못 말리는 낙관주의자 • 도박중독자는 왜 치료를 거부하는가? • 도박중독자가 문제를 인정하지 않는 이유 • 도박중독자가 생각하는 공평함의 기준 • 도박중독자가 하는 말의 변화 • 일을 열심히 하는 도박중독자라고? • 도박중독자의 자살 위험성은 어느 정도인가?

3장   도박 충동보다 더 무서운 건 없다   — 70

도박 충동은 왜 쉽게 사라지지 않을까? • 도박 충동까지 이기고 싶어하는 도박중독자 • 도박 충동의 유혹을 단호히 거절하자 • 도박 충동을 어떻게 구분하는가?

4장 도박중독에서 돈 문제는 필연적이다 — 77

돈에 초점을 맞춘 삶이 왜 위험한가? • 도박으로 도박 빚을 갚는다는 도박중독자의 역설 • 도박으로 번 돈은 도박판을 벗어나지 못한다 • 재발 위험 금액을 알아야 한다 • 돈이 너무 없는 것도, 너무 많은 것도 문제다 • 돈이냐, 사람이냐? • 돈보다 중요한 것은 시간이다 • 도박중독 해결의 핵심은 신뢰다 • 여윳돈이 생겼을 때 어떻게 하면 좋을까? • 도박중독자의 가족이 돈 문제를 호소하는 이유 • '꽁지'는 '꽁지돈'에 목숨 걸지 않는다

5장 도박중독으로 돈을 잃을 수밖에 없는 이유 — 93

환급률 때문에 돈을 딸 수 없다 • 심리적 이유 때문에 돈을 딸 수 없다

6장 도박중독자, 선택만 있고 책임은 없다 — 99

도박중독자의 약속 • 도박중독자는 회복을 책임져야 한다 • 선택만 하는 도박중독자와 책임만 지는 가족

7장 도박중독을 알리는 방법은 따로 있다 — 105

도박중독자임을 왜 공개해야 하는가? • 누구에게, 언제, 얼마나 공개해야 하는가? • 도박중독을 공개했을 때의 효과 • 도박중독임을 자녀에게 알려야 하는가? • 배우자에게 친부모의 도박 문제를 알려야 하는가?

8장 도박중독은 가족까지 병들게 한다 — 115

가족이 고통받는 의심병과 조급증 • 가족치료는 왜 받아야 하는가? • 도박중독자의 가족도 개인 상담이 먼저다 • 가족들은 왜 자발적 회복에 매달리는가? • 적절한 죄책감과 부적절한 죄책감 • 당신은 무조건 내 말대로 해야 돼 • 도박중독자에게 필요한 감정은 부러움이다 • 도박중독자의 가족에게 권하는 자가치유법 • 도박중독자 부모의 부적절한 행동

9장 회복으로 가는 길은 무엇인가? — 133

도박중독에 머물러 있는 순간이 더 중요하다 • 도박중독자에게 '만약'이란 없다 • 주변 사람을 챙기기 시작하는 것은 어떤 의미인가? • 문제를 인식하게 되었다는 것을 어떻게 아는가? • 치유에 임하는 도박중독자의 태도 변화 • 도박중독자는 자신의 회복을 자랑하라 • 도박중독이 치유되면 도박 충동은 어떻게 될까? • 도박중독이 치유되었다는 것을 어떻게 아는가?

Part 3
도박중독에 대한 불편한 진실

1장 도박중독에 대해 잘못 알려진 오해 8가지 — 148

도박중독은 죄가 아닌가? • 도박중독이라는 병 • 도박의 증거를 쉽게 노출하는 이유는 무엇인가? • 도박을 끊으려는데 왜 손목을 자르는가? • 도박중독은 왜 신체적인 건강을 해칠까? • 도박중독은 왜 전문적인 치료가 필요할까? • 도박중독은 불치병인가?

2장 도박중독자에 대한 오해와 편견 10가지 — 158

도박중독자는 무책임한 인간인가? • 가족의 고통을 왜 이해하지 못하는가? • 도박중독자는 게으른 베짱이인가? • 다른 도박에 손을 댈 때 어떻게 하나? • 도박중독자는 고통받아 마땅한가? • 심리치료나 상담 시간을 왜 잊을까? • 다른 도박중독자에게 경고하는 도박중독자 • 갑자기 바뀌는 도박중독자는 위험하다 • 버림받는 것을 가장 두려워한다 • 도박은 나쁜 친구와 같다 • 애도의 시간이 필요하다

3장 회복 과정에 대한 오해와 미신 10가지 — 174

도박중독자가 고통을 받아서는 안 된다는 생각 • 단도박이 더 중요할까, 삶의 변화가 더 중요할까? • 치료 기간은 얼마나 걸리는가? • 감시와 통제가 불필요한 이유 • 도박중독자를 정신병원에 입원시켜야 하는가? • 과연 결혼을 하면 도박중독에서 벗어날까? • 도박을 자꾸 말하는 것이 도움이 될까? • 도박중독임을 알려주는 것이 도움이 될까? • 도박중독자의 심리 문제를 평가해야 하는 이유 • '바닥치기'의 효과는 '잠재된 희망'에 달려 있다

Part 4

도박중독의 해결책은 반드시 있다

1장 도박 빚을 어떻게 갚을 것인가? — 192

도박 빚은 도박중독자의 말보다 항상 많은 법이다 • 도박 빚을 꼭 갚아야 하는가? • 도박 빚을 갚는 것과 생활비 마련 중 어느 것이 먼저인가? • 도박 빚을 이전에 있던 빚과 함께 갚아도 될까? • 도박 빚 갚기에 '올인'해야 하는가? • 도박 빚을 어떻게 갚는 것이 좋은가? • 도박 빚 갚기의 원칙

2장 도박중독자의 돈 관리, 이렇게 해야 한다 — 202

도박 자금원을 차단하라 • 채무변제 계획을 수립하라 • 재정 분리를 하라 • 현금출납부라도 써라 • 도박중독자가 빌려준 돈은 어떻게 하는가? • 도박 빚을 갚는데 경제 사정은 왜 나아지지 않는가? • 도박중독자에게 도움이 되는 재정 관리 마인드

3장 법적인 문제는 어떻게 풀어나갈 것인가? — 214

채권자가 도박중독자를 사기 혐의로 고소한다면? • 도박중독자가 명의 변경을 시도한다면? • 도박은 이혼 사유인가? • 도박중독자 배우자의 재산을 이혼시 지킬 수 있을까? • 부동산 가등기 설정이 효과가 있을까? • 가족 명의를 도용해 대출을 받았다면? • '대포차'는 어떻게 해야 할까?

4장 회복의 길은 도박중독자, 본인의 책임이다 — 223

도박중독자가 반드시 잊어야 하는 낱말 • '아직은'이라는 말을 넣어서 말해보자 • 도박을 그만둘 이유가 필요하다 • 단도박과 탈도박의 차이 • 도박중독자가 도박을 그만두는 2가지 길 • 도박을 그만두는 것이 최우선이다 • 해결책은 힘든 문제 뒤에 숨어 있다 • 이제는 생각을 그만두고 행동해야 할 때다 • 도박중독자가 도박을 그만두는 3단계 • 도박 유혹에 대처하는 3단계 전략 • 온라인 도박을 끊으려면 PC방부터 끊어라 • 도박중독자는 무력감과 싸울 준비를 해야 한다 • 도박 충동에는 단계적으로 대처하라 • 도박 충동에 대처하는 1단계 : 회피와 대치 • 회피와 대치 전략의 성공 조건 • 도박 충동에 대처하는 2단계 : 반박과 논쟁 • 도박중독자에게는 '무대책'도 '대책'이다 • 도박중독자가 먼저 하면 좋은 것들 • 가장 마지막 요일로 고정하자 • 자발적 무장해제란 무엇인가? • 치유 초기에 원인을 찾는 것이 왜 해로운가? • 도박중독에서 벗어나려면 핑계를 대지 마라 • 신뢰를 회복하기 위해 어떤 노력을 했는가? • 가족의 신뢰를 어떻게 되찾아야 하는가? • 사소한 거짓말이 더 해로운 이유 • 도박중독자에게 필요한 건 실천이다 • 매사에 투명함을 유지하는 것이 어렵다면? • 불법 도박을 하는 도박중독자를 어떻게 하는가? • 도박중독 치유는 자전거 타기를 배우는 것과 비슷하다 • 도박이

주는 이득을 인정하고 수용하라 • 단도박을 기념하고 축하하라 • 도박중독자에게는 플러스 사고가 필요하다 • 명현현상을 두려워하지 말자 • 다시는 도박을 안 할 거냐고 묻는 가족 • 잠자리 거부를 못 받아들이는 도박중독자 • 시댁에 자녀를 데려가지 못하게 하는 배우자

5장 회복의 길에 가족의 도움은 절대적이다 — 277

사공이 많으면 어떻게 되는가? • 치료를 거부하는 도박중독자는 어떻게 해야 하나? • 폭력을 가하는 도박중독자는 어떻게 해야 하나? • 도박중독 사실을 가족에게 알리지 말라고 한다면? • 가족이 빚을 대신 갚아주면 왜 안 되는가? • 도박중독 치료의 제1원칙을 절대로 잊지 말자 • 진실만이 답이다 • 도박중독 치료는 무료다 • 가족 흔들기에 반응하지 말자 • 도박중독자에게 치료를 설득하는 방법 • 내가 너 때문에 치료받는 거야! • 도박중독자 스스로 도박을 끊을 수 있다면? • 도박중독자가 도박만 허락해달라고 한다면? • 도박 대신 술이 늘었는데 괜찮을까? • 상담자와 합의하에 상담을 종결했는지 확인하자 • 가족들이 끝까지 노력해야 하는 이유 • 도박중독 치료는 과정에 초점을 맞추자 • 도박중독자를 밀지 말고 끌어당기자 • 여전히 돈을 딸 수 있다고 생각한다면? • 가족들은 당분간 의심을 인정하자 • 의심병에 걸렸다고 이야기하자 • 도박 사실을 아는 사람들을 계속 피할 때 • 도박이 싫다고 이야기하라 • 도박중독자와 떨어져 사는 가족을 위한 초기 대처 방법 • 상담일을 가족 이벤트로 활용하자 • 도박중독 부부치료에서 중요한 '외재화' • 도박중독자의 가족은 왜 칭찬에 인색한가? • 진정한 독립을 해야 한다 • 지금은 각자의 성을 돌볼 때다 • 희생이 아닌 수용이 필요하다 • 가족들은 자신에게 집중하자 • 모든 다중 관계는 언제나 해롭다

6장 회복에 도움이 되면 무엇이라도 해야 한다 — 321

도박중독자가 목표로 해야 하는 여가 활동 • 탈도박 초기에는 쉬운 활동부터 하자 • 적절한 취미 활동의 출발점 • 취미 활동은 반드시 가족과 함께하자 • 도박중독 치유는 균형이 중요하다 • 도박중독자를 위한 취미 선택 기준

7장 재발하더라도 딛고 일어서는 것이 중요하다 — 332

솔직하게 이야기하는 것이 중요하다 • 도박 생각이 나지 않으면 도박중독이 치유된 걸까? • 도박중독 치유에서 재발은 피할 수 없는가? • 실수한 도박중독자는 어떻게 해야 하는가? • 도박에 다시 손을 대는 것은 재발의 결과다 • 변명하는 도박중독자는 반드시 재발한다 • 도박중독자가 실수를 두려워해야 하는 이유 • HALT는 도박중독에도 해롭다 • 도박중독을 재발하게 만드는 위험 요소 • 재발 요인 중 가장 위험한 것 • 수면장애는 재발의 전조 증상인가? • 도박을 유혹하는 환경을 접하면 안 되는 이유 • 도박중독은 100일병이자 1년병 • 빨리 회복된 도박중독자가 더 쉽게 재발하는 이유 • 도박 없는 삶을 상상하기 어렵다 • 도박을 조절하면서 즐길 수 있을까? • 돈 말고 다른 이야기를 해보자 • 도박중독자에게는 무엇보다도 미래가 중요하다

부록 1 도박중독 체크리스트   — 358
부록 2 도박중독 치료 관련 기관   — 360
『왜 우리는 도박에 빠지는 걸까』 저자 심층 인터뷰   — 364

사회가 다변화하면서 도박의 종류도 점점 더 다양해지고 있다. 이때 문제가 되는 것은 도박 자체가 아니라, 자제력을 잃고 계속 도박에 탐닉하게 되는 도박중독이다. 알코올, 마약과 같은 물질중독과 행동중독인 도박중독의 차이를 알아보고 어떤 과정을 거쳐 도박에 중독되는지, 도박에 중독되는 이유는 대체 무엇인지, 그리고 어떤 방법이 도박중독 치유에 효과적인지 알아보자.

Part 1

도박과 도박중독을 말한다

도박이란 무엇인가?

돈을 따거나 잃을 가능성, 베팅, 불확실한 결과를 모두 충족할 때 '도박'이라고 한다. 도박은 운으로만 결과가 결정되는 것과 운과 기술이 작용하는 것으로 나뉘는데, 도박중독자들은 기술을 과대평가해서 도박으로 돈을 딸 수 있다고 믿는다.

도박을 없앨 수가 없다면 바로 알자

도박 문제가 있는 도박중독자 본인이건, 그로 인해 고통받는 가족이건 이 책을 손에 든 여러분이 가장 궁금해하는 것은 도박중독이 대체 무엇인지 그리고 어떻게 해야 도박중독 문제를 해결할 수 있는지 그 방법일 것이다.

하지만 도박중독 문제를 해결하고 치유하는 방법을 배우기 전에 먼저 도박이 무엇인지부터 알아야 한다. 도박에 대한 정확한 지식이 도박중독을 이해하는 데 도움이 될 뿐만 아니라, 치유가 된 이후에 재발 예방을 위해서도 꼭 필요하기 때문이다.

흔히 인간에게는 놀이의 본성이 있다고 한다. 그래서 무조건 도박을 못하도록 억압만 해서는 도박중독 문제를 해결할 수 없다. 법으로든, 종교적인 율법으로든, 혹은 사회제도적인 방법으로든 도박을 근절하거나 완전히 몰아내는 데 성공한 국가는 세상에 없다. 가족들의 마음이야 강제적으로라도 도박중독자가 도박을 못하게 하고 싶겠지만, 그런 강제적인 방법이 성공할 수 없다는 것은 이미 1930년대 미국의 밀주법 실패 등의 역사적 사례에서 반복적으로 증명되었다.

그러니 이 세상에서 도박을 완전히 없애는 것이 불가능하다면 차라리 도박의 속성에 대해 정확하게 아는 것이 도박중독 문제에 효과적으로 대처하는 방법일 수 있다. 이제 도박이란 무엇인지부터 알아보자. 도박의 일반적인 정의는 다음과 같다.

"건 돈을 잃어버릴 위험성을 감수하고 돈을 더 많이 딸 수 있으리라는 희망하에 불확실한 사건에 돈을 거는 행위."

이때 돈뿐만 아니라 돈으로 바꿀 수 있는 모든 재화도 돈과 동일한 역할을 할 수 있다는 점이 중요하다. 그러니 도박중독자가 "내가 거는 건 돈이 아니고 상품권이기 때문에 괜찮다."라는 식의 변명은 무의미하다. 결과가 불확실한 어떤 사건이 있고, 그 사건의 결과에 돈(또는 돈과 교환할 수 있는 재화)을 걸고, 건 돈을 모두 잃어버릴 위험성과 돈을 딸 가능성이 동시에 존재하면 그 행위가 바로 도박이다.

도박의 범위는 생각보다 넓다. 그래서 놀이에 돈내기를 하고 그 결과를 미리 알 수 없다면 그것이 무엇이든 도박으로 간주해야 한다. 이제 어떤 것들이 도박에 포함되는지 좀더 자세히 살펴보도록 하자.

도박의 기준은 무엇인가?

도박이 무엇인지에 대한 이해를 돕기 위해 앞에서 도박의 정의를 간략히 살펴보았다. 이를 3가지 기준으로 나눠보면 다음과 같다.

1. 건 돈을 잃어버릴 위험성과 돈을 딸 가능성이 모두 있다.
2. 어떤 사건의 결과에 돈(또는 돈과 교환할 수 있는 재화)을 건다.
3. 그 사건의 결과가 불확실하다.

첫 번째와 두 번째 기준은 그다지 어렵지 않게 이해할 수 있지만 세 번째 기준은 생각보다 간단치 않은 문제다. 왜냐하면 사람마다 결과의 불확실성에 대한 기준이 각기 다르기 때문이다. 주식을 예로 들어 살펴보자.

주식은 도박인가?

주식 투자는 많은 사람들이 인정하는 재테크 수단 중 하나다. 그렇다면 주식 투자를 도박이라고 할 수 있을까? 주식 투자가 도박이라고 주장하면 아마도 발끈할 사람이 많을 것이다. 앞에서 살펴본 도박의 3가지 기준을 차례대로 적용해보자.

기준 1 _ 건 돈을 잃어버릴 위험성과 돈을 딸 가능성이 모두 있다
주식 투자에 성공하면 꽤 높은 수익을 올릴 수 있고 반대로 실패하면 큰돈을 잃을 위험성도 있으므로 첫 번째 기준은 무리 없이 충족된다. 다음으로 도박의 두 번째 기준을 살펴보자.

기준 2 _ 어떤 사건의 결과에 돈을 건다
돈을 거는 대상이 코스피 지수이건, 특정 회사의 주식이건 주가의 등락(사건의 결과)에 돈을 거는 것이 맞다. 그러니 두 번째 기준도 당연히 충족한다. 그럼 세 번째 기준은 어떨까?

기준 3 _ 그 사건의 결과가 불확실하다
주식 투자를 하는 사람 중에는 그동안 축적된 자료 분석을 통해 향후 주가를 정확하게 예측하는 것이 가능하다고 주장하는 사람이 있다. 하지만 우리는 이미 2008년 미국발 금융위기를 통해 주가의 예측과 분석은 언제든지 쉽게 무용지물이 될 수 있다는 사실을 확인한 바 있다. 특히 빠른 의사 결정이 필요한 선물이나 옵션거래, 단타 매매 등은 불확실성이 더욱 크다. 아마도 주식 투자가 전혀 실패하지 않는 확실한 재테크 수단이라고 자신 있게 주장하는 재테크 전문가는 없을 것이다.

이처럼 주식 투자는 도박을 정의하는 3가지 기준을 모두 충족하기 때문에 주식 투자도 도박이라고 말할 수 있다.

주식 투자에 성공하면 큰돈을 벌 수도 있지만 반대로 실패하면 큰돈을 잃을 수도 있다. 이 점 때문에 현장에서 도박중독을 치료하는 임상가들은 이구동성으로 "주식도 도박으로 간주해야 한다."라고 말한다. 주식 투자가 도박을 정의하는 기준을 그대로 충족하기도 하지만 도박에는 손도 대지 않으면서 오로지 주식 투자만 하는 주식중독자가 보이는 증상과 행동이 도박중독자와 거의 차이가 없으며 치료 방법도 동일하기 때문이다.

게다가 어떤 면에서 주식중독은 도박중독보다 더 위험할 수도 있다. 도박은 그나마 대부분의 사람들이 위험성을 어느 정도는 인지하지만 주식은 재테크 수단이므로 별로 위험하지 않다고 방심하는 경향이 있기 때문이다. 그래서 과도한 주식 투자의 심각성을 인식하지 못하고 쉽게 경계를 늦추곤 한다.

또한 도박중독자가 치유된 이후에 '주식쯤은 괜찮겠지.' 하고 느슨한 마음으로 주식에 손을 대는 바람에 도리어 도박중독이 재발하는 경우도 있다. 더 심각하게는 주식중독자가 주식으로 잃은 돈을 만회하기 위해, 많은 돈을 딸 것처럼 보이지만 돈을 잃을 수밖에 없는 위험한 도박에 새롭게 빠져들기도 한다.

더군다나 주식은 도박과 달리 일종의 베팅 상한선이 없기 때문에 일반적으로 손실의 규모가 훨씬 커서 더 문제다. 임상 현장에서는 주식 투자를 위험 부담이 큰 재테크의 일종으로 여기기보다는 도박중독과 동일 선상에 놓고 항상 경계하고 있다.

가족에게 말할 수 없다면 도박이다

이렇게까지 설명해도 도박이 무엇인지 감을 잡지 못하고 여전히 헷갈리는 사람들을 위해 정말 간단한 도박 구별법을 하나 알려주고자 한다. 앞에서 도박의 기준을 상세히 살펴봤지만 기준이 없이는 주식이 재테크 수단인지, 아니면 도박인지 구분하는 것조차 쉽지 않은 것처럼 현대사회가 워낙 복잡한 데다 도박으로 분류하기가 애매한 신종 투자 상품이나 게임이 지금 이 시간에도 계속 쏟아져 나오고 있기 때문이다.

따라서 도박의 정의에 대해 비교적 잘 알고 있는 도박중독자들도 신종 투자 상품이나 게임이 도박인지 아닌지 한눈에 구별하는 것은 결코 쉽지 않다. 그러므로 도박인지 아닌지, 그래서 그것을 해도 되는지, 아니면 해서는 안 되는지를 구분하는 아주 쉽고 간단한 방법이 있는데 다음과 같다.

> "당신이 도박인지 아닌지 궁금해하는, 바로 '그것'을 하겠다고 가족에게 당당히 이야기를 할 수 있다면 그건 해도 된다. 하지만 왠지 '이야기를 하면 안 될 것 같다(혹은 좋지 않은 일이 생길 것 같다).'라는 불길한 생각이 조금이라도 들면 그것은 도박이다."

이는 도박중독의 피해에 민감한 가족의 '감'을 활용하는 것인데 의외로 상당히 정확하고 도박중독자들도 인정하는 방법이다. 도박중독자의 가족은 도박에 대해 정확한 지식이 없더라도 도박 때문에 겪은 고통과 피해가 커서 상당히 예민해져 있다. 그러므로 이 방법은 도박의 속성에 민감하게 반응하는 성향을 이용하는 방법이다.

도박의 종류를 알아보자

도박의 정의를 알고 그것만 숙지하면 될 것 같지만 어떤 도박들이 있는지 알아야 하는 이유도 있다. 그러니 조금 귀찮더라도 도박의 종류까지는 알아두자.

우선 도박은 합법적인 도박과 불법 도박으로 구분하는 방법이 있다. 합법적인 도박은 관련 법의 테두리 안에서 시행되는 도박이고, 불법 도박은 그 테두리를 벗어난 모든 종류의 도박을 일컫는다. 좀 더 간단히 구분하자면 '법으로 정해진 세금을 납부하지 않는 도박은 모두 불법 도박'이다.

그런데 흥미롭게도 관련 법에 의해 시행되는 합법적인 도박인 경마·경륜·경정·카지노 등을 즐긴다고 주변 사람들에게 말하면 따가운 시선을 감내해야 하지만, 엄밀히 말하면 불법 도박이라고 할 수 있는 사치성 내기 골프, 직장 동료들과의 내기 화투 등은 사회 통념상 관례로 인정되는 것이 우리의 실정이다. 뭔가 앞뒤가 맞지 않는 모습이 아닐까?

합법적인 도박과 불법 도박을 구분하는 것이 중요한 이유는 무엇일까? 바로 도박중독과 관련이 있어서다. 온전히 치유에만 집중하면 되는 합법적인 도박과 달리 불법 도박에 중독되면 치유와 더불어 범법 문제도 함께 다루어야 하기 때문이다. 과거에는 불법 도박의 운영자만 처벌했지만 최근에는 도박중독자도 함께 처벌하고 양형도 점점 무거워지는 추세다.

2012년 2월에 불법 스포츠 도박을 한 도박중독자를 5년 이하의 징역 또는 5천만 원 이하의 벌금형에 처할 수 있도록 국민체육진흥법이 개정되었다. 그래서 불법 도박에 중독된 도박중독자는 치유의 어려움과 함께 처벌 위협이라는 이중고를 겪게 되므로 도박중독자와 그 가족들은 불법 도박을 더욱 경계해야 한다.

도박은 온전히 운에 결과가 달린 도박과 운과 기술이 함께 작용해서 결과가 달라지는 도박으로 나눌 수도 있다. 온전히 운에 결과가 달린 도박은 우리가 결과에 전혀 영향을 미칠 수 없으며 오로지 우연에 의해 결과가 좌지우지되는 도박을 말한다. 대표적인 도박으로는 로또와 같은 복권, 슬롯머신, 룰렛, 비디오 포커, 주사위 게임 등이 있다.

이와 달리 운과 기술이 함께 작용해서 결과가 달라지는 도박은 운뿐만 아니라 도박을 하는 사람의 기술이나 예측이 어느 정도 작용한다. 예컨대 포커 게임이나 블랙잭과 같은 카드 게임이 그렇다. 또한 경마와 같은 스포츠 도박도 기수와 말의 능력, 승률과 같은 정보를 수집해서 비교·분석하는 기술이 어느 정도 도움이 된다. 하지만 이러한 기술이나 정보 분석을 통해 예측할 수 있는 부분은 매우 적다. 그럼에도 도박중독자는 이를 지나치게 과대평가하는 오류를 범하곤 해서 문제가 된다.

도박중독이란 무엇인가?

도박의 결과가 해롭다는 것을 알고 있음에도 자제하지 못하고 계속 도박에 빠져드는 것이 도박중독이다. 도박중독은 주변에서 알아차리기가 어려워 '은밀한 중독'으로도 불린다.

도박이 아니라 도박중독이 문제다

앞에서 도박이란 "건 돈을 잃어버릴 위험성을 감수하고 돈을 더 많이 딸 수 있으리라는 희망하에 불확실한 사건에 돈을 거는 모든 행위."라고 배웠다.

사실 도박 자체가 나쁜 것은 아니다. 일정한 한계를 정하고 그 안에서 놀이 본능을 충족하고 스트레스를 해소하며 주변 사람들과 친목을 도모하는 수단으로 적절히 활용하는 사람들이 실제로 있고 또충분히 가능하기 때문이다. 문제는 그 한계를 지키지 못하고 넘어설

때 발생하는데 그것이 바로 도박중독 문제다.

일반적으로 '중독'이란 '결과가 해롭거나 해롭다는 것을 알고 있는데도 특정 행동을 자제하지 못하고 계속해서 지나친 수준으로 그 행동에 탐닉하는 것'을 말한다.

중독에는 니코틴중독, 쇼핑중독, 인터넷중독, 알코올중독, 마약중독, 주식중독, 섹스중독 등 매우 다양한 유형이 있고, 이 중 일부는 이미 정신질환으로 분류되어 있다. 그 중에서 도박중독은 미국정신의학회American Psychiatric Association의 진단 편람에 공식 수록되어 있는 병이다. 따라서 자신이 도박에 중독되었다면 하루라도 빨리 전문기관의 도움을 받는 것이 좋다.

그런데 대다수의 도박중독자들은 자신이 도박에 중독되었음을 인정하지 않는다. 때문에 치료받으려고 하지 않고 설사 치료를 받는다고 해도 치료자와 끊임없는 논쟁과 승강이를 벌이면서 치유에 쓰여야 할 아까운 시간을 낭비한다.

자신에게 도박중독 문제가 있음을 마음속 깊이 인정하는 도박중독자는 매우 드물다. 그래서 대부분 가족이나 친지, 주변 사람들의 손에 이끌려 반강제적으로 치료기관에 의뢰되고, 자발적으로 치료기관과 접촉하는 경우에도 이미 과중한 도박 빚이나 신용불량, 직업 상실, 가정 파탄 등의 문제로 재기 자체가 쉽지 않은 상태다. 그러므로 한시라도 빨리 본인이 도박중독자라는 사실을 받아들이고 더 늦기 전에(가족의 지원 체계가 유지되고 있을 때) 전문적인 치료를 시작해야 한다.

도박중독은 행동중독이다

마약중독·알코올중독·니코틴중독 등은 모두 중독되기 위해 특정한 물질을 필요로 한다. 이러한 물질이 신체에 작용해 중독을 야기하기 때문이다. 그래서 이들을 통틀어 '물질중독'이라고 한다.

이와 달리 물질이 아닌 특정한 행동에 중독되는 것을 '행동(행위)중독'이라고 한다. 게임중독·도박중독·쇼핑중독·섹스중독 등은 모두 물질이 아닌, 각각 게임·도박·쇼핑·섹스라는 행동을 자제하지 못하고 지나치게 빠져드는 행동중독이다.

그러나 최근에는 "물질중독도 넓게 보면 행동중독의 일종이다."라는 주장이 일각에서 설득력을 얻고 있다. 니코틴중독은 담배에 불을 붙여 니코틴을 빨아들이는 행동, 알코올중독은 손으로 잔을 들어 입에 술을 털어 넣는 행동, 마약중독은 혈관으로 마약을 주사하는 행동에 중독된다고 보는 것이다. 실제로 임상 현장에서는 많은 심리치료 기법들이 중독의 종류를 가리지 않고 보편적으로 사용되고 있다.

도박중독은 물질중독과 이것이 다르다

보통 중독이라고 부르려면 최소한 2가지 기준을 동시에 충족해야 하는데 그것은 바로 '금단증상'과 '내성'이다. 이는 중독으로 진단하기 위한 필요조건이라고 할 수 있다.

첫 번째 기준인 금단증상withdrawal symptom은 '중독된 물질을 섭취하거나 중독된 행동을 일정 기간 하지 못하면 여러 가지 부정적인 증상이 나타나는 것'을 말한다. 도박중독의 경우에는 초조하고 불안하며 매사에 집중하지 못하거나 심한 경우 잠을 이루지 못하고 뒤척이기도 한다.

다만 신체적인 증상이 분명하게 나타나는 물질중독과 달리 도박중독에서는 증상이 일관되지 않아서 도박을 그만두자마자 심한 금단증상에 시달리는 도박중독자도 있고 반면에 별다른 증상을 경험하지 않는 도박중독자도 있다. 또는 처음에는 아무렇지도 않다가 어느 정도 시간이 흐른 뒤에 갑자기 강렬한 금단증상을 경험하는 경우도 있다. 도박중독의 금단증상은 물질중독처럼 육체적인 고통은 심하지 않지만 도무지 예측할 수가 없어서 더 괴롭다고 호소하는 도박중독자도 있다.

두 번째 기준인 내성tolerance은 '동일한 흥분과 스릴, 즐거움을 느끼기 위해 점점 더 많은 물질이나 행동을 필요로 하는 것'을 말한다. 예를 들면 알코올중독자가 알코올에 중독되기 전에는 소주 1병이면 충분히 기분 좋게 취할 수 있었지만, 중독이 된 이후에는 소주 1병으로는 어림도 없어서 동일한 취기를 느끼려면 소주 3병 이상을 마셔야 하는 상태가 되는 것이다. 그래서 점점 더 많은 양의 술을 자주 마시고 도수가 높은 독주를 찾게 된다.

도박의 경우에는 점점 더 위험도가 높은 도박에 베팅하거나 더 많은 액수의 돈을 베팅하는 것으로 내성이 생긴다. 일단 내성이 생기고 나면 호주머니 사정에 따라 베팅 액수를 조절하는 것이 불가능하게 되어 경제적인 고갈이 가속화된다.

도박중독은 어떻게 진행되는가?

모든 도박중독자가 동일한 과정을 거쳐 동일한 속도로 중독되는 것은 아니다. 하지만 대체로 다음과 같은 단계를 밟는다.

첫 번째는 '사교성 도박social gambling' 혹은 '유희성 도박recreational gambling'이라고 부르는 단계다. 사교성 도박 단계에서는 순수한 즐거움이나 여흥, 친목 도모가 도박의 주된 목적이며 돈을 걸고 도박을 해도 대개 제한된 시간 동안 손실액을 정해놓기 마련이다. 친구들과 게임비를 걸고 하는 내기 당구나 명절에 가족들끼리 모여 간단한 내기를 하는 윷놀이 등이 사교성 도박에 포함된다. 많은 사람들이 사교성 도박 단계에만 머무르며 어쩌다 한 번씩 재미로 도박을 한다. 사교성 도박 상태를 유지할 수 있다면 크게 염려할 만한 일은 일어나지 않는다.

두 번째는 '문제성 도박problem gambling' 단계다. 이름처럼 도박이 문제가 되는 수준으로 일상생활, 가족 관계, 직장 생활 등에 문제가 생기기 시작하고, 중간에 멈추려고 하지만 멈출 수가 없는 자제력 상실을 경험한다. 외국의 경우에는 문제성 도박 단계에 도달하기만 해도 치료받을 것을 권고하고 예방 교육에서도 집중적으로 다룬다. 하지만 우리나라에서는 문제성 도박 단계의 도박중독자가 자신의 도박 문제를 인정하고 자발적으로 치료를 받는 경우가 매우 드문 편이다.

문제성 도박 단계는 도박으로 인해 삶의 균형이 깨지는 것이 두드러지는 특징이다. 그러므로 도박 때문에 균형 잡힌 생활을 못하고 있다고 생각된다면 가능한 한 빨리 전문기관을 방문해서 자신의 도박 문제가 어느 정도인지, 어떤 양상인지 등을 확인하는 것이 중요하다. 문제성 도박 단계에서는 앞에서 함께 살펴본 중독의 공통점인 금단 증상과 내성은 나타나지 않으므로, 빨리 조치할수록 더 빠르고 손쉽게 도박중독을 치유할 수 있다는 것을 알아야 한다.

문제성 도박 단계의 주요 특징 중 하나는 '추격 베팅chasing'이다. 추격 베팅은 '본전 생각 때문에 잃은 돈이 아까워서 처음에 예상했던 금액 이상으로 베팅하는 것'을 말한다. 카지노에서 3만 원만 베팅하려고 마음먹었는데 너무 빨리 잃어서 허전하기도 하고 잃은 돈이 아깝기도 해서 계획에 없던 베팅을 하는 것이 추격 베팅의 한 예다.

추격매수와 내성은 밀접한 관계가 있어서 일단 추격매수를 하게 되면 내성이 생기는 것은 불을 보듯 뻔한 일이고 당연히 베팅 액수가 급증해서 손실액도 덩달아 커진다.

마지막으로 세 번째 단계는 '도박중독gambling addiction' 또는 '병적 도박pathological gambling'이라고 부르는 단계다. 말 그대로 도박이 병의 수준에 이른 상태로 당장 치료를 받아야 한다. 도박 충동을 자신의 힘으로만 억제하는 것이 매우 어려워지고, 적극적인 치유 노력을 기울이지 않으면 점점 더 증세가 심해져서 만성적인 상태에 이른다. 내성으로 인해 도박 빈도와 베팅 액수가 급증하게 되어 손실액이 급격히 늘어나고, 도박을 자제하려고 시도할 때마다 금단증상을 경험할 수 있다.

도박을 그만해야겠다고 마음먹어도 사소한 유혹에 금방 넘어가며 '이번에는 따겠지.' 하는 근거 없는 기대감으로 또다시 도박에 손을 댄다. 결국에는 모든 돈을 다 잃고 후회하는 악순환에 빠져 절망적인 상태가 된다.

문제성 도박 단계에서 치유의 길로 들어서는 것이 회복 속도가 훨씬 더 빠르지만 도박중독 단계에 있다고 해도 결코 늦은 것은 아니다. "늦었다고 생각할 때가 가장 빠른 때."라는 말도 있듯이 한시라도 빨리 자신이 어떤 상태인지 파악하고 그에 적합한 치유를 받는 노력을 기울이는 것이 중요하다.

도박중독은 은밀한 중독이다

도박중독은 '은밀한 중독hidden addiction'이라고 불릴 정도로 주변 사람들이 잘 모른다. 이처럼 도박중독이 잘 알려지지 않는 데는 나름의 이유가 있다.

첫 번째 이유는 도박은 행동중독이기 때문에 금단증상을 경험하더라도 신체적 증상이 명확하게 드러나지 않아서다. 그래서 주변 사람들이 알아차리기가 쉽지 않다. 알코올중독자라면 시선을 잘 맞추지 못하거나 술 냄새가 진동하거나 자세가 비틀거리는 등 눈에 띄는 여러 증상이 있다. 반면에 도박중독은 겉으로 보이는 증상이 없기 때문에 처음부터 도박중독으로 의심받는 경우가 드물다.

남편이 도박중독인 경우에 아내가 많이 의심하는 문제가 남편의 외도다. 남편에게서 술 냄새도 나지 않는데 계속 밤늦게 들어오거나 뭔가 감추는 것이 늘어나고 출처가 불분명한 곳으로 돈이 계속 빠져

나가기 때문이다.

주변 사람들이 도박중독이라는 것을 알 수 없는 두 번째 이유는 도박중독자 스스로 자신의 도박중독 문제가 주변에 알려지지 않게 하려고 모든 노력을 기울이기 때문이다. 우리나라에서 도박은 음주 문제보다 질이 나쁘다는 취급을 받고 있기 때문에 도박중독자는 사회적 평판이 떨어질 것을 두려워해서 무슨 수를 써서든 자신의 도박중독 문제를 감추려고 애쓴다. 대부분의 가족들도 도박중독자의 이러한 생각과 같아서 도박중독 문제가 외부로 알려지는 것을 극구 꺼린다. 이는 결국 치유를 늦추는 결과를 낳게 된다.

도박에 중독되는 이유

가족들이 가장 궁금해하는 것이 있다. 바로 도박중독자가 도박에 중독되는 이유다. 도박에 중독되기 이전부터 신변잡기에 능하고 내기를 좋아하는 한량 같은 도박중독자도 일부 있지만, 많은 도박중독자가 도박에 중독되기 전에는 매사에 열심이고 성실한 사람이었다는 평가를 받았다. 따라서 도대체 왜 이 사람이 도박에 중독되었는지를 궁금하게 생각하는 가족들이 많다. 또한 도박에 중독된 이유를 알면 '좀더 쉽게 도박중독을 치유할 수 있지 않을까?' 하는 기대감에서 치료자에게 물어보기도 한다.

도박에 중독되는 이유는 여러 가지가 있지만 어느 것 하나가 결정적인 것은 아니다. 도박중독자에 따라 중요도가 달라지기도 한다는 것을 알아야 한다. 도박에 중독되는 대표적인 이유 몇 가지를 함께 살펴보도록 하자.

첫 번째 이유는 '노동량 대비 효용성'이다. 경제학 냄새가 물씬 풍기는 이 말을 쉽게 풀어보면, 아주 적은 노동(혹은 일을 하지 않고도)으로 큰돈을 벌 수 있기 때문에 도박에 빠진다는 것이다. 도박은 일이 아니라 놀이에 불과하다고 생각하는 도박중독자가 많기 때문에 도박을 놀면서 돈까지 벌 수 있는 최고의 직업이라고 착각하는 것이다. 도박을 하기 위해서도 시간과 체력이 필요하기 때문에 도박을 일이라고 생각할 수도 있다. 하지만 이마저도 일반적인 직업에 비해서는 상대적으로 아주 적은 수준이기 때문에 도박중독자는 그 정도는 충분히 감수할 수 있다고 여긴다.

두 번째 이유는 '보상의 즉시성'이다. 기다릴 필요 없이 즉각적으로 보상이 주어지기 때문에 도박에 빠진다는 것이다. 만약 경마에 베팅을 했는데 그 결과가 한 달 뒤에 나온다면 계속 경마를 할 도박중독자가 얼마나 될까? 아마도 거의 없을 것이다.

대부분의 직장인들은 열심히 일을 하고 한 달 뒤에 월급이라는 형태로 일에 대한 보상을 받는데 도박중독자는 그렇게 오래 기다릴 필요가 없다. 로또나 복권처럼 오래 기다려야 하는 도박조차도 기간이 최대 일주일에 불과하니 말이다. 도박중독자는 참을성이 없는 편이라 기다리는 것을 싫어하는데 대부분의 도박은 베팅과 결과 사이의 간격이 매우 짧다.

세 번째 이유는 '심리적 환상'으로 가장 강력한 요인 중 하나다. 대부분의 도박중독자는 대박big win을 한 번쯤은 경험한 적이 있다. 즉

그때의 경험이 너무나 짜릿해서 또 다른 대박을 기대하며 베팅하는 것이다. 도박중독자에게 대박은 단순히 많은 돈을 의미하지 않고 돈 이상의 가치가 있다. 도박중독자는 이번 한 번만 크게 따면 그동안 잃어버린 가족의 신뢰, 떨어진 명예와 자존심을 한 방에 회복할 수 있다는 환상으로 대박을 꿈꾼다. 이런 환상이 점점 더 커지면 잃어버린 모든 것을 돈으로 보상할 수 있다는 착각에까지 이른다.

물론 그것은 사실이 아니다. 도박중독자의 가족들은 그런 허황된 대박을 원하지 않고 무엇보다 그때까지 기다려주지도 않는다. 나중에 다시 살펴보겠지만 도박중독 때문에 잃게 되는 것들 중에서 가장 중요한 것은 돈이 아니다. 가족을 비롯한 주변 사람들의 신뢰다. 그리고 그것은 결코 대박 따위로 회복할 수 없다.

도박에 중독되는 네 번째 이유는 바로 '탐욕craving'이다. 도박중독자들은 흔히 잃은 돈을 복구하기 위해 혹은 빚을 갚기 위해 도박을 할 수밖에 없었다고 주장한다. 물론 그 주장이 전적으로 거짓은 아니지만, 더 근본적인 이유는 바로 탐욕 때문이라는 것을 알아야 한다.

도박에 중독되면 탐욕이 더 강해진다. 도박에 대한 욕망이 음식이나 술에 대한 욕망처럼 일종의 갈망과 탐심이 된다. 탐욕이 강해지면 생리적·심리적 욕구가 함께 증가하는데, 이렇게 되면 매사에 초조해지고 신경과민 상태에 이르러 도박을 하지 않으면 못 배기게 된다. 또한 다른 일에 흥미를 잃어버리고, 이전에 도박을 했을 때 좋았던 경험만을 회상하게 된다. 특히 시야가 좁아져서 다른 것은 전혀 눈에 들어오지 않고 오직 도박만 생각하게 된다.

도박중독에 영향을 미치는 생각의 오류*

도박중독자는 정도의 차이가 있지만 누구나 도박과 관련해서 1~2가지 생각의 오류를 갖고 있다. 다음은 이러한 생각의 오류를 정리한 것이다.

자기 도박 기술의 과대평가
도박중독자는 자신이 운이 좋은 사람이기 때문에 돈을 딸 것이라고 생각(자기 과신적 추론)한다. 그리고 공부를 많이 하고 정보를 많이 모으면 돈을 딸 수 있다고 착각(기술 과대평가적 추론)한다.

미신적 믿음(superstitious beliefs)
- 부적 : 특정한 물건을 소지하면 재수가 좋아져서 행운이 온다고 믿는 것
- 행동 : 특정한 행동을 하거나 의식을 행하면 행운이 따른다고 믿는 것
- 인지 : 꿈자리가 좋으니 돈을 딸 것이라고 생각하는 것

해석적 편향(interpretive biases)
- 내부 귀인과 외부 귀인 : 돈을 따면 내 탓, 돈을 잃으면 남 탓이라고 생각하는 것
- 도박중독자의 오류gambler's fallacy : 지금 돈을 잃어도 한번 크게 따면 충분히 벌충할 수 있다고 생각하는 것
- 추격 베팅chasing : 더 자주, 더 많은 돈을 베팅하면 잃은 돈을 벌충할 수 있다고 생각하는 것
- 재구성된 손해reframed losses : 지금 돈을 잃은 것을 나중에 따기 위해 필요한 좋은 공부였다고 생각하는 것
- 사후해석편향hindsight bias : 도박의 결과를 보고 자신의 선택을 나중에 평가하는 것. 돈을 따면 자신이 잘 선택했다고 해석하고, 잃으면 그렇게 될 줄

알고 있었는데 다른 사람의 말을 들어서 잃었다고 편향되게 해석하는 것

시간의 중첩(temporal telescoping)
돈을 딸 때가 가까워졌기 때문에 조금만 더 참고 기다리면 된다고 생각하는 것(예를 들면 몇 시간째 '바다 이야기' 게임기 앞에 앉아서 '고래'가 나오기만을 기다리는 것)

선택적 기억(selective memory)
돈을 잃었던 사건보다 딴 사건을 더 잘 기억하는 것

통제 착각(illusion of control)
- 운을 통제할 수 없는 변인으로 간주 : 운은 통제할 수 없기 때문에 좋은 운이 올 때까지 기다려야 한다.
- 운을 통제할 수 있는 변인으로 간주 : 미신적인 행동으로 운을 통제할 수 있다.
- 운을 기질적인 변인으로 간주 : 내가 특히 이 도박에서만 돈을 따는 것은 운을 타고났기 때문이다.
- 운을 전염되는 것으로 간주 : 자꾸 돈을 잃는 사람과 어울리면 재수가 없어져서 나도 잃게 된다.

---

* T. Toneatto(1999년), '문제성 도박의 인지적 정신병리학(Cognitive Psychopathology of Problem Gambling)'

도박중독의 약물치료

대중매체에서 도박중독을 다루는 내용을 보면, 도박중독이란 결국 뇌의 질병이므로 반드시 약물치료를 해야 한다고 말하는 경우가 많다. 이때 대개는 '도파민'이라는 신경전달물질이 빠지지 않고 언급된다. 그런데 도파민은 시상하부·변연계·선조체·대뇌피질부 등 매우 다양한 뇌 부위에 광범위하게 작용하는 신경전달물질로 도박중독에만 연관된 것이 아니다. 그러므로 도파민에 문제가 생기면 무조건 도박중독에 걸리는 것으로 오해하지 말아야 한다.

도박중독 문제로 정신건강의학과를 방문하면 가장 많이 처방받는 약물은 '날트렉손naltrexone'이라는 항갈망제다. 이는 도박에 대한 갈망을 차단하는 것으로 알려진 약물이다. 하지만 정작 이 약물은 알코올중독자에게 주로 처방되는 약물로 도박중독에도 효과가 있는지는 제대로 검증된 연구가 아직까지 없다. 2013년 5월 기준으로 미국 식품의약국FDA과 우리나라 식품의약품안전처에서 정식 승인된 도박중독 전문 치료제는 없다.

그 밖에 강박장애 환자들에게 많이 처방되는 약물에는 클로미프라민clomipramine, 카바마제핀carbamazepine, 플루복사민fluvoxamine 등이 있다. 하지만 약물치료의 효과를 보고하는 의학 논문들은 모두 비교 통제집단의 부재, 이중 맹검double blind 절차의 누락, 실제 도박 행동이 아닌 Y-BOCS와 같은 강박장애와 관련 있는 측정 척도를 종속변인으로 사용한 점, 약물의 부작용이 실험집단의 피험자들에게만 나타나 귀인 오류에 의한 오염이 생기는 문제, 추적 자료를 제시한 연구가 없다는 점 등의 각종 비판에서 완전히 자유롭지 못하다. 때문에 약물치료의 실효성에 대해서는 여전히 결론이 나지 않은 상태다.

다만 개인적인 경험에 비추어 보면 약물치료에 긍정적인 반응을 보이는 도박중독자도 소수이기는 하지만 분명히 있기 때문에, 도박중독 치료에 정통한 정신건강의학과 전문의와 충분히 상의해서 약물치료를 병행할 수는 있다. 이때 도박중독 전문 심리치료와 상담만큼은 꼭 받을 것을 권한다. 물론 순수한 도박중독 문제가 아닌 우울증이나 알코올중독과 같은 정신장애가 공존할 때에는 약물치료를 좀 더 진지하게 고려해야 한다.

상당히 많은 수의 도박중독자 가족들이 도박중독의 치유 초반에 약물치료를 원한다. 하지만 도박중독의 폐해에 지친 나머지, 한시라도 빨리 도박 문제에서 벗어나려고 마음이 조급해진 것은 아닌지 스스로에게 물어볼 필요도 있다.

도박중독자의 가족들도 도박중독의 영향으로 인해 조급증이 생기기도 하므로 치유와 관련된 모든 내용은 도박중독 전문가의 조언을 충분히 듣고 결정하는 것이 바람직하다.

가장 효과적인 도박중독 치료법은 무엇인가?

결론부터 말하자면 어떤 치료법이 가장 효과적인지는 아직까지 밝혀지지 않았다. 또한 도박중독 치유를 위해서 반드시 적용해야 하는 치료법이란 것도 없다. 개인적인 생각으로는 앞으로도 가장 효과적인 치료법은 발견될 것 같지 않다.

도박중독 치료에만 국한된 것은 아니지만 심리치료 기법의 수가 400여 개가 넘는 데다 지금도 계속 추가되고 있다. 이러한 치료 기법의 효과를 비교 분석한 연구결과를 보면 치료 기법의 효과 차이가 통계적으로 유의미한 수준은 아니다. 이는 치료 기법의 차이가 사실상 별로 없다는 이야기다. 게다가 자발적으로 회복되는 경우도 많은 편이니 어찌 보면 실망스럽기도 하고 또 한편으로는 누구나 희망을 걸어볼 수 있는 결과라고 생각할 수도 있다.

도박중독은 워낙 다양한 문제들이 중첩되어 나타나는 병이다 보니 여러 가지 심리치료 기법을 절충하고 통합해서 사용하고, 도박중독자에 따라 적용하는 방식도 조금씩 다르다. 그래서 "이것이 가장 효과적이다." "이것은 꼭 사용해야 한다."라는 그런 기법을 찾아내는 것이 쉽지 않고 현장에서 일하는 임상가는 그 심리치료 기법이 정말 필요하다고 생각하지도 않는다. 다만 이러한 기법들을 심리치료 또는 상담이라는 하나의 큰 범주로 묶는다면 단도박 모임GA과 같은 자조집단을 통한 접근, 신앙생활과 같은 종교적인 접근 등 다른 접근법과 비교해서 생각해볼 수는 있을 것이다.

도박중독자에 따라 도박중독 전문기관에서 심리치료를 받으면서 병원에서 약물치료도 병행하고, 평일 저녁에는 가까운 단도박 모임에 참석하며, 휴일에는 신앙생활을 열심히 하는 사람도 있다. 필자는 이를 흔히 자전거의 바퀴에 비유한다. 심리치료만 한다면 바퀴가 하나만 있는 자전거를 타는 것과 같다. 약물치료를 추가한다면 바퀴가 2개가 되고, 단도박 모임에 참석하면 3개, 신앙생활까지 열심히 하면 4개, 취미로 동호회 활동까지 한다면 5개…. 이런 식으로 자전거의 바퀴가 늘어날 것이다. 당연히 바퀴의 개수가 늘어날수록 더 안정적으로 움직일 수 있다. 하지만 바퀴의 수가 늘어나면 늘어날수록 그만큼 마찰력이 강해져서 힘이 많이 들고 속도도 나지 않는 데다 바퀴의 크기가 하나라도 크면 쉽게 균형을 잃고 넘어질 수도 있다. 그래서 바퀴의 개수와 크기에 세심한 주의를 기울일 필요가 있다.

그러자면 기어가 물려 있어서 동력이 전달되는 주 바퀴(자신에게 잘 맞는 치료적 접근법)를 중심으로 안정성과 속도의 균형을 맞출 수 있도록 바퀴의 개수와 크기를 조절하는 것이 좋다. 따라서 가장 효과적인 치료법은 도박중독자 각자에게 잘 맞게끔 맞춤형으로 설계한 치료법이다. 이를 위해 도박중독 치료 전문가와 상의해야 하는 것은 필수적인 과정이다.

도박중독 분야의 추세

우리나라 사람들은 도박에 대해 비교적 관대한 편인데 도박중독 문제의 심각성을 체감하기 시작한 것은 소위 '바다 이야기' 사태부터다. 우후죽순처럼 등장한 '바다 이야기'와 '황금성' 등의 불법 도박 게임은 엄청난 사회문제가 되었다.

이 과정에서 그나마 긍정적으로 볼 수 있는 것은 그런 광풍 이후로, 직장에서 쫓겨나거나 가족이 와해되기 이전에 치료를 받으려고 도박중독 전문기관을 방문하는 사람들이 늘어나기 시작했다는 점이다. 그전에는 이미 직장이나 가정을 잃고 갈 곳이 없어, 어쩔 수 없이 혼자 전문기관을 방문하는 사람들이 절대 다수였으니 이것도 긍정적인 변화라면 변화라 할 수 있다. 그래도 일을 할 수 있는 직장이 있고 돌아갈 가정이 있다면 좀더 힘을 내어 도박중독과 싸워볼 수 있으니 말이다.

그렇다면 앞으로는 어떻게 변할까? 이미 지금도 그런 추세를 보이고 있지만 보통 30~40대였던 도박중독자의 주 연령대가 점차 낮아지고 있다. 실제로 20대 도박중독자 수가 점점 늘어나고 있다. 20대 도박중독자의 특징은 전통적인 사행산업인 경마·경륜·카지노가 아닌 성인 PC방을 이용한 불법 온라인 도박에 더 익숙하다. 이들은 합법적인 사행산업인 스포츠 토토마저도 사설 도박 사이트에서 불법 베팅을 한다. 모바일 기기와 인터넷에 익숙한 젊은 세대는 장소나 시간에 제약을 받지 않는 온라인 불법 도박을 좋아하기 때문에 통제하기가 더 어렵다. 그래서 더 심각한 문제가 될 수 있다.

또 다른 변화는 주식중독자의 급증이다. 일반적인 도박은 손도 대지 않으면서 순수하게 주식만 하는 중독자의 수가 점차 늘고 있다. 앞에서도 살펴봤듯이 주식 투자에는 여러 가지 형태가 있고 도박보다 중독성이 강한 것도 많다. 주식 투자는 액수 자체가 웬만한 도박과는 비교가 안 될 만큼 크기 때문에, 잘못되었을 때 파괴력 또한 엄청나다. 그러니 '주식중독이 곧 도박중독'이라는 논리에는 무리가 따르더라도 주식 투자를 단순히 자산 증식을 위한 합법적인 재테크 수단이라며 마음 놓고 있어서는 안 된다.

따라서 이러한 변화를 염두에 두고 향후 도박중독 분야를 전망해

본다면 부부와 가족을 대상으로 한 부부치료와 가족치료의 중요성이 점점 더 커질 것이다.

한편 예방 분야에서는 청소년을 대상으로 한 인터넷중독, 인터넷도박에 대한 사전 교육이 중요한 문제로 대두될 것으로 예상된다. 그리고 주식중독이 도박중독에 포함되었듯이 도박중독 분야의 범위가 점점 더 넓어질 것으로 예상된다. 그러므로 현장에서 일하는 도박중독 전문가들은 점점 더 다양해지는 도박 분야에 대해 최신 전문지식을 꾸준히 습득하고 이에 대비해야 할 것이다.

도박중독자는 자신이 절대로 중독자가 아니라며 부인하고 치유도 거부한다. 이는 도박중독에 걸리면 나타나는 증상으로 도박중독의 치유를 어렵게 만드는 걸림돌이다. 도박중독자는 치유와 회복의 책임을 스스로 져야 한다. 이를 위해서는 자신의 도박 문제를 많은 사람들에게 알리고, 전문가의 도움을 받아야 한다.

Part 2

도박중독에 대한 이해가 필요하다

도박중독이
우리 삶에 치명적인 이유

자신이 원할 때 도박을 멈추지 못하고 도박 때문에 삶의 균형이 깨졌다면 도박중독을 의심해봐야 한다. 도박중독은 모든 것을 빨아들이는 블랙홀과 같아서 다른 것에는 신경 쓰지 못하게 되므로 걷잡을 수 없이 커지기 전에 막아야 한다.

대체 어느 정도가 지나친 도박인가?

도박중독자들이 치유 초기에 주로 하는 말이 있다. "나는 도박중독자가 아니다. 그 정도로 심하지는 않다."라는 것이다. 그럴 때마다 "대체 '심하다'라는 기준이 무엇인가?"라고 물어보면 "매일 도박만 하고 있지는 않다(과도한 시간 투입)." "아직 집까지 날린 것은 아니다(과도한 재정 투입)." "가족한테 버림받지는 않았다(관계 파탄)." 등의 극단적인 이야기를 한다.

하지만 정작 전문가들은 도박중독이냐 아니냐를 따지는 실질적인 기준으로 '과하다'라는 표현을 더 많이 쓴다. 중독 여부를 떠나서 도박을 과하게 하면 문제가 발생하고 그 문제를 해결할 필요성이 생긴다는 것이다. 그렇다면 '과하다'의 기준은 대체 어느 정도일까?

첫 번째 기준은 '삶의 균형이 깨지는 수준'이다. 도박이 일을 하는 데 방해가 된다든지, 가족과의 관계에 조금이라도 금이 간다면 삶의 균형이 깨지는 것이므로 이는 그것만으로도 충분히 과한 수준이다. 물론 이때 도박중독자는 잠시 균형이 쏠린 것뿐이며 자신의 힘으로 충분히 해결할 수 있다고 반박할 수 있다. 이럴 때는 주변 사람들이 어떻게 생각하는지 들어보면 된다. 가족들의 잔소리가 늘고 동료들의 진심 어린 조언과 충고, 친한 친구들의 질책이 늘어난다면 도박으로 인해 삶의 균형이 깨진 것은 아닌지 의심해볼 필요가 있다.

두 번째 기준은 '활동의 전환transition이 잘되지 않는 것'이다. 흔히 게임중독인 아이들 이야기를 할 때, 게임에 너무 심하게 몰두하면 게임뇌가 되어서 공부뇌로 다시 돌아오는 것이 점점 어려워진다고 말한다.

도박중독도 이와 같다. 초반에는 도박을 하다가도 일을 해야 하는 시점이 되면 그리 어렵지 않게 일을 하는 모드로 변경할 수 있지만, 도박에 중독되면 도박뇌로 머무르는 시간이 길어져서 정작 일을 하거나 가족들과 시간을 보내려고 해도 도박뇌에서 다른 뇌로 쉽게 전환되지 않는다. 억지로 모드를 바꾸려고 무리하면 감정 조절이 되지 않아 짜증을 심하게 내는 등의 부작용이 생길 수도 있는데, 이는 전환이 매끄럽게 되지 않아서 생기는 문제다.

그러므로 자신이 도박을 과하게 하고 있는 것은 아닌지 궁금하다면 '삶의 균형이 깨졌는지' '활동을 전환하는 데 어려움은 없는지' 등을 먼저 점검해보아야 한다.

도박중독은 브레이크가 고장 난 차를 타는 것이다

자신이 정말 도박에 중독된 것인지 알 수 없다는 도박중독자가 의외로 꽤 많다. 도박중독을 전문적으로 다루는 기관을 방문할 정도라면 대부분 이미 도박에 중독된 상태다. 그러나 두드러진 신체적 금단증상도 없고 일이 터진 이후로는 도박을 하고 싶은 충동도 강하게 느껴지지 않아서 자신이 도박중독인지 알아차리는 것이 생각만큼 쉽지는 않다. 게다가 자신이 도박중독임을 끝까지 인정하고 싶지 않은 마음도 한몫할 것이다.

도박에 중독되었다는 것은 브레이크가 고장 난 차를 타는 것과 같다. 언제든 원하는 때에 차를 멈출 수 있다면 도박중독은 아니다. 물론 처음에는 주 제동장치가 고장 나도 보조 제동장치로 어떻게든 멈출 수 있겠지만, 도박을 계속한다면 결국은 모든 제동장치가 말을 듣지 않는 날이 오고야 만다. 왜냐하면 도박중독은 만성적으로 진행되는 문제이기 때문이다. 그러니 결국은 어딘가를 차체로 들이받고 큰 사고를 낼 수밖에 없다.

자신이 도박중독인지 잘 모르겠다면 한번 생각해보자. 한창 도박에 열중하고 있을 때, 마침 운이 좋아서 큰돈을 따고 있을 때, 아니면 마음먹은 것보다 손실이 커졌을 때, 바로 그 순간 차를 멈추고 곧바로 내릴 수 있는지를 말이다. 아무래도 어렵겠다는 생각이 든다면 당신은 이미 도박에 중독된 상태라고 봐도 무방하다.

　이것은 일단 도박에 중독되면 나중에 자제력을 회복한다고 해도 '자신의 책임하에 도박을 즐기는 단계responsible gambling stage'로 돌아가기가 어려운 이유와도 관련이 있다. 고장 난 차는 일단 시동을 걸고 나면 마음대로 멈출 수 없기 때문에 아예 타지 않는 것이 상책이다. 도박중독은 브레이크가 고장 난 차를 타는 것과 같기 때문이다. 이 책을 읽는 당신이라면 브레이크가 고장 난 차를 타겠는가?

도박중독이라는 산불

누구나 알다시피 산불이 나려면 몇 가지 조건이 동시에 충족되어야 한다. 무엇보다도 탈 것(울창한 삼림)이 있어야 하고, 등산객이 무심코 버리고 간 담배꽁초와 같은 인화 물질도 반드시 있어야 한다. 거기에 낮은 습도와 강한 바람, 풍부한 산소 등이 더해지면 큰 산불이 날 수 있다. 하지만 만약 비가 내리거나 불씨가 던져진 곳이 나무가 없는 바위로 된 땅이라면 큰 산불로 옮겨갈 확률은 현저히 낮아질 것이다. 도박중독도 이와 마찬가지다.

　일정 액수 이상의 공돈이 생기거나, 가족이 모르는 여유 시간이 갑자기 생기거나, 도박을 함께하던 옛 친구의 갑작스러운 연락을 받거나, 경제적인 압박으로 스트레스를 받거나 하는 등 재발 위험 요인 하나만으로 도박에 다시 손을 대는 도박중독자는 그리 많지 않다.

하지만 공교롭게도 이런 요인들이 우연히 한순간 한자리에 모이게 되면, 다시 도박에 빠질 확률이 급격히 높아지게 된다. 그래서 도박중독 치료자들은 도박중독자마다 도박에 빠지게 만드는 나름의 위험 요인들을 함께 찾고 어떻게 대처할 것인지 미리미리 대비하는 연습을 한다.

예전에 도박을 하기 위해 가지고 다녔던 평균 금액이 20만 원이라면 항상 그 금액 이하로만 소지하고 다니고, 가족들이 모르는 빈 시간이 생기지 않도록 일정을 조정하며, 집 밖에 나갈 때에는 자발적으로 행선지를 가족에게 알린다거나, 옛 도박 친구의 유혹을 완곡하게 거절하는 연습을 하며, 경제적인 압박을 해소하기 위해 평소에 재정 관리 능력을 배양하는 등의 노력을 해야 한다.

도박을 끊는 구체적인 방법 자체를 모르기 때문에 혼자서 도박을 못 끊는 것이기도 하지만 자신을 도박으로 유혹하는 요인들을 정확하게 알고 자신의 주변을 도박 청정 지역으로 만들지 못하는 것도 재발 이유가 된다. 산불 방지를 위해서는 공공기관의 공조와 등산객들의 협조가 필요한 것처럼 도박중독의 재발 예방을 위해서는 전문치료기관의 전문성과 도박중독자의 자발적인 협조가 모두 필요하다.

도박중독은 모든 것을 빨아들이는 블랙홀이다

가족들은 도박중독자가 도박에 빠지면 재산을 탕진하고 일에도 집중하지 못하며 가족에게도 무관심해지는 등 소위 "넋이 나간 사람 같다."라는 불평을 많이 한다.

사실 그럴 수밖에 없다. 왜냐하면 도박중독은 모든 것을 빨아들이는 블랙홀처럼 도박중독자의 시간과 에너지와 열정을 몽땅 흡수해 버리기 때문이다. 그래서 도박중독자는 도박보다 중요한 자신의 삶(가족, 일 등)이 존재한다는 사실을 머리로는 알고 있지만 도박을 할 때에는 아무것도 신경 쓰지 못한다.

자신의 일도 열심히 하고 가족도 잘 챙기는 도박중독자는 없다. 엄밀히 말하면 그런 사람들은 도박에 중독된 것이 아니다. 도박중독자에게는 세상 그 어떤 것보다 도박이 인생의 첫 번째 우선순위이기 때문이다. 하지만 도박중독에서 빠져나오면 그제야 가족의 아픔을 느끼고 자신의 인생을 돌아보게 된다. 그러니 도박중독자가 도박에 빠져 있을 때에는 가족과 일을 등한시한다고 비난하며 아까운 시간을 낭비하기보다는 도박중독자가 한시라도 빨리 블랙홀에서 빠져나올 수 있도록 돕는 것이 우선이다.

도박중독자의 2가지 특징

도박에 중독되면 어떻게 될까? 도박중독자라면 누구에게나 나타나는 전형적인 행동이나 모습이 있다. 그러므로 그걸 쉽게 확인할 수만 있다면 가족의 입장에서는 큰 도움이 될 것이다. 다행히 도박에 중독된 사람이라면 누구에게나 반드시 나타나는 2가지 특징이 있다.

첫 번째 특징은 '상습적인 거짓말'이다. 거짓말의 수준이 도박에 중독된 정도와 정확히 비례하는 것은 아니다. 하지만 처음에는 자신의 가족이 피해를 당하지 않게 하려는 좋은 의도에서 시작한 선의의 거짓말이 정도가 심해지면 나중에는 자신이 한 거짓말을 스스로 믿는 수준에까지 이르기도 한다.

도박을 할 알리바이를 만들기 위해, 도박 자금을 마련하기 위해, 도박 빚을 몰래 갚기 위해 시작한 거짓말은 다른 거짓말을 낳고, 먼저 한 거짓말을 감추기 위해 또 다른 거짓말을 만들어낼 수밖에 없다. 결국 나중에는 새빨간 거짓말쟁이가 되고 만다. 아무리 머리가 좋고 치밀하게 구성해도 도박중독자가 거짓말을 꾸며내는 것에는 한계가 있기 때문에 가족과 주변 사람들에게 들통 날 수밖에 없고, 결국 도박중독자의 평판은 바닥으로 추락하게 된다.

두 번째 특징은 '무책임'이다. 도박에 중독되기 이전에 아무리 성실하고 책임감이 강했던 사람이라고 해도 일단 도박에 중독되고 나면 무책임한 사람이 되고 만다. 도박중독자는 도박과 관련된 나쁜 결과를 모두 회피한다. 특히 도박 때문에 진 빚을 갚는 것을 가족에게 떠넘기려는 경향이 두드러진다. 새로운 문제가 터지고 가족이 이를 알게 될 때마다 무책임하게 가출하는 도박중독자의 수가 많은 것은 결코 우연이 아니다. 자신이 한 행동의 결과를 책임지지 않는 도박중독자의 무책임이 단적으로 드러나는 것이 바로 가출이다.

예전과 달리 언제부터인가 입만 열면 거짓말(특히 돈과 관련된 거짓말)을 하고 매사에 책임지지 않는 뻔뻔한 모습을 보인다면 도박중독이 아닌지부터 확인해봐야 한다.

도박중독이 무서운 이유

도박중독은 정말 무서운 병이다. 필자는 도박중독으로 고통받는 사람들의 곁에서 10년이나 함께 싸웠지만 도무지 익숙해지지 않고 항상 긴장이 되곤 한다. 사람들에게 도박중독이 왜 무서운 병이라고 생각하는지 물어보면 주로 나오는 대답은 "재산이 거덜 나니까."와 "가정이 파괴되니까."이다. 물론 자본주의 사회에서 재산을 다 잃는다는 것은 생각만 해도 정말 끔찍한 일이다. 더군다나 가정이 해체되어서 가족들이 뿔뿔이 흩어져 산다면, 그런 인생이 무슨 의미가 있을까?

하지만 도박중독이 무서운 가장 큰 이유는 자유의지를 빼앗기고 평생을 도박 충동의 노예로 살아 가기 때문이다. 자신의 의지대로 생각하거나 행동하지 못하고, 도박 충동이 시키는 대로 줄에 매달린 인형처럼 무기력하게 움직이는 것이다. 그러고는 총구를 박차고 나온 총알이 머리를 박살낼 때까지 계속 방아쇠를 당기는 러시안룰렛 게임처럼 하루하루를 마음 졸이며 사는 것이다. 이것이 도박중독이 무서운 진짜 이유가 아닐까?

도박중독은 절호의 기회가 될 수 있다

도박중독의 폐해와 엄청난 파급 효과 때문에 가족뿐만 아니라 도박중독자 스스로도 '도박중독 때문에 내 인생이 끝장났다.'라고 생각한다. 그래서 도박에 빠져 잃어버린 돈과 시간을 후회하며 절망 속에서 몸부림치곤 한다.

　그런데 도박중독은 인생을 망가뜨리기만 하는 것일까? 물론 오랜 시간 어렵게 모은 재산을 탕진하게 만들어 가족들을 재정적인 어려움에 빠뜨리고 불신의 벽을 높이 세워 가족들을 서로 의심하게 만들고 갈등의 골을 깊게 만든 것은 맞다. 하지만 도박을 하기 이전에는 생각지도 못하고 살았던 많은 것들을 삶에서 발견하고 그 의미를 새롭게 깨닫는 도박중독자도 많다.

　사업으로 승승장구하면서 기고만장한 나머지 돈 무서운 줄 모르고 흥청망청 쓰며 살다가 도박에 빠져 모든 것을 날린 사람이 있다. 그는 어렵게 구한 경비 일을 힘들어하면서도 돈을 아껴서 사 먹은 천 원짜리 붕어빵 맛에 감동해 눈물을 흘렸다고 한다.

　한편 도박을 그만두고 나니 저녁에 할 일이 없어 아이와 놀아주기로 마음먹었는데 항상 자신의 눈치를 보면서 슬슬 피하던 딸이 퇴근해서 집에 돌아온 자신의 목에 매달려 반갑게 맞아주는 것에서 삶의 희열을 느꼈다는 사람, 도박 대신 운동 삼아 시작한 자전거 타기의 재미에 빠져 장애아동돕기 모금을 위한 전국 종단일주를 하면서 자신도 다른 사람을 돕는 삶을 살 수 있다는 것을 깨닫게 되었다고 환하게 웃는 사람도 있었다. 이 밖에도 도박중독이 타산지석이 되어 자신의 삶을 돌아보고 새로운 의미를 찾게 되었다고 고백하는 도박중독자가 무수히 많다.

　상담자인 필자 역시 상담을 공부할 때 그렇게나 열심히 외웠던 '지금 그리고 여기에서 존재하기'를 비로소 도박중독 치료를 하면서 진정으로 실천하게 되었다. 과거에 발목 잡힌 채 허황된 미래만을 꿈꾸며 소중한 현재를 갉아먹는 도박중독에서 벗어나려고 애쓰는 도박중독자를 돕다 보니, 지금이 얼마나 소중한 시간인지 필자 자신도 깨닫게 되었다.

그래서 필자는 도박중독과의 전쟁을 위해 출전하는 도박중독자와 그의 가족들에게 이렇게 이야기하곤 한다. "돈 주고도 얻지 못할 소중한 인생 역전의 기회를 얻은 것을 함께 축하하자."라고. 건강을 잃고 나서야 건강의 소중함을 새삼 깨닫듯이 도박중독은 나쁘지만 도박중독으로 인해 삶의 소중함을 깨닫게 된 것만큼은 그야말로 절호의 기회를 얻은 것이니 말이다. 이런 깨달음은 억만금을 준다고 해도 절대로 살 수가 없다.

도박중독자는
어떤 사람인가?

자신이 도박중독자라는 사실을 부정하는 것은 도박에 중독되면 '못 말리는 낙관주의자'가 되기 때문이다. 그래서 도박에 매달리기만 하면 언젠가는 손실을 회복할 수 있을 거라 믿는다.

도박중독자의 착각

"착각은 자유."라는 말처럼 사람은 누구나 제각기 나름의 착각을 하고 살아간다지만, 도박중독자가 하는 착각에는 한 가지 공통점이 있다. '나는 여느 도박중독자와 다르다.'라는 착각이다.

그들 대부분의 머릿속에는 도박중독자에 대한 전형적인 이미지가 있다. 직업이나 재산, 곁을 지키는 가족이나 지인도 없이 비참한 노숙 생활을 하거나 설사 몸을 누일 거처가 있다고 해도 하루 벌어 하루를 근근이 살아가는 불쌍하고 추레한 모습 말이다. 그렇게 도박중독자의 불쌍한 이미지를 상상 속에서 만들어놓고 자신은 이와 다르니 도박중독자가 아니라고 스스로를 위로하는 것이다. 그러면서도 마음속으로는 계속 불안해한다. '혹시라도 내가 도박중독자이면 어쩌나.' 하면서….

하지만 그 불안한 예상은 어김없이 들어맞는다. 사실 틀리는 적이 거의 없다. 개개인이 처한 상황은 각기 다르지만 도박중독이라는 병에 걸린 이상 똑같은 증상을 보이고 똑같은 착각을 하고 똑같은 경과를 거쳐 똑같은 결말에 이르게 된다.

도박중독자는 사실 도박중독이라는 병에 대해 잘 모르고 이는 가족도 마찬가지다. 알고 싶지 않은 마음에 계속 피하기만 하니 알 리가 만무하다. 하지만 수많은 도박중독자를 만나온 경험 많은 치료자는 어렵지 않게 이들을 알아볼 수 있다. 흥미로운 것은 자신은 일반적인 도박중독자와 다르다는 착각마저도 모든 도박중독자가 똑같이 한다는 점이다. 그러므로 한시라도 빨리 '나는 다른 도박중독자와 다를 바 없다.'라는 사실을 인정해야 한다. 그리고 얼른 치유의 길에 들어서야 한다. 그것만이 다른 도박중독자와 진정으로 달라질 수 있는 유일한 방법이다.

도박중독자는 못 말리는 낙관주의자

도박중독자는 치료를 처음 시작할 당시는 이미 상당한 고통을 겪고 있는 상태이기 때문에 본인들은 잘 깨닫지 못하지만, 사실 치유 초기의 도박중독자는 지나친 낙관주의에 빠져 있는 경우가 많다. 엄밀히 말하자면 낙관주의라기보다는 '긍정 편향optimism bias'에 가깝지만 어쨌거나 도박에 대해서만큼은 언젠가는 돈을 크게 딸 것이고 잃은 돈을 복구해서 가족들에게 용서받을 수 있을 것이라고 믿는다.

낙관주의자가 아니라면 도박중독자는 도박을 할 수 없다. 낙관주의를 포기하는 순간 곧바로 절망의 구렁텅이로 떨어지기 때문에 아주 희박한 가능성이라도 자신의 모든 것을 걸고 매달린다.

도박중독자는 이처럼 지나친 낙관주의에 빠져 있기 때문에 자신이 처한 현실을 재빨리 깨닫지 못하고 문제를 해결하기 위한 준비도 갖추지 못하는 것이다. 하지만 그렇다고 도박중독자가 유일한 디딤돌로 믿고 있는 낙관주의를 억지로 무너뜨려도 안 된다. 도박으로는 절대로 돈을 딸 수 없고, 아무리 많은 빚이라도 스스로 갚아야 하며, 잃은 돈은 절대로 되찾을 수 없다는 사실을 외부의 강요로 받아들여야 하는 순간 도박중독자는 남은 희망이 아무것도 없다고 마음대로 결론을 내려버릴 수 있기 때문이다. 그래서 경험 많은 전문가의 도움이 반드시 필요하다. 전문가는 도박중독자에게 지나친 낙관주의를 대신할 수 있는 새로운 관점을 제공할 수 있다. 도박중독자는 전문가의 도움을 받아 지나친 낙관주의와 비관주의 사이에서 균형점을 찾아야 한다.

인생의 많은 부분에서 낙관주의와 비관주의의 균형점을 찾는 일은 누구에게나 중요하다. 그 중에서도 지나친 낙관주의자인 도박중독자에게는 이러한 균형이 더욱 절실하게 요구된다.

도박중독자는 왜 치료를 거부하는가?

사실 치료를 선뜻 받아들이는 도박중독자는 없다고 봐도 무방할 정도로 드물다. 이들이 치료를 거부하는 데는 나름의 이유가 있는데, 그중에서 공통적인 이유를 몇 가지 살펴보면서 이들을 이해하기 위해 노력해보자.

도박중독자가 치료를 거부하는 가장 큰 이유는 도박중독에 대한 인식(보통 '병식'이라고 한다)이 부족해서다. 이는 도박중독의 가장 큰 증상 중 하나다. 자신에게 병이 없다고 믿는 것이 병의 증상이라면, 그 병을 치료하러 병원을 찾을 리는 만무하다. 이것이 전문기관을 스스로 방문하는 도박중독자의 수가 턱없이 적은 이유다.

그 밖에도 도박중독을 병이 아닌 개인의 나약한 성격으로 치부하려는 사회의 태도와 부정적인 시선을 피하고 싶어서 도박중독을 숨기려는 마음, 치료를 받아 도박을 끊고 싶다는 마음과 짜릿한 흥분과 즐거움을 주었던 도박을 계속 즐기고 싶다는 상반된 마음이 충돌해 만들어내는 양가감정, 병원 치료에 대한 두려움, 언제든 자신이 그만두고 싶을 때 그만둘 수 있다고 믿는 자기합리화 기제 등이 도박중독자가 자신의 도박 문제를 받아들이고 치유의 길로 들어서는 것을 방해하는 이유들이다.

도박중독자가 치료를 거부하는 이유는 이처럼 실로 다양하다. 그러니 무조건 다그치기만 할 것이 아니다. 이러한 이유를 먼저 이해하려는 노력이 필요하다.

도박중독자가 문제를 인정하지 않는 이유

그렇다면 도박중독자는 왜 자신의 도박 문제를 인정하지 않고 계속 부인하는 것일까? 도박에 빠지면 당연히 재정적인 손실이 생기고 가족을 포함한 주변 사람들과 갈등을 빚는 것을 피할 수 없는데, 눈앞에 뻔히 보이는 문제도 인정하지 못하는 이유는 과연 무엇일까?

도박중독자는 도박으로 인해 경제적인 문제가 발생했다는 사실만큼은 인정한다. 하지만 과거 도박을 하면서 한 번쯤은 크게 딴 경험이 있기 때문에 앞으로 그런 기회가 한 번만 더 자신을 찾아오면(그리고 반드시 찾아올 것이니), 지금까지의 손실을 얼마든지 메울 수 있다고 믿는다.

게다가 설사 자신이 도박에 중독되었다고 해도 언제든지 원하면 빠져나올 수 있다고 확신하기 때문에 가족들이 이구동성으로 도박중독자에게 문제가 있다고 주장해도 대수롭지 않게 무시할 수 있다. 그래서 도박중독자의 가족들이 가장 많이 듣는 말이 바로 "나는 도박중독자가 아니야. 나는 원하면 언제든지 도박을 그만둘 수 있어."라는 말이다.

물론 도박중독자가 도박을 그만해야겠다고 생각하는 그때는 저절로 찾아오지 않고, 설사 온다고 해도 이미 도박에서 스스로 빠져나오는 것이 거의 불가능한 시점이므로 도박중독자의 말만 믿고 마냥 기다려줄 수는 없는 노릇이다.

도박중독자가 생각하는 공평함의 기준

도박중독자는 도박을 할 때 '공평하다.'라고 생각하는 기준이 그 결과에 따라 180도 바뀌곤 한다. 먼저 자신이 돈을 딸 때는 세상이 공평하지 않다고 생각한다. 다른 사람과 달리 자신에게만 운이 따르고, 자신에게는 특별한 기술과 노하우가 있으며, 최소한 이번만큼은 행운의 여신이 내 편이라고 착각하는 것이다. 그래서 다른 사람은 돈을 다 잃어도 자신만은 돈을 딸 것이라고 믿는다.

반대로 돈을 잃은 뒤에는 세상이 공평하다고 여겨서 다음번에는 최소한 잃은 만큼은 반드시 딸 것이라고 여긴다. 그래야 공평하니까 말이다. 도박중독자가 큰돈을 잃고 난 뒤에도 포기하지 않고, 있는 돈 없는 돈 끌어모아서 다시금 도박판으로 달려가는 행동 뒤에는 이런 이유가 있다. 이처럼 똑같은 도박을 해도 돈을 딸 때와 잃을 때, 공평함에 대한 기준이 달라지는 것이 바로 도박중독자의 마음이다.

하지만 사실 도박뿐만 아니라 세상 모든 것은 공평함의 기준에 따라 움직이지 않는다. 나에게 좋은 일이 생기는 것은 내가 좋은 일을 해서가 아니고, 내가 불행한 일을 당하는 것은 내가 꼭 나쁜 일을 해서 그런 것도 아니다. 세상은 물리적인 법칙만 적용되는 자연현상이 아니므로 그런 인과관계가 확실한 일은 극히 드물고 대부분은 그저 우연히 생기는 일일 뿐이다.

도박중독자가 돈을 따는 것도, 또는 돈을 잃는 것도 '공평함'과는 전혀 상관이 없다. 애당초 돈을 딸 수 없도록 만들어놓은 것이 도박인데 도박중독자가 '공평함'이라는 잣대를 이용해서 어떻게든 장애

물을 넘어보려고 몸부림치는 것뿐이다. 도박으로는 절대로 돈을 딸 수 없다는 것을 빨리 인정하고 받아들여야 한다. 그래야 '공평하다.' '공평하지 않다.'라는 허망한 생각에 매달려 아까운 인생을 낭비하지 않는다.

도박중독자가 하는 말의 변화*

도박중독의 단계에 따라 도박중독자가 하는 말이 조금씩 달라진다. 따라서 이를 잘 파악하면 도박중독자가 현재 어느 정도의 단계인지 대략 알 수가 있고, 그에 따라 적절한 대처를 할 수 있다. 물론 모든 도박중독자가 동일한 순서를 따르는 것은 아니다. 사람에 따라 어떤 단계는 건너뛰기도 하고 여러 단계에 속하는 말을 동시에 하기 때문에 이것만 믿어서는 안 된다.

1단계 _ 부정하기
도박중독 초기 단계의 가장 큰 특징은 부정denial(혹은 부인)으로 문제 자체를 아예 인정하지 않는 것이다. 이 단계에 속하는 도박중독자는 가족과 주변 사람들에게 흔히 다음과 같이 말한다.

- 나에게는 아무런 문제가 없다니까!
- 나는 도박중독자가 아니야. 원하면 언제든지 끊을 수 있어.
- 나 도박 안 하거든?

2단계 _ 문제 축소하기

도박중독이 심화되면 과도한 도박 때문에 여러 가지 문제가 나타나 도박중독자가 더이상 감출 수 없는 지경이 된다. 이렇게 되면 도박중독자는 문제를 어떻게든 축소하거나 감추고자 애쓰는데 이 단계에 속하는 도박중독자는 가족과 주변 사람들에게 다음과 같이 말한다.

- 그래 나 도박하고 있어. 하지만 큰 문제는 없어.
- 이건 그리 심각한 문제가 아니야.
- 도박하는 것 빼고 다른 생활은 잘하잖아.
- 나는 취미로 즐기는 거야. 다들 취미 생활이 있잖아.
- 집에서는 잘하잖아.
- 조금씩만 하니까 괜찮아.

3단계 _ 탓하기

도박중독자가 문제를 축소하려고 애쓰지만 더이상 수습이 불가능한 수준에 이르게 되면 문제를 축소하려고 애쓰는 대신, 방향을 외부로 돌려서 자신이 도박을 할 수밖에 없는 이유를 대기 시작한다. 이때 그 이유에 따라 다소 공격적으로 나오기도 한다. 이 단계에 속하는 도박중독자는 가족과 주변 사람들에게 흔히 다음과 같이 말한다.

- 도박을 하는 것은 내가 도박에 미쳐서 그런 것이 아니고 스트레스 때문이야.
- 이건 내 잘못이 아니야. 어디까지나 도박장 탓이야.

- 집 근처에 도박장이 없었다면 이렇게까지 되지는 않았을 거야.
- 돈을 못 따는 것은 당신이 나에게 돈을 충분히 주지 않아서 그래.
- 돈을 못 따는 것은 내가 돈이 많지 않아서야.
- 친구가 유혹하지만 않았다면 도박에 손을 대지 않았을 거야.
- 당신이 돈을 낭비하지만 않았다면 내가 도박하지는 않았을 텐데.

4단계 _ 변명하기

가족과 주변 환경을 탓하려고 애써보지만 더이상 자신의 책임을 면할 수 없는 때가 되면 변명을 하기 시작한다. 이 단계의 도박중독자는 가족과 주변 사람들에게 흔히 다음과 같이 말한다.

- 가족을 살리려고 도박을 하는 거야. 나 혼자 잘살자고 이러는 게 아냐.
- 도박으로 돈을 따야 이 빚을 갚을 희망이 보이잖아. 도박이 아니라면 어떻게 재기하지?
- 너무 많은 돈을 잃어서 도박 외에는 다른 방법이 없어.

5단계 _ 합리화하기

합리화하기는 변명하기와 비슷한 시기에 시작되며 내용도 거의 비슷하다. 흔히 이 단계의 도박중독자는 가족과 주변 사람들에게 다음과 같이 말한다.

- 도박을 안 하면 일을 못하는 걸. 일을 더 열심히 하려고 도박장에 한 번 다녀오는 것뿐이야.

- 짧은 인생 즐기면서 사는 거지. 인생 뭐 있어?
- 이렇게 열심히 일했는데 나에게도 이 정도 즐길 권리는 있어야 하는 것 아닌가?
- 지금까지 계속했는데 이제부터 안 한다고 뭐가 달라져?
- 친구들이 다 하는데 나만 안 하면 따돌림을 당하잖아.
- 나는 스릴을 즐기면서 사는 게 좋아.

6단계 _ 남 공격하기

남 공격하기는 도박중독자가 구석에 몰렸다는 느낌이 들었을 때 사용하는 것으로 일종의 마지막 저항이라고 볼 수 있다. 따라서 도박중독자가 치료에 임할 시간이 다가오고 있다는 신호일 수 있다.

- 당신은 내가 도박하는 것 갖고 너무 잔소리가 많아.
- 당신이 내 인생에 이래라저래라 할 권리가 있어?
- 당신이 잔소리만 늘어놓으니까 재수가 없어서 돈을 자꾸 잃잖아.
- 돈도 대주지도 않으면서 무슨 말이 그렇게 많지?
- 당신은 조금만 봐주면 맞먹으려는 게 문제야.
- 나한테 도박하지 말라고 간섭할 시간에 당신 일이나 잘해.

* 『습관성 도박 치료 프로그램』(이흥표·이재갑·김한우 공저, 한국마사회, 2005)

일을 열심히 하는 도박중독자라고?

도박중독자가 혹시 안 보이는 곳에서 몰래 다시 도박을 하고 있는 것은 아닌지 염려가 된다고 이야기하는 가족들이 있다. 이미 여러 차례 뒤통수를 얻어맞은 기억이 있는 가족들의 입장에서 충분히 할 수 있는 걱정이고, 상담자로서 공감이 되는 부분이기도 하다.

하지만 도박중독자가 일과 도박을 모두 다 열심히 할 수는 없다. 왜냐하면 도박을 하려면 돈뿐만 아니라 그 어떤 것보다도 많은 에너지와 시간, 주의 집중력이 필요하기 때문이다. 게다가 도박에 빠지면 그 무엇보다도 도박 자체를 우선시하기 때문에 일을 하고 남은 시간에 도박을 할 수는 없다. 언제나 도박이 최우선인 것이다.

만약 도박중독자가 다시 도박을 시작했다면 처음에는 어느 정도 일과 도박의 균형을 유지할 수도 있다. 하지만 곧 그 균형이 깨져 일에 집중하지 못하고 신경이 온통 도박에만 쏠려 밖에서 볼 때에도 티가 나게 된다. 그러니 도박중독자가 일에 열중하는 것을 객관적으로 확인할 수 있고 그러한 모습이 꾸준히 유지된다면, 아직은 도박을 다시 시작하지 않은 것으로 봐도 무방하다.

도박중독자의 자살 위험성은 어느 정도인가?

'자살 위험성suicidal risk'에 대한 평가는 그 결과가 치명적이라는 측면에서 임상 현장에서 매우 중요하게 다루어야 하는 부분이다. 따라서 자살 위험성은 매우 신중하게 측정하고 평가해야 한다.

지금부터 필자가 말하려는 이야기는 도박중독자가 절대로 자살하지 않는다는 말도 아니고, 도박중독자의 자살 위험성을 얕봐도 된다는 말도 아니다. 다만 도박중독자가 자살을 언급할 때 이면에 다른 이야기를 숨겨놓았을 가능성도 고려해야 한다는 말이다.

도박중독자가 죽음에 대해 이야기하는 경우는 크게 2가지로 나눌 수 있다. 한 가지 경우는 도박으로 인해 발생한 재정적인 손실을 메우려 하거나 도박 자금으로 사용할 돈이 필요해서 주변 사람을 협박하는 것이다. 다른 경우는 도박중독과 함께 많이 나타나는 우울증에 걸렸을 때다.

후자의 경우에는 실제로 자살을 시도할 수 있다. 가족과 동반 자살을 하는 가장의 불행한 이야기가 종종 매스컴을 통해 알려지면서 사람들을 충격에 빠뜨리기도 한다. 이들 중 상당수가 도박 빚을 갚지 못해 목숨을 끊는 도박중독자다. 이런 경우는 우울증 환자에 준해서 자살 위험성을 평가해야 한다. 대부분의 도박중독 치료 전문가들은 도박중독자가 우울증이나 다른 정신장애를 앓고 있는지를 신중하게 살펴보기 때문에 여기서는 깊게 다루지 않겠다.

문제는 전자의 경우다. 도박을 할 돈을 만들어주지 않으면 죽어버리겠다고 가족을 협박하기도 하고, 실제로 한강 다리 위에서 전화를 걸어 돈을 주지 않으면 뛰어내리겠다고 가족에게 엄포를 놓는 도박중독자도 있다. 이때 치료기관과 연결되지 않은 가족들은 겁에 질려 도박중독자가 원하는 대로 돈을 주게 되는데, 이는 결과적으로 도박중독을 악화시키는 길이다.

한번 생각해보자. 만약 원하는 대로 돈을 주지 않으면 도박중독자가 정말 다리에서 뛰어내릴까? 자신의 목숨을 그렇게 쉽게 버릴까? 경우에 따라 다를 수 있으므로 정답은 없지만, 도박중독자가 빚을 갚아 달라거나 돈을 달라는 조건을 걸면서 자살하겠다고 하는 경우에 실제로 자살을 시도하는 일은 거의 없다. 사실 도박중독자는 도박 빚을 갚거나 도박할 돈을 마련하기 위한 수단으로 자살 협박이 가장 효과적이라고 생각해서 그렇게 하는 것뿐이다.

실제로 자살 위험성 평가에서 "죽겠다."라는 말 자체보다 더 위험하다고 판단하는 기준은 자살에 대한 구체적인 계획 구상, 자살 시도를 위한 준비(수면제를 사 모으거나 끈을 가지고 다니는 것 등), 사후 수습을 위한 생각(유서 작성, 자살을 시도할 장소 고르기 등), 실제로 시도한 적이 있는지(자살 시도 횟수) 등인데 대부분의 도박중독자들은 이 모든 기준을 충족시키지 못한다.

다만 도박중독자들은 대개 매우 충동적이기 때문에 주변에 자살을 시도할 수 있는 여건이 이미 조성되어 있다면 격한 감정을 통제하지 못해서 충동적으로 자살을 시도할 수 있다. 그러므로 도박중독자가 자살 위협을 하는 경우, 감정을 최대한 가라앉힌 상태에서 침착하게 다음과 같이 이야기해야 한다.

"당신은 성인이고 충분히 정상적인 생각을 할 수 있는 사람이야. 그러니 당신에게 주어진 생명을 버리기로 스스로 결정했다면 우리는 안타깝지만 그 선택마저도 존중해. 당신이 어떠한 선택을 하든 우리가 당신을 사랑하는 마음에는 변함이 없을 거야.

하지만 당신이 선택한 결과의 책임은 당신이 져야 해. 우리는 당신의 선택에 대한 책임이 없어. 그러니 그것이 올바른 선택인지 다시 한 번 신중하게 고려해봤으면 좋겠어. 당신이 도박중독을 치료하고 새로운 삶을 살길 원한다면, 우리가 최선을 다해 도울 테니까 언제든지 말해."

현장에서 일하는 치료자들은 도박중독자가 더이상 도박을 하지 못하는 것이 아까워서라도 쉽게 목숨을 버리지 못한다고 말한다. 도박중독자는 도박으로 잃어버린 돈과 시간, 명예에 대한 집착과 미련이 너무 커서 차마 목숨을 버리지 못한다.

앞에서 가족과 함께 동반 자살을 택하는 도박중독자에 대해 이야기했는데 그들이 그런 극단적인 선택을 하는 이유는 도박중독자가 가장 두려워하는 것이 가족에게 버림받아 혼자 남는 것이기 때문이다. 이들은 외로움을 견디지 못하기 때문에 혼자 있는 것이 두려워서 동반 자살을 선택하기도 한다. 그런 선택의 결과는 너무나 치명적이고 안타깝지만 도박중독의 특성을 알고 본다면 그런 선택을 한 마음까지 이해가 되지 않는 것은 아니다.

도박 충동보다
더 무서운 건 없다

도박을 끊겠다는 강한 마음을 먹으면 일시적으로 도박 생각이 나지 않을 수도 있다. 하지만 도박 충동까지 완전히 사라진 것은 아니므로, 스스로 조절하면서 도박을 즐길 수 있을 것이라는 도박 충동의 꼬임에 넘어가지 말아야 한다.

도박 충동은 왜 쉽게 사라지지 않을까?

상담을 하면서 도박중독자에게 "일주일 동안 도박 생각이 났던 적이 있는가?"라고 물어보면 대개는 "별로 없었다."라고 이야기한다. 물론 상담을 하면서도 상담자에게까지 사실을 숨기고 여전히 도박을 하는 도박중독자도 있다. 하지만 그건 도박 생각이 나지 않는다는 말 자체가 거짓말인 경우이고, 솔직하게 이야기를 할 때에도 정말 도박 생각이 나지 않았다고 말하는 도박중독자가 의외로 많다.

특히 자신에게 도박 문제가 있음을 인정하고 해결하고자 하는 의지가 충천한 상담 초기에는 실제로 도박 생각이 별로 나지 않는다. 하지만 그것은 일종의 쓰나미가 지나가고 나서 폐허가 된 집을 치우는 데 온 정신을 집중하고 있기 때문이다. 즉 도박에 대한 충동 자체가 없어져서가 아니다. 그러므로 언젠가 쓰나미가 다시 몰려올 것이라고 가정하고 그동안 충분한 대비를 해야 한다.

도박에 대한 생각은 관련된 자극을 접하게 되면 순간이나마 문득문득 날 수 있다. 스포츠 신문을 보다가 경마 일정표가 우연히 눈에 들어오거나, 스포츠 경기 중계를 보면서 갑자기 스포츠 토토의 배당이 궁금해지거나, 카지노를 배경으로 한 영화를 보면서 예전에 카지노에 드나들었던 생각이 날 수도 있다.

모든 도박중독자가 도박을 하고 싶은 욕구를 항상 강하게 느끼지는 않는다. 하지만 그렇다고 해서 그 상황에서 즉시 벗어나지 않고 계속 머물러 있으면, 충동이 점차 강해지면서 도박을 행동으로 옮기고 싶은 욕망이 더 커지게 된다. 그러니 도박 생각에 머물러 있지 말고 빨리 주의를 돌려 그 상황에서 벗어나는 것이 좋다.

또한 도박 생각 자체가 잘 나지 않는다고 해서 안심하고 있어서도 안 된다. 도박중독자를 재발로 이끄는 것은 단순한 도박 생각이 아니라 '도박 충동'이기 때문이다. 도박 충동은 파도처럼 끊임없이 몰려오고 상대하면 할수록 점점 더 커져서 오히려 압도당할 수 있기 때문에, 가능한 한 건드리지 말고 관찰자의 시각에서 바라보아야 한다. 섣불리 싸우겠다고 달려들면 반드시 지고 만다.

그렇다면 '도박을 그만하겠다.'라고 결심하는 것만으로도 도박 생각은 쉽게 줄어드는데, 왜 도박 충동은 쉽게 없어지지 않고 생각만큼 줄어들지도 않는 걸까? 그것은 도박 충동이야말로 도박중독의 에너지원이자 도박을 하게끔 자극하는 시동 키와 같은 것이기 때문이다. 도박중독자는 일반인에 비해 훨씬 예민하기 때문에 일단 시동이 걸리면 엔진을 끄는 것이 쉽지 않고, 설사 시동을 끈다고 해도 식는 데 시간이 더 오래 걸린다.

우리가 풍선을 터뜨리지 않고 바람을 빼려고 할 때 풍선이 크면 클수록 바람을 빼는 것이 더 어렵고 시간도 많이 걸리는 것과 마찬가지다. 커다란 풍선은 압력이 여러 방향에서 지속적으로 가해져야 바람이 빠지는 것처럼, 도박 충동이 강한 도박중독자는 충동이 가라앉는 데도 많은 시간과 노력이 필요하다. 그러니 도박 충동이 생각보다 강해서 잘 없어지지 않는다고 좌절하지 말고, 인내심을 갖고 도박 충동을 일으키는 상황을 적극적으로 피하며 도박 충동을 관리하는 기술을 배워서 몸에 밸 정도로 연습하는 것이 중요하다.

도박 충동까지 이기고 싶어하는 도박중독자

도박에 중독되면 도박 충동이 생기는 것은 당연하고 도박 충동이 도박 생각을 불러일으키는 것도 당연하다. 당면한 고통이 너무 크면 신기할 만큼 도박 생각이 사라지기도 하지만 도박 충동 자체가 완전히 없어지지는 않는다. 시간이 지나 상황이 바뀌면 또다시 도박 생각이 나게 마련이다.

그래서 도박중독 치유에서 가장 중요한 것이 도박 충동을 잘 다루는 것이다. 그러자면 도박 충동의 존재를 인정하고, 도박 충동을 자극하는 상황을 받아들이고, 도박 충동을 파도처럼 타고 함께 구르며, 도박 충동의 움직임을 한 편의 영화를 보는 것처럼 거리를 두면서 관찰할 수 있어야 한다.

그런데 많은 도박중독자들은 승부욕이 강해서 지는 것을 싫어하고 어떻게든 끝장을 봐야 만족하기 때문에 도박 충동까지도 이기고 지는 대상으로 간주한다. 그래서 도박 충동이 올라오면 어떻게 해서든 충동을 억눌러서 도박을 하지 않으려 하고, 그것이 도박 충동을 이기는 방법이라 생각해서 내심 뿌듯해한다. 한두 번은 도박 충동을 상대로 승부하는 것이 효과가 있을지 모르겠지만 평생 도박 충동과 전투를 벌일 수는 없다는 것을 알아야 한다. 도박 충동이 그만큼 버거운 존재이기도 하고, 도박 충동과 싸우는 데 낭비되는 에너지와 시간 또한 만만치 않기 때문이다.

도박 충동은 일종의 피부에 난 뾰루지와도 같다. 일부러 피부를 자극해서 억지로 짜낼 수도 있지만 그렇게 하면 당연히 아프고 상처가 덧날 수 있다. 또한 욱신거리는 동안 온통 신경이 쓰여 다른 일에 집중을 제대로 할 수가 없다. 그러니 무의미한 도박 충동과의 전투를 그만두고 도박 충동의 도발을 가볍게 흘려보낸 후, 그 시간에 더 풍요로운 인생을 누리는 것이 훨씬 현명한 방법이라는 것을 알아야 한다. 도박 충동과의 전투에서 승리했지만 정작 기쁨을 누려야 할 아군이 모두 전사했다면 그것을 과연 승리라고 부를 수 있을까?

도박 충동의 유혹을 단호히 거절하자

한 도박중독자가 자신의 도박 문제를 해결하기 위해 지속적으로 상담을 받았다. 도박을 끊어야 하는 나름의 이유도 찾았고 치료하려는 의욕도 충만했다. 그는 상담자가 권하는 모든 조치와 과제를 충실히 이행했고, 그 결과 도박 충동도 거의 가라앉아서 드디어 상담을 종결하게 되었다. 그러고는 성공적으로 사회에 복귀해 열심히 일하기 시작했고 그동안 소홀했던 가족들을 위해 많은 시간을 함께 보냈다.

그러던 어느 날 도박중독자였던 이 가장은 자신의 일상이 너무나 무료하다는 것을 깨닫게 된다. 그러자 마음속 깊은 곳에서 이런 말이 들려오기 시작했다.

"전문적인 상담도 체계적으로 꾸준히 받았고 그동안 2년 넘게 도박이라고는 손도 안 댔잖아. 넌 충분한 자제력을 갖고 있어. 이제 다시 도박을 조금 한다고 해봤자 절대로 예전처럼 심각하게 도박에 빠지지 않을 거야. 네 자신의 인생과 도박을 저울질할 만큼 어리석은 결정을 내린 것에 대해서는 충분한 대가를 치렀잖아. 도박의 위험을 너만큼 잘 아는 사람도 없을 테니, 사교성 도박의 수준에서 도박을 즐기는 데 아무런 문제가 없을 거야."

도박중독자에게 문득 떠오른 이 말은 과연 누구의 말일까? 많은 도박중독자들이 이 말을 마음이 자신에게 하는 말이라고 착각한다. 하지만 이 말은 도박 충동이 도박중독자를 꾀려고 하는 말이다. 따라서 이 말을 그대로 믿고 따라 했다가는 영락없이 다시 도박에 손을 댈 수밖에 없다. 그렇다면 마음속에서 어떤 속삭임이 들려왔을 때 그것이 내 마음이 하는 말인지, 도박 충동이 나를 꾀려고 하는 말인지 어떻게 구분할 수 있을까?

구분 방법은 간단하다. 그 말이 결국 도박을 '허락하는 것이냐, 아니냐.'로 구분하면 된다. 그 말을 따랐을 때 결국 도박을 하게 된다면, 그 말은 내 마음이 하는 말이 아니다. 바로 도박 충동이 나를 유혹하는 말이다. 그렇게나 힘들게 도박을 그만두겠다고 결심하고 장기간 상담까지 받았는데, 내 마음이 다시금 그 힘든 과정을 처음부터 반복하게 만들 리가 없기 때문이다. 그러므로 도박을 허락하는 말이라면 내용이 무엇이든 간에 도박 충동의 유혹으로 간주하고 단호히 거절해야 한다. 그것이 도박중독의 재발을 막는 길이다.

도박 충동을 어떻게 구분하는가?

도박과 관련된 생각이 꼬리에 꼬리를 물고 이어져 결국 도박을 하게 되는 방향으로 나아간다면, 자신의 생각이 아닌 도박 충동이 만들어낸 생각이므로 그대로 따라서는 안 된다는 것은 그리 어렵지 않게 알 수 있다.

그런데 실제로 그런 생각이 떠올랐을 때 생각을 따라가는 것 자체가 쉽지 않다고 호소하는 도박중독자도 많다. 이 또한 이해가 되지 않는 것은 아니다. 우선 치유중인 도박중독자는 주의 집중력이 아직 정상 수준으로 돌아오지 않았기 때문에 오랫동안 집중해서 생각을 이어가기 어렵고, 충동적인 경우가 많아서 빨리 결론을 내고 싶은 마음에 조바심을 내기 때문이다. 그래서 차분히 앉아서 그러한 감정이 자신의 순수한 욕구에서 비롯된 생각인지, 아직 완전히 가라앉지 않은 도박 충동 때문에 생겨난 생각인지를 구분하는 것이 쉽지만은 않다. 그럴 때는 이렇게 해보자. 도박과 관련이 있다고 짐작되는 어떤 생각이 떠올랐을 때 그 생각만 붙잡되 아주 구체적으로 그 상황을 떠올려보자. 구체적으로 생각할 수 있다면 치유적인 생각이고, 그렇지 않다면 도박 충동이 만들어낸 생각이다.

예를 들어 가족에게 알리지 않고 숨겨둔, 친구에게 빌린 50만 원이 있다고 가정해보자. 용돈을 모아서 갚는 것 말고 "좀더 빨리 갚는 방법이 없을까?" 하는 생각이 불현듯 떠올랐다고 했을 때, 그 돈을 갚을 체계적인 계획이 그려지지 않고 그저 빨리 갚고 싶다는 모호한 생각 이상으로 더 나아가지 못할 때, 그것은 도박 충동이 만들어낸 생각이다.

도박 충동이 만들어낸 생각의 의도는 결국 도박중독자를 다시 도박을 하게 만드는 것이기 때문에 근거와 체계가 없다. 그래서 구체적으로 계획을 세우거나 예상을 하지 못한다. 그러니 구별이 어려울 때는 구체적으로 생각해보면 된다. 세부적인 계획을 구체적으로 세울 수 있다면 자신의 생각이고, 막연하고 모호한 계획이라면 그건 도박 충동이 만들어낸 생각이다. 그럴 때는 그 생각대로 해서는 안 된다.

도박중독에서
돈 문제는 필연적이다

도박중독자가 돈에만 초점을 맞추고 살면 도박으로 잃은 본전에 집착하게 되어 도박을 끊을 수 없다. 도박중독자는 도박 빚만 갚으면 도박을 하지 않을 수 있다고 자신하지만 이는 도박중독자의 역설에 불과하다.

돈에 초점을 맞춘 삶이 왜 위험한가?

돈이 도박중독자에게 부정적 영향을 미친다는 것은 누구나 쉽게 예상할 수 있다. 자본주의 사회에서 돈으로부터 자유롭기는 쉽지 않기 때문이다. 그러므로 치유 과정에서 도박중독자가 돈에만 초점을 맞추고 살지 않도록 돈의 의미를 면밀히 살펴보는 작업이 꼭 필요하다.

그런데 돈에 초점을 맞춘 삶이 왜 도박중독자에게 위험할까? 단순하게 생각하면 도박이 돈으로 베팅하는 것이고 돈에만 집착하면 도박을 잊기 어려워서 그런 것이라고 생각할 수도 있다. 하지만 돈에 초점을 맞춘 삶이 도박중독자에게 위험한 이유는 바로 '본전 생각' 때문이다.

도박에서 완전히 손을 떼겠다고 굳게 마음먹었던 도박중독자도 막상 도박 빚이 해결되면 다시 도박에 손을 대는데, 이는 도박으로 잃은 본전에 집착하기 때문이다. 돈에만 초점을 맞추고 살면 본전 생각에서 벗어나기가 어렵다. 수입이 줄어들어 경제적으로 어렵다면 더더욱 그럴 수밖에 없고, 경제적인 여유가 생겼다 하더라도 '그때 도박으로 탕진하지만 않았다면 지금보다 훨씬 더 큰 부자가 되었을 텐데.'라고 자책하면서 후회할 테니 말이다. 그러므로 도박중독의 치유 과정에서는 돈 이외에 어떤 것이 자신의 삶에 의미가 있는지를 찾는 작업이 반드시 필요하다.

도박으로 도박 빚을 갚는다는 도박중독자의 역설

도박중독자에게 "대체 왜 그렇게 도박을 끊지 못하는가?"라고 물으면 열이면 열 모두 "도박 빚을 갚기 위해서는 도박밖에 방법이 없다."라고 대답할 것이다.

도박 빚은 대체 왜 생겼을까? 바로 도박을 해서 생긴 것이다. 그러니 도박을 계속하면 당연히 빚이 늘어날 수밖에 없다. 이런 간단한 원리는 어린아이라도 쉽게 알 수 있는데 도박에 중독되면 이런 간단한 원리도 모르는 바보가 되는 것일까?

도박으로 인해 발생한 빚이 일정 액수(이는 심리적인 것이기 때문에 도박중독자마다 다를 수 있다)를 초과하게 되면 정상적인 노동을 통해 빚을 갚는다는 것이 굉장히 막막하고 답답하게 느껴질 수 있다. 예를 들어 도박 빚이 1천만 원이라면 생활비를 절약하고 아르바이트를 하는 정도의 노력으로도 시간은 걸릴지언정 갚을 수 있을 것이다. 하지만 빚이 1억 원이라면 어떨까? 빚의 액수가 그보다 훨씬 더 커져서 10억 원이 된다면 어떨까? 허리띠를 졸라매고 아르바이트를 여러 개 한다고 해도 수십 년이 걸릴 수도 있고, 빚을 갚는 속도보다 빚이 늘어나는 속도가 오히려 더 빠를 수도 있다. 따라서 도박중독자에게는 절망적인 상황으로 느껴질 것이다.

이때 빚의 원인이 된 도박으로 그 빚을 갚겠다는 자기모순에 빠지는 것을 '도박중독자의 역설gambler's fallacy'이라고 한다. 도박중독자의 역설에 걸려들게 되면 베팅하는 금액이 늘어나고 배당이 높은 대신 돈을 딸 확률이 낮은 위험한 게임에 베팅하게 된다. 그래서 어떻게 해서든 도박 빚을 줄여보겠다는 도박중독자의 바람과는 반대로 도박 빚이 오히려 더 빨리 기하급수적으로 늘어나게 된다.

도박으로 번 돈은 도박판을 벗어나지 못한다

도박중독자들은 도박으로 돈을 딸 수 있다고 착각한다. 그래서 한 번만 돈을 크게 따면 빚을 갚고, 운만 조금 더 따라준다면 그동안 잃은 돈도 한꺼번에 되찾을 수 있다고 믿는다. 더 심하게는 도박으로 돈을 따서 자신의 팔자까지 고칠 수 있다는 망상에 빠지기도 한다. 그런데 과연 그럴 수 있을까? 이 책을 조금 더 읽다 보면 도박으로 왜 돈을 딸 수 없는지 그 이유를 충분히 알게 될 것이다. 그러므로 여기서는 일단 도박으로 돈을 딸 수 있다는 말도 안 되는 생각이 옳다는 가정 하에 이야기를 진행해보도록 하자.

도박중독자는 도박으로 돈을 따서 비싼 옷도 사 입고, 차도 바꾸고, 좋은 집을 사서 이사하고 싶어한다. 그 돈으로 가족과 행복하게 살고 싶은 것이다. 그건 분명 진심이다. 도박으로 돈을 딴 뒤에 자신이 상처 준 가족을 '나 몰라라' 하고 자기만 잘 먹고 잘살려는 도박중독자는 거의 없다. 그런데 과연 도박으로 돈을 따면 원하는 대로 그 돈을 쓸 수가 있을까?

절대로 그렇게 되지 않는다. 왜냐하면 도박으로 번 돈은 도박판을 벗어나지 못하기 때문이다. 예를 하나 들어보겠다. 경마장에서 마지막 경주에 1만 원을 걸었는데 엄청나게 큰 배당을 터뜨려서 500만 원을 손에 쥐었다고 해보자. 수중에 현찰 500만 원이 있다. 집으로 가는 발걸음이 하늘을 나는 것처럼 가볍다. 지금까지의 고생을 보상이라도 받은 기분일 것이다.

집으로 가는 길에 그동안 고생했던 아내에게 "명품 가방이라도 하나 사줘야 하나?" 또는 시간이 없어 놀아주지도 못한 아이들에게 "태블릿PC나 게임기를 사줄까?"라는 생각을 잠깐이나마 해볼 것이다. 그런데 막상 집에 와서 생각해보니 하늘이 드디어 나에게 기회를 주신 것처럼 느껴지기 시작한다. 행운의 여신이 자신의 어깨에 내려앉은 것 같기도 하고⋯. 1만 원으로 500만 원을 땄으니 100만 원 정도 베팅해서 비슷한 경주 하나만 더 맞춰도 팔자 고치는 건 시간문제라는 생각이 든다. 그래서 일단 400만 원은 아무도 모르는 곳에 고이 감추어두고 100만 원만 가져가서 자신의 운을 한 번 더 시험해보기로 결심한다.

다음 주 경마일에 경마장에 가서 시험 삼아 첫 경주에 20만 원을 베팅했는데 여지없이 돈을 날렸다. '설마' 하는 마음에 30만 원을 더 베팅해보지만 역시나 맞지 않는다. 이제는 전략도 없이 홧김에 남은 돈 50만 원을 쏟아붓지만 행운의 여신은 대체 어디로 갔는지 하나도 맞지 않는다.

자, 이제 100만 원을 잃었지만 그래도 아직 400만 원이 남아 있다. 이쯤 되면 지난주에 운이 좋아 돈을 딴 것뿐이라고 생각해야 맞다. 그리고 여기에서 멈추면 그래도 400만 원이 남아 있으니 남는 장사라고 할 수도 있다. 그런데 본전이 1만 원이면 399만 원은 공돈이라고 생각해야 하는데, 도박중독자의 마음은 그렇지 않다. 500만 원이 본전이라는 생각이 들어서 이미 100만 원을 잃은 것으로 생각한다. 그러고는 400만 원을 잘 베팅하면 잃은 돈 100만 원을 찾는 것쯤은 일도 아니라고 생각하기 시작한다. 그래서 다시 100만 원 정도만 현금 서비스를 받아 경주에 베팅한다. 이런 식으로 그날의 경주가 모두 끝나게 되면 대개 지난주에 딴 돈 모두를 잃게 된다. 게다가 잃은 돈을 찾을 욕심 때문에 신용카드로 현금 서비스를 받거나 '꽁지'라고 부르는 사채업자의 돈을 빌리게 되어, 돈을 따기 전보다 오히려 빚만 더 늘어나게 된다.

경마의 예를 들었지만 어떠한 도박이든 마찬가지다. 어쩌다 "소 뒷걸음치다 쥐 잡기."라는 속담처럼 행운이 자신에게 떨어진 것을 기회가 왔다고 착각하기 때문에 도박중독자는 도박으로 딴 돈을 다시 도박판에 쓸어 넣고 만다.

그래서 도박판에서 아무리 많은 돈을 따도 가족을 위해서뿐만 아니라 자신을 위해서 돈을 쓰는 도박중독자가 거의 없는 것이다. 물론 유흥업소에서 잠시나마 기분을 낼 수는 있지만 그뿐이며 정작 그런 도박중독자도 매우 드물다. 대부분의 도박중독자는 컵라면으로 끼니를 때우면서 다음 도박을 위한 자금을 비축한다. 그래서 평소 가족들한테서 "짠돌이."라는 말을 듣는 것이 예사다. 당신이 도박중독자라면 가슴에 손을 얹고 한번 생각해보기 바란다. 적어도 한 번쯤은 꽤 큰돈을 딴 적이 있었을 것이다. 그 돈으로 무엇을 했는가? 가족을 위해서 혹은 스스로를 위해서 그 돈을 쓴 적이 있는가? 만약 있다면 전체 딴 돈 중에서 어느 정도의 액수였는가? 아마도 도박으로 딴 돈을 제대로 쓴 기억은 거의 없을 것이다.

도박으로 번 돈은 절대로 도박판을 벗어나지 못한다. 그래서 카지노든, 불법 하우스든, 화투판이든 도박중독자가 딴 돈을 집으로 가져가는 것을 전혀 신경 쓰지 않는다. 왜냐하면 도박중독자가 그 돈을 그대로 들고 돌아와 몽땅 갖다 바칠 것이 불 보듯 뻔하기 때문이다. 그러니 도박으로 돈 딸 생각은 버리기 바란다. 현실적으로 불가능하고 만에 하나 도박으로 돈을 딸 수 있다고 하더라도 그 돈은 도박판을 절대로 벗어나지 못한다.

도박으로 딴 돈은 당신의 돈이 아니다. 도박판이 당신에게 잠시 맡겨놓은 돈에 불과하다. 그리고 그 돈을 되돌려 받을 때에는 엄청난 이자(도박으로 딴 돈보다 더 많은)까지 붙여서 뜯어갈 것이다.

재발 위험 금액을 알아야 한다

도박에 중독된 적이 있는 도박중독자는 반드시 자신의 '위험금' 액수를 정확히 알고 있어야 한다. '위험금'이란 말은 필자가 만든 용어로 의미를 이해하는 것만으로도 충분하다. 위험금은 도박에 다시 손을 댈 수 있을 정도의 도박 충동을 야기하는 액수의 돈을 말한다. 즉 재발 위험 금액이라고 할 수 있다.

재발 위험 금액은 도박중독자마다 다를 수 있다. 어떤 도박중독자는 100만 원은 있어야 카지노에서 놀 수 있기 때문에 그 이하의 액수로는 도박 충동이 일어나지 않는다고 이야기하고, 또 다른 도박중독자는 편하게 용돈으로 쓰기에는 10만 원 정도의 금액이 딱 좋다고 말하기도 한다. 그러니 액수의 크기는 그리 중요하지 않다. 도박을 하고자 하는 강한 열망을 느끼는 액수라면 단돈 1천 원도 위험금이 될 수 있다.

정확한 위험금의 액수를 찾는 것은 그리 어렵지 않다. 아주 적은 금액부터 시작해서 주머니에 넣고 다닐 때 불안해지는 한계선까지 액수를 서서히 올리면 위험금이 얼마인지 알 수 있다. "이 금액 이상을 주머니에 넣고 다니는 건 너무 위험하다."라고 생각하는 지점에 이르게 되면 자연스럽게 도박중독자의 마음속엔 경고등이 켜진다.

위험금의 액수를 정확하게 아는 것은 도박중독을 치유하는 초기에 특히 중요하다. 도박에 중독되었기 때문에 재정 관리 능력을 상실한 도박중독자는 적어도 충분한 수준의 통제력을 회복할 때까지는, 위험금의 액수 이하로 용돈을 갖고 다니고 재정 관리를 하는 범위도 그 액수 이하로 설정해야 재발 위험성이 크게 낮아지기 때문이다.

조금은 궁상스럽다고 생각할 수도 있지만 자존심만 내세우면서 우습게 볼 일이 아니다. 위험금의 액수를 정확하게 산정하지 않고 대충 더 큰 금액으로 생각했다가 사소한 경제적 스트레스를 받는 것만으로도 다시 도박에 손을 대는 도박중독자의 수가 결코 적지 않다는 사실을 기억해야 한다. 위험금의 정확한 액수를 파악하는 것은 도박중독 치료에서는 아주 기본적인 유비무환 방책이라고 할 수 있다.

돈이 너무 없는 것도, 너무 많은 것도 문제다

도박중독 문제가 처음으로 드러나 가족을 비롯한 주변 사람들에게 알려지는 계기가 되는 것도, 돈을 따서 신세를 고칠 요량으로 도박을 끝까지 포기하지 못하는 것도 모두 돈 때문이다. 또한 도박을 그만두겠다고 결심해도 재정적인 어려움에 봉착하면 다시금 도박을 통해 위기를 탈출하고 싶은 유혹을 받는 것도 모두 돈 때문이다. 다른 중독과 달리 도박중독은 시작부터 끝까지 어떤 관계로든 돈과 얽혀 있다고 볼 수 있다. 그렇기 때문에 치유 과정에 돈의 의미를 새로 정립하고 재정 관리 능력을 배양하는 과정이 포함된다.

도박중독자에게는 돈이 너무 적은 것도, 그렇다고 너무 많은 것도 모두 문제가 될 수 있다. 자신이 감당할 수 있는 수준의 적당한 돈만이 도박 충동을 일으키지 않는다. 돈이 너무 적다는 것은 필요한 돈이 부족하다는 것이므로 일반인과 동일한 수준의 재정적 스트레스라도 도박중독자에게는 도박 충동을 강하게 일으킬 수 있다.

자녀의 학원비를 내기 위해 내일까지 30만 원이 필요한데, 수중에 10만 원밖에 없다면 도박중독자는 도박을 해서 그 돈을 3배로 불리고 싶은 유혹을 느낄 수 있다. 대부분의 도박중독자는 흔히 이야기하는 대박 경험이 다들 있기 때문에 일반인이라면 시도조차 못하는 모험을 감행할 수 있다. 그래서 치유 과정에서도 가능하면 경제적인 압박을 받지 않도록 배려하는 것이 좋다. 아직은 돈과 관련된 스트레스를 감당할 수 있는 상태가 아니기 때문이다.

그렇다면 돈이 너무 많은 것은 어떤 문제가 될까? 예를 들어 이전에 하던 것 이상으로 열심히 사업에 전념해서 도박에 중독되기 전보다 수입이 오히려 많아졌다고 가정해보자. 이제는 '돈에 욕심내지 않고 용돈 범위 내에서만 즐기면 되지 않을까?' 하는 착각을 하게 된다. 스스로 도박에 대한 통제력을 찾았다고 자만하는 것이다. 특히 도박에 대한 자제력을 빨리 회복한 도박중독자에게 이런 일이 많이 일어난다. 도박중독자에게는 너무 돈이 없는 것도, 그렇다고 돈이 너무 많은 것도 큰 문제가 될 수 있음을 꼭 명심하기 바란다.

돈이냐, 사람이냐?

도박중독자들이 전문적인 치료기관이나 단도박 모임과 같은 자조집단을 찾아 도움을 구하는 것은 대체로 재정적인 문제가 본인이 감당할 수 있는 수준을 넘어선 시점이다. 도박중독자가 계속 도박을 하면 재정적인 문제가 가족들의 미래까지 위협하게 되어 가족들은 절망에 빠질 수밖에 없다. 그래서 도박중독자가 이 빚만 갚으면 혹은 그동안 잃어버린 돈만 찾으면 언제든지 도박을 그만둘 수 있다고 주장하면서 희망도 없는 도박에 계속 매달리는 것이다.

그렇다면 도박중독 때문에 생기는 가장 중요한 문제가 돈 문제일까? 그렇지 않다. 돈 문제보다 더 중요한 것은 사람 사이의 관계 문제다. 좀더 자세히 이야기하자면 신뢰를 잃는 것이 도박으로 인해 생기는 가장 큰 부정적 결과다. 결코 쉽지는 않더라도 도박 때문에 생긴 재정적인 문제는 도박중독자가 정신을 차리고 도박을 그만두면, 속도의 차이는 있더라도 어쨌거나 회복될 가능성은 있다. 도박중독자에 따라 도박하기 이전의 경제적 풍요를 금방 회복하기도 한다. 성실하고 근면한 도박중독자도 많기 때문에 도박에 쏟아붓던 에너지와 열정을 경제적인 부분으로 돌리면 사정이 빠르게 나아지기 때문이다.

하지만 사랑하는 주변 사람들이 자신의 곁을 떠나고, 홀로 고립되고 소외되는 것은 결코 간단한 문제가 아니다. 사람 사이의 관계에서 신뢰가 한 번 무너지면 다시 회복하기가 매우 어렵다. 서로 아끼고 사랑해서 결혼한 배우자도 신뢰가 무너지고 나면 그 신뢰를 회복하느라 굉장히 힘들게 먼 길을 돌아가야 한다. 게다가 신뢰라는 것은 돈이 많다고 해서 금방 다시 쌓을 수 있는 것이 아니다. 말과 행동이 일치하는 모습을 꾸준하게 지키는 노력이 뒤따라야 하고 무엇보다 상당한 시간을 요구한다. 때로 도박중독자가 뼈를 깎는 인고의 세월을 견뎌내야 하기도 한다. 그러니 도박중독의 가장 큰 문제는 돈을 잃는 것이 아니라 사람이 떠나는 것이라는 점을 잊지 말고, 사랑하는 사람들이 곁에 한 명이라도 더 남아 있을 때 자신의 도박 문제를 공개하고 해결하기 위해 적극적으로 노력해야 한다. 떠난 사람의 마음을 돌려놓는 것은 힘센 황소들이 끄는 황금 수레로도 어려운 법이다.

돈보다 중요한 것은 시간이다

앞에서 돈보다 더 중요한 것이 사람이라고 말했다. 이는 몇 번이나 강조해서 말할 만큼 중요하다. 돈보다 더 중요한 것이 사람이라는 것을 반드시 기억하자. 그런데 돈보다 중요한 것은 사람 말고도 또 있다. 도박으로 인해 잃는 돈보다 더 중요하고 소중한 자산은 바로 시간이다. 도박중독자가 도박에 빠져 있는 동안 어느새 훌쩍 커버린 자녀들, 그새 연세 때문에 몸이 불편해지신 부모님, 주름살이 늘어가는 배우자를 보라.

   돈은 그야말로 있다가도 없어질 수 있고, 없다가도 기회가 오면 다시 벌 수 있다. 반면에 지나가버린 시간은 되돌릴 수가 없고 설사 도박으로 돈을 딴다고 해도 잃어버린 그 시간만큼은 절대로 다시 살 수 없다. 도박중독자가 도박에 빠져 있는 동안, 도박을 생각하고 있는 동안, 도박 충동으로 흔들리고 있는 동안에도 소중한 시간은 속절없이 흘러간다. 잃어버린 돈만 되찾으면 된다고 생각하는 도박중독자가 있다면 이미 흘러간 시간은 어떻게 할 것인지, 그 잃어버린 시간은 어떻게 되돌릴 것인지를 다시 한 번 깊이 생각해보기 바란다.

도박중독 해결의 핵심은 신뢰다

많은 도박중독자들이 도박으로 돈을 딸 수 있다고 착각하는 데다 돈을 딸 수 없다는 사실을 받아들인 도박중독자도 무의식적으로는 도박을 통해 어느 정도 손실을 복구하고 나면, 가족의 용서를 받고 잃어버린 평판을 회복할 수 있다고 착각한다. 실제로 "도박을 해서라도 돈을 따기만 하면 가족들이 나를 용서해줄 것이다."라는 말을 대놓고 하는 도박중독자도 많다.

하지만 도박중독자가 도박으로 돈을 딸 수 있다고 해도(사실 그럴 수도 없지만) 그 돈을 스스럼없이 받거나 도박중독자의 잘못을 용서해줄 가족은 없다. 도박으로 번 돈은 사람을 죽이고 강탈해온 돈이나 다름없다고 생각하는 가족들이 훨씬 더 많다. 그만큼 도박과 연관된 돈은 그들에게 끔찍한 기억만을 불러일으킨다.

도박중독자는 자신이 재산을 탕진한 사실이 가족에게 상처를 주었다고 생각하지만 가족이 가장 힘들어하는 것은 돈 때문만은 아니다. 가족들은 자신이 그토록 사랑하고 의지했던 사람을 더이상 믿을 수가 없게 되었다는 것, 그리고 그럴 수밖에 없는 자신의 나약함에 절망하는 것이다. 도박중독자는 돈이 문제라고 생각하고, 가족들은 신뢰가 문제라고 생각하는 것, 바로 그 차이가 도박중독 치유를 더디게 만드는 요인이다. 빚은 시간이 걸릴지라도 갚으면 된다. 잃은 돈도 복구하면 된다. 하지만 깨져버린 신뢰는 결코 쉽게 치유되지 않는다. 그래서 단기간에 승부를 보려는 조급하고 충동적인 도박중독자들이 신뢰를 회복하는 것은 결코 쉬운 일이 아니다.

하지만 아무리 어렵고 험한 길이라도 나아가야만 한다. 신뢰를 회복하지 못하는 한 도박중독자에게 희망이란 없다. 그러니 신뢰를 회복하는 데 목숨을 걸어야 한다. 이순신 장군의 말로 유명한 "필사즉생必死卽生"의 각오로 도박중독과 싸워야 한다. 그래야만 살 수 있다.

여윳돈이 생겼을 때 어떻게 하면 좋을까?

도박 빚을 갚기 위한 채무변제 계획을 세운 뒤에 갑자기 상여금이 나오는 것처럼 예정에 없던 여윳돈이 생기는 경우가 있다. 그 액수가 클 수도 있지만 도박 빚을 전부 갚을 정도는 아닌 소액의 여윳돈이라면 어떻게 해야 할까? 이럴 때 도박중독자는 채무변제 목록을 확인하고 1순위에 있는 빚부터 먼저 갚으려고 할 것이다. 채무변제 1순위인 채무는 대체로 이자 부담이 가장 큰 것이므로, 당연히 제일 먼저 갚아야 한다고 생각하는 것이다.

언뜻 보면 합리적인 것처럼 보인다. 하지만 아직 재정 관리 능력을 완전히 회복하지 못한 도박중독자에게는 도박 충동을 불러일으키는 유혹의 수단으로 작용할 수 있어서 사실 별로 권장하지 않는 방법이다. 그렇다면 어떻게 해야 할까? 갑자기 여윳돈이 생겼다면 채무변제의 우선순위와 상관없이 갚을 수 있는 것부터 최대한 빨리 갚는 것이 오히려 낫다.

이는 무엇보다 채무변제에 대한 심리적 부담을 조금이나마 줄여주는 효과(특히 채권자 수가 많을 경우)가 있고, 재정 문제 해결에 재빨리 대응하는 모습을 도박중독자가 행동으로 직접 보여준다는 점에서 가족들의 신뢰를 회복하는 데도 도움이 된다. 다시 한 번 강조하지만 도박 빚을 갚는 것마저도 신뢰를 회복하기 위해서라는 것을 명심해야 한다. 가족과의 관계에서는 첫째도 신뢰, 둘째도 신뢰다.

도박중독자의 가족이 돈 문제를 호소하는 이유

현실적으로 도박중독의 가장 큰 피해는 재정적인 면에서 나타난다. 도박으로 잃은 돈도 돈이지만 도박중독이 외부로 드러났을 때 한꺼번에 드러난 도박 빚은 가계 재정에 큰 부담이 된다. 하루아침에 갑자기 경제적으로 쪼들리면서 가족들은 상당한 스트레스를 받는다. 또한 재정 관리 능력을 상실한 도박중독자를 대신해서 가족이 재정 관리를 일시적으로나마 대신해야 하기 때문에, 치료에만 전념하는 도박중독자에 비해 가족이 받는 심리적 압박은 그야말로 엄청날 수밖에 없다. 어차피 도박중독자에게는 돈도 없고 돈을 마련할 방도 또한 없는데, 가족이 일상생활에서 도박중독자에게 돈 문제를 호소하는 이유는 과연 무엇일까?

많은 도박중독자들은 가족이 돈 문제를 꺼내는 이유를 오해하곤 한다. 이미 어쩔 수 없는 상태가 된 돈 문제를 다시 화제에 올림으로써 자기를 탓하고, 이로 인해 가정 내 의사 결정의 주도권을 잡으려 한다고 착각하거나 돈 문제를 빨리 해결해달라는 투정으로 받아들인다. 그래서 빨리 돈을 벌어서 가족의 불평불만을 막고 싶지만 갑자기 그런 큰돈을 마련할 수 없기 때문에 결국 자신에게 익숙한 도박으로 이 문제를 해결하고자 하는 강한 충동을 느끼게 된다.

그런데 정작 돈 문제를 꺼낸 가족의 생각은 도박중독자의 생각과는 전혀 다르다. 가족이 도박중독자에게 돈 문제를 호소하는 이유는 크게 2가지다. 하나는 자신이 돈 문제로 고통받고 있다는 것을 도박중독자가 알아주었으면 하는 것이고, 무엇보다 위로받고 싶기 때문이다. 다른 이유는 지금 처한 상황은 모두 힘들지만 다시 한 번 마음을 다잡고 열심히 살자는 의지를 함께 다지자는 의미다.

도박중독자가 착각하는 것처럼 재정 문제를 해결할 돈을 원하는 것이 아니다. 대부분의 가족은 도박중독자보다 재정 문제를 훨씬 더 냉정하게 파악하고 있으며 마법을 부리듯이 이 문제를 단숨에 해결할 방법이란 없다는 사실을 이미 잘 알고 있다. 그러므로 도박중독자는 가족이 절대로 원하지 않는 도박으로 문제를 어설프게 해결하겠다는 마음을 먹어서는 안 된다.

'꽁지'는 '꽁지돈'에 목숨 걸지 않는다

'꽁지'란 도박장에 상주하면서 도박중독자에게 도박 자금을 공급하는 일종의 고리대금업자다. 대부분 사업자 등록을 하지 않은 상태에서 무허가로 대부하며 말도 안 되는 수준의 선이자를 떼고 돈을 빌려주는데 이를 소위 '꽁지돈'이라고 한다. 흔히 가족들이 사채라고 알고 있는 돈은 대부분 대부업 등록을 한 정상적인 업체에서 빌린 것이며, 이들 업체는 제3금융권으로 분류될 뿐 가족들이 생각하는 그런 사채업자는 아니다. 엄밀히 말하면 이 꽁지들이 바로 사채업자다.

채권자가 도박 자금으로 사용될 것을 미리 알고 빌려준 돈은 민법상 갚을 필요가 없다. 하지만 많은 도박중독자들은 이들이 조직폭력배와 연관되어 있을 것을 두려워해서 돈을 안 갚을 엄두를 내지 못한다. 그래서 꽁지돈을 무리하게 갚으려다가 도박에 더 심하게 빠져드는 경우가 많다. 어느 정도 자금력이 있는 도박중독자의 경우 꽁지는 빌려준 돈을 회수하려고 애써 노력하지 않을 때도 있다.

예를 들어 연매출 100억 원대의 사업체를 운영하는 도박중독자가 꽁지돈을 1억 원 정도 빌렸다면 이를 그냥 포기할 수도 있을 정도다. 왜냐하면 꽁지들이 원하는 것은 푼돈을 돌려받는 것이 아니기 때문이다. 영악한 꽁지들은 멀리 내다보고 있다. 자금 동원 능력이 충분한 도박중독자가 빌려준 돈을 금방 갚고 도박을 끊는 것보다는, 소액의 꽁지돈을 포기하더라도 계속 도박장에 드나들면서 자신의 돈을 계속 빌리는 것이 장기적으로는 훨씬 더 이득이 된다는 것을 잘 알고 있다.

따라서 꽁지가 시원하게 빚을 탕감해준다고 해서 마냥 좋아할 일이 아니다. 도박판에서 돈놀이를 하는 꽁지라면 산전수전 다 겪은 백전노장인 경우가 많다. 도박을 그만두려는 도박중독자라면 하루라도 빨리 꽁지돈을 갚고 꽁지의 손아귀에서 빠져나와야 한다.

도박중독으로
돈을 잃을 수밖에 없는 이유

도박을 하기 전에 정해진 환급률만큼 미리 떼기 때문에 도박을 오래 하면 오래 할수록 더 많은 돈을 잃게 된다. 게다가 아슬아슬함의 아쉬움, 사후 분석의 오류, 통제의 착각 등 심리적 이유까지 더해져 도박중독자가 돈을 딸 가능성은 없다.

환급률 때문에 돈을 딸 수 없다

도박으로 돈을 딸 수 없는 이유는 무수히 많은데 그 중에서도 가장 큰 이유는 바로 환급률 때문이다. 모든 도박에는 환급률이 적용된다. '환급률'이란 매 게임이 끝난 후에 도박을 한 당사자에게 돌아가는 평균 금액을 나타내는 용어로 카지노 업계에서는 이 용어를 'house advantage' 또는 'pay back'이라고도 한다.

일반적으로 카지노에서는 0.1~25%를 뗀 75~99.9%를, 경마에서는 20~27%를 뗀 73~80%를 베팅한 고객에게 돌려주는데, 이때

73~80%가 경마의 환급률이다. 경마의 경우 한국마사회KRA는 경주당 총 베팅액의 20~27%를 경주 시작 전에 미리 떼어, 27%를 떼는 승식의 경우 16%에 해당하는 금액을 국가에 세금으로 납부하고, 4%는 예비비로, 나머지 7%는 운영비로 사용한다.

경마를 예로 들어 73%의 환급률 경주를 시행한다고 가정해보자. 이때 5명이 모여 200만 원씩 베팅을 하게 되면 총 1천만 원의 베팅 금액 중 270만 원을 세금 및 운영비로 경주를 시작하기 전에 미리 떼고, 나머지 730만 원을 경주가 끝난 후 그 결과에 따라 이긴 사람에게 나누어 준다. 만약 5명 중에 2명이 경주 결과를 맞혔다면 그 2명이 730만 원을 나누어 갖게 되고 나머지는 원금을 모두 잃게 된다. 사람들이 도박에 빠져드는 이유 중 하나는 원금을 모두 잃을 위험이 있음에도 이 경주에서처럼 원금의 3.6배에 달하는 730만 원이라는 큰돈을 순식간에 벌 수 있기 때문이다.

하지만 우리가 주목해야 하는 것은 경주를 시작하기도 전에 이미 270만 원이 눈앞에서 사라져버린다는 사실이다. 게다가 내막을 들여다보면 돈을 딴 사람의 경우에도 그 돈은 한국마사회에서 지급하는 것이 아니라, 경주 결과를 잘못 예상한 사람의 돈이 이긴 사람에게로 옮겨졌을 뿐이다. 대부분의 도박은 시행 주체인 도박 운영자의 돈을 따오는 것이 아니라, 게임을 하는 상대방의 돈을 빼앗아 오는 방식이다. 특히 환급률이 무서운 점은 매 게임이 진행될 때마다 한 번도 빠짐없이 적용된다는 점이다.

앞에서 살펴본 경마의 경우 730만 원이 경주 결과를 맞춘 2명에게 환급되었다. 한 번의 경주에서 돈을 땄다고 해도 그대로 집으로 돌아가는 것이 아니라 모처럼 운수 좋은 날을 만났다며 딴 돈까지 다시 베팅(수익률 기준을 엄격히 지켜서 곧장 집으로 돌아가면 돈을 따는 것이지만 이런 경우는 거의 없다)하는 도박중독자가 대부분이다. 그래서 두 번째 경주에서는 베팅된 총 금액인 730만 원에서 다시 27%인 197만 1천 원을 떼고, 이긴 사람에게 532만 9천 원을 분배한다. 이런 식으로 계속 진행되면 처음 시작할 때 걸었던 총 금액인 1천만 원은 10게임만 하면 42만 원이라는 터무니없는 액수만 남게 된다. 따라서 도박을 오래 할수록 모든 사람이 돈을 잃을 수밖에 없다. 수익을 내는 주체는 도박 사업 기관과 세금을 징수하는 국가뿐이다.

그런데 이상한 점이 하나 있다. 경마는 매 경주에 베팅되는 금액이 대개 35억~50억 원 사이이다. 이전 경주에서 73%를 환급했다면 다음 경주에서는 총 베팅액이 그에 맞게 25억~36억 원으로 줄어들어야 한다. 하지만 이상하게도 35억~50억 원으로 일정하게 유지된다. 이게 대체 어찌된 일일까? 그 이유는 이전 경주에서 돈을 잃은 사람들이 집으로 돌아가지 않고, 이전 경주의 손실을 만회하기 위해 손실액에 상응하는 돈을 마련(현금자동지급기 인출, 신용카드 현금 서비스, 꽁지에게 꽁지돈을 빌리기 등)해서 보충하기 때문이다.

형태와 비율 면에서 다소 차이는 있지만 환급률이 적용되지 않는 도박이란 없다. 그러므로 환급률이 적용되는 한 도박으로 돈을 따는 것은 불가능하다. 특히 도박을 오래 하면 오래 할수록 돈을 잃지 않을 가능성은 점점 더 줄어들게 된다. 결국 도박중독자에게 도박이란 애초에 희망이 없는 일이다.

심리적 이유 때문에 돈을 딸 수 없다

환급률만으로도 도박으로 돈을 딸 가능성은 원천 봉쇄된다. 그런데 이제부터 함께 살펴볼 심리적인 장치가 마지막 쐐기를 박는다. 이것은 사실 돈을 딸 수 없게 만드는 이유라기보다는 도박에서 빠져나오지 못하게 만드는 원인으로 보는 것이 더 타당하다.

다양한 심리적 기제를 통해 도박중독자는 도박으로 돈을 딸 수 있다는 환상에서 빠져나오지 못하게 된다. 아래에 제시한 다양한 심리적 이유 때문에 합리적인 사고를 못하게 되어 경제적인 손실이 점점 커지는 것이다.

아슬아슬함(near-miss)

도박을 하다 보면 승패가 아슬아슬하게 결정되는 경우가 많다. 경마의 경우 말의 코 하나 간격으로, 카지노의 주사위 게임에서는 숫자 하나 차이로 승패가 갈리기도 한다.

이처럼 아슬아슬하게 지는 경우에는 아쉬움이 많이 남는데, 이런 아쉬움은 '조금만 더 잘하면 딸 수도 있겠다.'라는 비합리적인 사고를 만들어낸다. 그리고 비합리적인 사고가 반복해서 쌓이게 되면 불확실성에 기반을 둔 도박을 하면서도, 돈을 딸 수 있다고 확신하는 어리석음을 범하게 된다.

사후 분석의 오류

도박중독자라면 게임이 끝난 직후에 흔히 '아깝다. 이거 아까 내가 생각했던 건데…'라는 생각을 한 번쯤은 하게 마련이다. 대부분의 도박에서는 승패의 차이가 그리 크지 않기 때문에 결과가 이미 나온 후에는 '감정을 다스리고 정보를 좀더 모아서 신중하게 하면 다음에는 더 잘할 수 있다.'라는 착각에 쉽게 빠지게 된다. 그런데 생각해보면 도박은 돈을 거는 게임이기에 대부분의 도박중독자는 베팅하기 전에 충분히 심사숙고해서 신중하게 의사 결정을 할 수밖에 없다. 이미 나름대로 최선의 선택을 한 것이다. 하지만 결과가 나온 후에는 자신이 신중하게 결론을 내렸다는 사실을 까맣게 잊어버리고 아깝게 놓쳤다고 착각하는데, 이는 바로 사후 분석의 오류 때문이다.

통제의 착각

슬롯머신이나 룰렛, 주사위 게임과 같은 도박은 도박을 시행하는 업체가 조작을 하지 않았다면 대개 '무선성의 원리 principle of randomness'를 따른다. 즉 철저히 동일 확률에 의존하는 것이다.

주사위 게임의 경우 5번의 시행에서 모두 숫자 6이 나온 경우(이것도 매우 드문 확률이다)를 가정해보자. 어떤 사람들은 지금까지 계속 숫자 6이 나왔으니 다음에도 당연히 6이 나올 것이라고 생각하거나, 반대로 지금까지 6이 계속 나왔으니 6을 제외한 나머지 숫자가 나올 확률이 높아졌다고 생각한다. 그런데 이 생각은 사실 모두 틀렸다. 주사위 던지기는 독립 시행이므로 문제가 없는 주사위라면 언제 어떻게 던져도 특정 숫자가 나올 확률은 항상 1/6이다. 따라서 다음 시행에서 숫자 6이 나올 확률은 1~5회까지의 각 확률과 동일한 1/6이다. 그런데 도박중독자들은 이 확률을 자신의 능력으로 조절할 수 있다고 믿는다.

어떤 제스처를 취한 뒤 슬롯머신의 손잡이를 당기면 좋은 결과가 나올 거라고 믿거나, 2개의 주사위에 키스를 하고 던지면 각각 숫자 6이 나온다고 믿거나, 항상 앉던 자리에 앉아 베팅을 하면 내가 찍은 말이 들어올 것이라고 믿는 경마중독자들 모두 통제의 착각에 빠져있다.

이처럼 인간은 아주 사소한 심리적 함정에도 쉽게 빠지는 비합리적인 존재다. 그렇기 때문에 도박으로 돈을 따는 것이 불가능한데도 도박에 빠지는 것이다.

도박중독자,
선택만 있고 책임은 없다

대부분의 도박중독자는 마지막으로 한 번만 해보고 도박을 그만두겠다고 하지만, 그 말을 지키는 경우는 없다. 도박을 끊으려면 조건 없이 지금 당장 그만둬야 한다. 도박에 중독된 책임은 없다 해도 회복의 책임은 도박중독자에게 달려 있다.

도박중독자의 약속

도박중독자가 가족에게 자주 하는 말이 있다. "마지막으로 이번 한 번만 더 해보고 따든 잃든 그만두겠다. 그러니 제발 믿어달라."라는 말이다.

 이 말이 자신의 모든 기술과 정보를 후회 없이 쏟아부은 뒤 정말 도박으로 돈을 딸 수 없다는 걸 확인하면, 그때는 도박을 그만두겠다는 신념에서 나온 말이든, 아니면 잃어버린 돈에 대한 단순한 집착에서 나온 말이든 그것은 별로 중요하지 않다. 왜냐하면 이 말을 하는 도박중독자는 그 결과가 어떻게 나오든지 도박을 그만두지 못하기 때문이다. "마지막으로 한 번만 더 해보겠다."라는 말은 도박중독자가 도박을 계속하기 위해 흔히 사용하는 일종의 주문이다.

어떤 조건이든지 조건을 걸고 도박을 그만둘 것을 약속하는 방법은 치유에 실패할 수밖에 없다. 이는 '도박을 끊고자 하는 자신의 마음'이 아니라 '도박을 지속하고자 하는 도박 충동이 만들어낸 방법'이기 때문이다.

그래서 운 좋게 돈을 따고 나면 '역시 내가 옳았군. 이렇게 하면 딸 수 있는 거였어.' '행운의 여신이 나에게 왔으니 이제는 계속 딸 수 있을 거야.' '지금까지 잃었으니 이제 앞으로는 딸 수 있어.'라고 자기합리화를 하게 되고, 설사 다시 돈을 잃어도 '확실하게 베팅할 수 있는 자금이 부족해서 뒷심 부족으로 잃었다.' '아내가 그날 잔소리만 안 했어도 운이 내 편이었을 텐데, 가족 때문에 재수 없어서 망했다.'라는 식으로 돈을 잃게 된 원인을 외부 요인에 돌리고 환경만 탓하게 된다.

결국 이번이 마지막이라는 도박중독자의 약속은 절대로 지켜지지 않는다. 그러니 정녕 도박을 끊고자 한다면 아무런 조건 없이 지금 당장 단도박을 시작해야 한다. 단도박이 어렵다면 차라리 '나는 도박에 중독되었으니 도박을 하는 것이 당연하다.'라고 사실을 그대로 인정하고 당당히 도박하러 가길 바란다. 그래야 그 알량한 양심에 상처가 나게 되고 자신의 도박 문제가 얼마나 심각한 수준인지 진지하게 생각해볼 기회를 얻게 될 테니 말이다.

도박중독자는 회복을 책임져야 한다

도박중독을 병으로 규정해야 하느냐에 대해서는 전문가들 사이에서도 의견이 분분하다. 도박중독은 엄연히 충동조절장애의 일종이므로 병이라는 관점에서 접근해야 하고, 병으로 보는 것이 도박중독자의 상습적인 거짓말과 무책임한 모습을 설명하는 적절한 이유가 되어서 가족의 심리적 고통감을 덜어주므로 이롭다는 주장이 있다.

한편 도박중독을 병으로 규정하면 도박중독자에게 낙인을 찍는 부작용이 생겨 도박중독자가 자포자기할 위험성이 있다. 또 자신의 문제를 인정하고 받아들이는 대신 저항하는 도박중독자의 경우에는 계속해서 부적응 행동의 원인을 자신이 병에 걸렸기 때문으로만 그 이유를 돌리게 되어 오히려 회복을 저해한다는 주장도 있다.

개인적으로 필자는 어느 정도 절충하는 입장에서 가족에게는 도박중독을 병이라고 설명한다. 하지만 도박중독자에게는 굳이 병적 도박이니 충동조절장애의 일종이니 하는 진단을 내리는 것이 장기적으로 치유에 도움이 되지 않는다고 생각해서 병이라는 것을 강조해서 설명하지 않는다. 정말 중요한 것은 도박중독이 병이냐 아니냐가 아니다. 도박에 중독된 도박중독자의 책임은 별로 없더라도 치유의 길로 들어서는 데는 분명한 책임이 있다는 것을 알게 하는 것이 훨씬 더 중요하다.

누구는 도박에 중독되고, 누구는 절대로 도박에 중독되지 않을 것인지, 그것은 아무도 모르는 일이고 어느 누구도 확신할 수가 없다. 외국에는 드물기는 해도 도박중독을 치료하는 임상가마저도 도박에 중독된 임상 사례가 보고되고 있다. 남녀노소 누구나 도박중독에서 완전히 자유로울 수는 없다. 그래서 어느 누구도 "나는 절대로 도박에 중독되지 않을 것이다."라고 확언할 수 없는 것이다.

도박중독은 도박중독자의 자유의지가 아니며 그렇다고 치명적인 바이러스에 감염되듯이 어쩔 수 없이 중독된 것도 아니다. 그저 여러 가지 요인이 복합적으로 작용했고 그 가운데 도박중독자가 잘못된 선택을 했을 뿐이다. 이는 그들에게 면죄부를 주자는 말이 아니다. 도박에 중독된 것에 대해 책임지라고 도박중독자를 몰아붙인다고 해서 달라지는 것은 아무것도 없다는 말이다.

다만 도박중독자가 도박에 중독된 것에 대해서는 책임이 없다 해도, 치료를 받고 도박의 늪에서 빠져나와 회복의 길로 나아가는 것에 대한 책임은 있다. 왜냐하면 이것은 온전히 도박중독자의 자유의지에 달린 것이기 때문이다. 도박중독자는 스스로 선택할 수 있다. 자신의 도박 문제가 별것 아니라고 여기며 자신에게 최면을 걸면서 계속 절망의 늪으로 자신을 밀어 넣을 수도 있고, 더이상은 도박을 하지 않고 이제라도 자신의 참된 인생을 찾겠다고 결심할 수도 있다. 그 선택은 온전히 도박중독자에게 달려 있다.

선택만 하는 도박중독자와 책임만 지는 가족

필자가 도박중독자와 그 가족들을 상담하면서 자연스럽게 깨닫게 된 것이 몇 가지 있다. 그 중 하나가 선택과 책임의 중요성과 균형이다.

우리는 주변에서 "어른 좀 되라."라는 말을 자주 듣기도 하고 하기도 한다. 이 말은 주로 나이에 맞지 않게 철없이 구는 사람들에게 쓰는 말이다.

그런데 어른이 된다는 것은 과연 무엇일까? 법에서 정한 성년이 되면 자동으로 어른이 되는 것일까? 아니면 어르신들 말씀처럼 결혼을 해서 아이를 낳아 가정을 꾸려야 비로소 어른이 되는 것일까? 그것도 아니면 주민등록증이 발급되기만 해도 그때부터 어른 대접을 받을 수 있는 것일까? 어른이 된다는 건 눈에 보이는 외형적인 부분만을 지칭하는 것이 아니다. 어른답게 행동해야 진정한 어른이 되는 것이다.

그렇다면 어른답게 행동한다는 것은 대체 어떤 걸까? 어떻게 행동해야 '어른답다.'라는 말을 들을 수 있을까? 필자는 선택과 책임을 다하는 사람이 어른이라고 생각한다. 예상되는 결과를 충분히 심사숙고해서 신중하게 언행을 선택하고 그 결과가 어떻든 간에 이를 몸과 마음으로 책임지는 사람, 그런 사람을 어른이라고 부를 수 있지 않을까?

'어른답다.'라는 말을 앞에서 꺼낸 이유는 선택과 책임이 도박중독 치유에서도 중요한 개념이기 때문이다. 도박중독자는 보통 도박을 하겠다는 선택만 한다. 그리고 그에 따르는 부정적인 결과(도박 빚, 사랑하는 사람과의 신뢰가 깨지는 것, 법적 문제 등)는 책임지려고 하지 않는다. 오죽하면 도박중독자가 도박에 따르는 부정적인 결과를 스스로 책임지도록 돕는 것이 치유의 제1원칙이라고까지 이야기할까? 그런데 가족들은 이와 반대로 자신들이 선택하지도 않은 도박의 결과를 도박중독자 대신 책임지기만 한다. 물론 찾아보면 나름의 이유는 많다. 도박중독자가 채권자들에게 협박당하지 않게 하려고, 직장에서 쫓겨나는 것을 막으려고, 신용불량자가 되면 안 되니까, 감옥에 안 보내려고, 혹시라도 절망에 빠져 목숨을 버릴지 몰라서 등등 다양하다. 하지만 결국 이러한 가족의 선택은 그 결과까지 내다보고 심사숙고해서 나온 행동이 아니며 선택 없이 희생만 하는 책임지기에 불과하다.

도박중독자가 회복되려면 결국 자신의 도박 결과를 스스로 '책임'지겠다는 자세로 치유에 임하고, 다시는 도박에 손을 대지 않겠다는 '선택'을 해야 한다. 가족 또한 도박중독자가 이러한 결심을 굳건히 지킬 수 있도록 그들 대신 책임지는 행동을 즉시 중단하고 그들이 치유의 길로 나아갈 수 있도록 돕겠다는 선택을 해야 한다. 도박중독자와 가족 모두 선택과 책임을 다하는 것, 그리고 그 둘의 균형을 이루는 것이 바로 치유의 시작이다.

도박중독을 알리는
방법은 따로 있다

도박중독자가 최대한 빨리, 최대한 많은 사람에게 자신의 도박 문제를 알리면 불안에서 벗어나 마음의 평안을 얻을 수 있다. 그뿐만 아니라 주변 사람들의 지지와 성원을 받아 좀더 쉽게 도박중독에서 빠져나올 수 있다.

도박중독자임을 왜 공개해야 하는가?

상담 초기에 가족과 주변 사람들에게 도박 문제를 공개하는 것이 얼마나 중요한지 강조하면, 거의 대부분의 도박중독자들은 굉장히 난감해한다. 또한 치료의 효과성에 대해서 의구심을 드러내기도 한다. 아무런 대책도 없이 그냥 자신이 도박에 중독되었고 그 결과 많은 도박 빚이 생겼다는 걸 가족과 지인에게 알리면 그들을 충격에 빠뜨리는 무책임한 행동에 불과한 게 아니냐고 말하면서 말이다.

　도박 문제를 공개하면 가족과 지인들을 충격에 빠뜨리는 것은 사실이다. 어느 누가 충격을 받지 않겠는가? 대부분의 사람들에게 도박중독이라는 것은 상당히 생소한 데다 가족이나 아는 사람이 도박에 중독되었다는 걸 상상하는 것만도 쉬운 일이 아니다. 하지만 공개하는 일을 미루면 미룰수록 그들이 받게 되는 충격의 강도가 더 커진다는 점을 알아야 한다. 그들을 조금이라도 덜 힘들게 하기 위해서 도박중독 사실을 최대한 빨리 공개하는 것이 낫다.

이 방법이 무책임하게 보일 수도 있다. 하지만 어차피 도박중독 문제를 해결해야겠다고 마음먹고 치료를 결정할 정도라면 이미 혼자서 해결할 수 없는 상태인 경우가 대부분이다. 스스로 알아서 해결할 수 있었다면 치료를 받으러 오지도 않았을 테고 가족이나 아는 사람에게 공개할 필요도 없을 것이다. 그렇지 않은가? 즉 자신의 도박중독 문제를 공개한다는 것은 "무책임하다."라는 비판을 들을 각오를 해야 한다는 말이다. 자신이 도박에 빠진 결과를 책임지는 모습은 도박중독 사실을 공개한 뒤부터 보여도 된다. 앞으로 시간은 충분하고 가족들은 자신의 도박 문제를 용기있게 공개한 도박중독자를 기다려준다.

그렇다면 도박중독자가 자신의 도박 문제를 공개해야 하는 이유는 무엇일까? 그건 바로 '거짓말 엔진'을 멈추기 위해서다. 도박중독이 거짓말을 하는 병이라는 것은 도박중독의 특성을 다룰 때 살펴본 바 있다. 거짓말을 늘어놓는 것은 도박중독의 가장 큰 특징 중 하나이며 도박에 심하게 중독될수록 점점 더 거짓말을 심하게 한다. 도박중독과 거짓말은 한 몸이나 다름없다. 도박중독 문제를 공개적으로 알리지 않고 감추면서 몰래 해결하려고 하면 도박중독을 악화시키는 원천인 거짓말을 계속할 수밖에 없다.

하지만 모든 것을 공개하고 나면 더이상 거짓말 엔진이 작동하지 않는다. 거짓말을 하려는 시도를 할 때마다 양심의 가책을 받고 스스로가 혐오스러워지기 때문에 거짓말을 할 수도 없고, 더이상 하고 싶은 생각도 들지 않는다. 엔진을 멈추고 시동을 꺼야만 엔진 덮개를 열고 무엇이 문제인지 들여다볼 수 있다. 그러니 주저하지 말고 최대한 빨리 자신의 도박 문제를 가족과 지인들에게 알려야 한다. 그것만이 치유 기간을 줄일 수 있는 유일한 방법이다.

누구에게, 언제, 얼마나 공개해야 하는가?

도박중독은 '거짓말 병'이기 때문에 치유 과정에서도 매사에 진실함을 유지하는 것이 매우 중요하다. 상대방을 속일 의도로 하는 '적극적인 거짓말'뿐만 아니라 정확한 정보를 공개하지 않는 '소극적인 거짓말'도 따지고 보면 거짓말에 속하므로 하지 말아야 한다.

이 원칙을 지키려면 주변 사람들에게 자신의 도박 문제를 알릴 수밖에 없다. 게다가 이미 치료를 받아야겠다고 결심하고 행동으로 옮길 정도라면 주변의 누군가는 어느 정도 상황을 짐작하고 있거나 눈치 챘을 것이다. 그러니 사실 도박중독자의 입장에서는 선택의 여지가 별로 없다.

주변 사람에게 자신의 도박 문제를 알리는 것은 도박중독자가 가장 힘들어하는 과제 중 하나다. 그래서 누구에게, 언제, 얼마나 공개해야 하는지를 일목요연하게 정리해보았다.

누구에게 알려야 하나?
많은 사람에게 알릴수록 도박중독의 치유와 회복의 속도가 빨라진다. 특히 도박 문제의 영향을 받을 가능성이 있는 사람에게만큼은 모두 알려야 한다. 대개 배우자, 친부모, 배우자의 부모, 자녀, 형제자매가 그 대상이고, 그 밖에 돈을 빌릴 수 있는 친지나 친구에게도 알려서 도움을 구하는 것이 좋다.

언제 공개해야 하나?
원칙적으로는 가능한 한 빨리 공개할수록 좋다. 시간을 끌게 되면 도박중독자가 공개했을 때의 부정적인 결과(실제로는 그다지 일어나지 않는)를 자꾸 상상하게 되어 공개할 용기를 잃어버리게 된다.

얼마나 공개해야 하나?
누구에게든 동일한 수준으로 완전히 공개하는 것이 가장 바람직하다. 남부끄러운 일이라고 가족 내에서 쉬쉬하면서 몰래 해결하려고 하다가는 더 큰 문제가 생기는 일이 비일비재하다. 공개하는 대상에 따라 공개하는 수준을 달리하는 것은 불필요한 시간 낭비다. 모든 것을 있는 그대로 솔직하게 공개하는 것이 좋다. 필자는 '먼 친척이니 굳이 이야기하지 않아도 되겠지.' 하고 방심하다가 별 문제가 아니라고 생각한 그 친척이 도박중독자에게 도박 자금을 빌려줘서 도박중독이 재발된 경우도 본 적이 있다.

도박중독 문제의 공개가 무척 중요한 일이기 때문에 다시 한 번 강조하자면, 만약 도박중독자가 스스로 공개하지 않은 상태에서 가족들이 다른 경로를 통해 알게 되면 도박중독자에게 직접 들은 것보다 훨씬 더 큰 상처를 받게 된다는 것을 알아야 한다. 아무런 해결 방법도 없는데 문제만 공개하는 것은 너무 무책임한 행동이 아니냐고 생각할 수도 있지만, 정작 도박 문제를 공개하고 나면 마음이 차분해지고 머리가 맑아져서 그때까지 생각나지 않았던 합리적인 해결 방법이 갑자기 떠오르는 경우도 많다.

'도박 문제를 공개하지 않은 상태에서 해결 방법을 찾아내기만 하면 굳이 공개할 필요가 없는 것 아닌가?'라고 생각할 수도 있다. 하지만 도박 문제를 완전히 공개하지 않은 상태에서 찾아낸 해결 방법이란 것은 대개 임시방편이거나 근본적인 해결 방법이 아닌 경우가 많아 결국은 실패하기 마련이다. 이는 무척 중요한 문제이므로 또 한 번 강조해서 말하자면 자신의 도박 문제를 공개하는 것이 먼저이고, 그다음이 해결 방법을 모색하는 것이다.

도박중독을 공개했을 때의 효과

채무변제 계획을 수립하기 위해 채무 목록을 작성하는 일은 대부분의 도박중독 치료에서 필수 과정이다. 이 목록에는 금융권에서 빌린 채무뿐만 아니라 지인에게 빌린 돈도 포함시켜야 한다. 이때 도박중독자가 이들을 반드시 직접 만나서 자신에게 도박중독 문제가 있다는 것과 그래서 지금 치료를 받고 있다는 것, 그리고 치료의 일환으로 현재 당장 돈을 갚을 수가 없으니 기다려달라고 부탁하는 것이 중요한 치유 과제다.

나중에 물어보면 많은 도박중독자들이 이 과제를 죽기보다 하기 싫었고 가장 힘든 일이었다고 회상한다. '상대방이 나를 얼마나 우습게 생각할까?' '나를 비난하거나 소문을 내서 사회에서 매장시킬 거야.'와 같이 부정적인 생각들이 끊임없이 도박중독자를 괴롭히기 때문이다. 자신조차 인정하고 싶지 않고 피하고 싶은 문제를 다른 사람 앞에 드러내는 것만큼 힘든 일은 세상에 그리 많지 않다.

그런데 이 과제를 성공적으로 수행한다면 그 효과는 실로 대단해서 도박중독자는 그야말로 마음의 평안을 누리게 된다. 자신을 괴롭히던 근거 없는 불안의 늪에서 빠져나올 뿐만 아니라, 지인들이 자신의 삶에서 어떤 존재였는지 되돌아볼 수 있는 소중한 기회를 얻기도 한다. 친하다고 믿었던 친구에게서 빚 독촉과 차용증을 쓰고 공증하라는 무리한 다그침을 당하거나 이와 반대로 별로 가까운 사이도 아니었는데 빌린 돈에 신경 쓰지 말고 어서 빨리 도박에서 벗어나는 데 집중하라고, 내가 도와줄 것이 있으면 언제든지 말하라고 하는 따뜻한 격려에 고마움의 눈물을 흘리기도 한다. 이 과제를 성공적으로 완수한 도박중독자는 이전과 전혀 다른 자세로 치유에 임하는 것을 자주 보았다.

도박중독에서 벗어나는 데 가족을 비롯한 주변 사람들의 성원과 지지는 매우 중요하다. 때문에 도박중독자의 자기 고백은 큰 효과가 있다. 게다가 타인에게 책임을 떠넘기고 회피하려는 도박중독의 증상을 약화시키는 강력한 효과도 있고 자기 고백을 통해 대인관계에서 옥석을 가려낼 수 있다는 장점도 있다. 그래서 이런 자기 고백 과제를 수행하면서 자신의 인생과 대인관계를 되돌아보게 되었다는 도박중독자가 많다.

그러므로 필자는 도박중독에서 벗어나는 가장 좋은 방법 중 하나가 용기를 내어 자신의 문제를 가능한 한 빨리 주변에 널리 알리고 도움을 청하는 것이라고 생각한다. 더 많은 사람이 알게 될수록 치유의 그날은 더 빨리 온다.

도박중독임을 자녀에게 알려야 하는가?

도박중독자와 가족에게 자녀가 있다면 도박중독을 주변 사람에게 알리는 것과 자녀에게 알리는 것은 심리적으로 전혀 다른 문제다. 주변 사람이라면 대부분 성인이고 충격을 감당할 힘이 있다고 생각할 수 있지만, 도박중독자의 자녀는 나이가 어린 경우가 많고 자신의 잘못으로 자녀가 상처받는 것을 원하는 부모는 없기 때문이다. 그래서 자녀에게 도박중독 문제를 공개하는 것은 절대로 쉽게 결정할 수 없는 문제다. 하지만 기본적인 원칙을 말하자면 자녀가 너무 어려서 도박이라는 것 자체를 모르는 경우를 제외하고는 알리는 것이 더 낫다. 그 이유는 다음과 같다.

아이들은 어른보다 분위기 변화에 훨씬 더 민감하다. 도박중독자가 계속 도박을 해서 문제가 지속되고 있는 상황이라면 더 말할 것도 없고, 치료를 시작한 경우에도 집안의 공기가 점차 냉랭해지다가 어느 날부터 부모가 (도박중독 치료를 위해) 일주일에 하루씩 정기적으로 집을 비우는 것을 보면 이상하게 생각할 수밖에 없다. 게다가 부모가 납득할 만한 설명을 하지 않는다면 불안을 느끼게 된다. 도박은 어른들만의 문제라고 생각해서 감추거나 거짓말로 대충 둘러대는 것으로는 그 불안이 절대 줄어들지 않는다. 그러니 솔직하게 이야기를 하는 것이 낫다.

자녀에게 설명을 할 때에는 도박중독에 걸린 당사자가 직접 도박중독과 치료에 대해 설명하는 것이 좋다. 자신의 문제를 공개하는 치료적 효과와 함께 책임감이 생기는 부수적인 효과도 있기 때문이다. 이때 너무 부정적인 어투로 심각하게 설명하는 것보다 아이들에게 익숙한 인터넷중독이나 게임중독 등을 예로 들어 설명하는 것이 좋다.

"너도 아빠(엄마)와 약속한 것처럼 게임을 한 시간만 하려 해도 너무 재미있어서 한 시간만 하고 멈추기가 어렵지? 아빠(엄마)도 그게 잘 안 되기 때문에 상담을 통해 도움을 받고 있어. 그러니 너도 자제를 하고 싶은데 잘되지 않으면 아빠(엄마)처럼 빨리 도와달라고 말해야 한다."라고 이야기할 수 있다.

도박 교육이 정규 교과과정에 포함되어 있는 도박 선진국과 달리, 우리나라에서는 아직까지 아이들이 도박에 대한 적절한 개념을 정립하지 못한 채 인터넷 게임을 통해 인터넷 도박중독에 걸릴 위험성이 너무나 크다. 따라서 자녀와 이야기하면서 자연스럽게 도박 교육을 하는 것이 예방 차원에서도 많은 도움이 된다.

또한 자녀를 자신이 치료받는 도박중독 전문기관으로 데려가 그곳의 밝은 분위기를 직접 경험하게 하면서 교육의 장으로 활용하는 것도 좋은 방법이다.

배우자에게 친부모의 도박 문제를 알려야 하는가?

친부모가 도박에 중독되었을 경우 아무것도 모르는 배우자에게 이 사실을 알려야 하는지를 고민하는 사람들이 많다. 결론부터 말하자면 이 문제는 배우자의 성향에 따라 달라진다. 어떤 배우자는 자신에게 직접적인 영향(빚을 대신 갚아야 해서 재정 축소를 할 수밖에 없는 상황 등)을 미치지 않는 이상 시댁이나 처가의 문제는 어디까지나 원가족의 문제라고 생각하고 별로 개의치 않기도 한다.

하지만 대부분의 배우자는 아무리 시댁이나 처가의 문제라고 해도 그렇게 중요한 문제를 자신과 상의하지 않는 것 자체가 부부 간의 신뢰가 없기 때문이라고 생각하고 섭섭해한다. 자신을 믿지 못하거나 사랑하지 않기 때문에 이야기를 하지 않았다고 생각하는 것이다. 명백한 사실을 배우자에게 이야기하지 않는 것은 도박만큼은 한 점 의혹 없이 명확하게 사실을 밝히라는 도박중독 치료의 원칙에도 어긋난다.

그래서 필자는 될 수 있으면 배우자에게도 처음부터 솔직하게 이야기를 하라고 권하는 편이다. "배우자에게 친부모의 도박 문제를 알려야 하는가?"를 고민할 때에는 오히려 배우자가 어떻게 생각할까보다는 정작 도박에 중독된 부모님이 이 사실을 어떻게 받아들일지를 생각해봐야 한다. 며느리 혹은 사위가 자신의 도박 문제를 알게 되었을 때, 창피한 마음에 가족 간의 만남을 꺼리고 이로 인해 관계가 어색해지거나 소원해질 수도 있기 때문이다.

도박중독은
가족까지 병들게 한다

도박중독자의 가족들은 의심병과 조급증으로 고통을 받는다. 따라서 도박중독자 뿐만 아니라 도박 때문에 생긴 정서적·관계적·경제적 문제의 어려움을 해결하기 위해 가족들도 치료적 도움을 받아야 한다.

가족이 고통받는 의심병과 조급증

도박중독자에게서 나타나는 가장 중요한 특징을 '상습적인 거짓말'과 '무책임'이라고 한다면, 가족에게 나타나는 가장 큰 문제는 바로 '의심병'이다. 의심병은 말 그대로 의심을 하는 병으로 도박중독자가 도박을 하는 것을 알게 된 순간부터 시작되어 점차 그 증세가 심해진다.

　매사에 의심을 하기 때문에 나중에는 도박중독자의 일거수일투족을 감시하게 되고 그러면서도 마음의 평안을 유지하지 못한다. 가족들이 의심병에 걸리면 정작 마음을 잡고 치료를 받으려는 도박중독자를 힘들게 해서 도박중독자의 불평불만이 늘고 심하면 치료를 중단하기도 한다. 그러므로 가족의 의심병 문제는 결코 만만하게 볼 것이 아니다.

도박중독자의 배우자(도박중독자가 기혼인 경우)와 부모(도박중독자가 미혼인 경우)는 그야말로 도박중독의 직접적인 피해를 받는 사람들이니 의심병에 걸리는 것이 어찌 보면 당연할 수도 있다. 하지만 도박중독자의 자녀는 어떨까? 자녀들도 의심병에 걸릴까?

예를 들어 장성한 자녀라면 이성 관계에서 상대방을 시험하는 질문을 끊임없이 던지거나 해명을 믿지 못하게 되는 등의 관계 갈등을 불러일으키는 경우가 많다. "아주 사소한 일인데 왜 내게 감추는지 이해하지 못하겠다."라고 하면서도 그 사소한 일을 감추었다고 해서 자신이 왜 그렇게 화를 내는지 이해하지 못한다. 바로 의심병에 걸렸기 때문이다.

가장 가깝고 사랑하는 가족이 서로를 속이고 또 믿지 못하게 되면서 도박중독자의 자녀들은 기본적인 신뢰감을 위협받게 되고 무의식적으로 '나도 상처받지 않으려면 미리미리 확인하고 여러 번 의심해야겠다.'라는 다짐을 하게 된다. 그래서 필자는 기본적으로 도박중독자의 치료와 별개로 그 가족들에 대한 치료도 병행하는 것이 좋다고 생각한다. 특히 의심병에 걸린 가족은 꼭 상담을 받아야 한다고 권유한다.

가족을 괴롭히는 문제는 의심병만이 아니다. 도박중독자는 대체로 참을성이 부족하다. 도박의 종류에 따라 다르기는 하지만 대부분 도박을 하는 데 걸리는 시간이 짧게는 몇 초, 길어야 30분이 채 넘지 않기 때문에 그 이상을 기다리지 못한다. 이는 조급증 때문이다. 도박중독자는 금단증상 때문에 그렇기도 하지만 항상 마음이 조급하고 초조함을 느낀다.

도박은 기본적인 특성상 즉각적인 보상이나 처벌을 제시하기 때문에 도박중독자는 결과를 기다리는 소위 '만족지연 능력'이 떨어진다. 그래서 도박중독자는 한 달에 한 번씩 월급을 받는 것마저도 어려워한다.

한편 가족들에게도 도박중독자의 조급증이 알게 모르게 전염되는 경우가 많다. 도박을 한 기간과 치료를 받아야 하는 기간 사이에 꼭 깊은 관련이 있는 것은 아니지만, 상당히 오랜 기간 도박을 한 도박중독자를 데려와서도 대뜸 "치료 기간이 얼마나 걸리느냐, 1년이면 충분하지 않냐?"라며 안달을 한다.

도박중독은 신체적인 질병과 달라서 상담자가 치유 기간을 장담할 수도 없고, 도박중독 치료만큼 다양한 재발 요인과 환경 요인을 차근차근 살펴봐야 하는 병도 없다. 그래서 "넘어진 김에 충분히 쉬어가라."라고 말하는 것이 바로 도박중독이다.

그런데 가족이 조급한 마음을 자꾸 드러내면 도박중독자도 덩달아 마음이 불안해지기 때문에 치유 초반에는 특히 주의해서 마음이 조급하더라도 진정하고 상담자와 전문기관에 치료를 맡기고 여유를 갖는 것이 좋다.

가족치료는 왜 받아야 하는가?

제목에 치료라는 용어를 사용했지만 교육·상담·심리치료 모두를 포괄하는 개념이라는 점을 미리 밝혀둔다. 도박중독자가 전문치료기관과 연계되어 있어서 가족들이 한숨 돌리고 자신들은 뒤로 멀찍이 물러나려는 모습을 가끔 보게 된다. 하지만 도박중독 치유의 경우에는 그 대상이 도박중독자에게만 국한되지 않고, 오히려 가족이 치유의 과정에 함께하는 것이 필수다. 왜 그럴까?

첫째, 도박중독의 치유는 매우 복잡하고 정밀함을 요하는 작업이며 전문기관의 상담자라고 해도 도박중독자를 만나는 시간은 일주일에 한 시간 남짓뿐이다. 나머지 시간은 도박중독자가 상담자의 시야 밖에서 머무른다는 뜻이다. 따라서 가족이 일종의 준치료자 역할을 감당해야 하며 상담자가 없는 상황에서 다양한 돌발 상황에 대처하거나 의사 결정을 내리고, 필요하다면 적절한 개입도 해야 한다. 그러기 위해서는 도박중독에 대한 상세한 지식과 정확한 대처 방법을 갖추고 있어야 하기 때문에 도박중독자와 함께 전문기관에서 상담과 교육을 받을 필요가 있다.

둘째, 보호자가 준치료자로서 기능하는 것보다 더 중요한 이유는 보호자도 치료를 받아야 하는 대상이기 때문이다. 보호자는 자신의 책임이 아닌데도 도박중독자 때문에 발생하는 정서적·관계적·경제적 문제로 고통을 받는 또 한 사람의 피해자이므로 우울·불안·분노·배신감·수치심·두려움 등 복잡한 감정에 휩싸일 때가 많다. 따라서 그 정도가 심해지면 때로 병리적인 상태에 이르게 될 수도 있다.

특히 치유 초반에는 도박중독자의 도박 문제 해결에 모든 치유의 초점을 맞추고 있어서 보호자의 문제가 표면에 등장하지 않지만, 어느 정도 치유가 안정권에 들어가는 중반부에 이르게 되면 도박 문제보다 보호자 자신의 심리적 문제로 더 큰 괴로움을 당하게 되는 경우가 적지 않다. 그렇기 때문에 가족들도 평가 결과에 따라 치유 초반부터 개별적인 상담이나 심리치료를 받아야 하고 때로는 부부치료나 가족치료가 도움이 될 수 있다. 그러므로 꼭 전문가와 상의해야 한다. 도박중독 치유에서는 어찌 보면 도박중독자가 단도박 상태를 유지하는 것보다 보호자의 정신건강을 챙기고 더 나아가 가족 전체의 정신건강을 돌보는 것이 더 중요할 때가 많다.

도박중독자의 가족도 개인 상담이 먼저다

대부분의 상담이 그렇지만 도박중독 상담도 타이밍이 중요하다. 도박중독자가 준비되지 않은 상태에서는 아무리 많은 치료적인 개입을 쏟아부어도 효과가 미미하지만, 도박중독자가 준비되어 있으면 그 타이밍에 맞춰 어떤 치료적 접근을 하더라도 예상치 못했던 좋은 결과를 얻는 경우가 많다. 물론 이 말은 도박중독자가 준비될 때까지 아무것도 하지 않고 마냥 손 놓고 기다리고 있어야 한다는 뜻은 아니다. 다만 들이는 노력 대비 최상의 결과를 끌어낼 수 있는 타이밍이라는 것이 있고 그 타이밍을 잘 잡는 것이 때로는 매우 중요할 수 있다는 정도로 이해하면 좋겠다.

그런데 이런 타이밍은 도박중독자뿐만 아니라 가족을 대상으로 한 상담에서도 중요하다. 그래서 필자는 도박중독자의 가족도 개인 상담을 먼저 받으라고 권유하는 편이다. 사실은 도박중독에 대한 인식이 부족한 도박중독자보다도 가족이 먼저 상담을 받아야 하는 경우가 더 많다. 많은 가족들이 단도박 가족 모임이나 다양한 치유 모임에 먼저 참여하지만, 불안한 마음을 충분히 달래거나 위로받지 못하고 오히려 상처만 받고 더 불안해졌다고 토로한다.

필자가 보기에는 당연한 결과다. 왜냐하면 그런 모임에는 도박중독을 치료중인 도박중독자가 나오기 때문에 긍정적인 이야기보다는 부정적인 이야기가 주를 이루고(도박 문제가 완전히 해결된 사람이라면 그런 치유 모임에 나올 이유가 없을 것이다), 부정적인 감정과 토로가 넘쳐나지만 이를 적절히 조절하거나 가족에게 도움이 되는 조언을 알맞게 해줄 수 있는 경험 많은 상담자가 없기 때문이다. 그러니 마음의 힘이 약한 가족들이 상처받는 것을 피하기는 어렵다.

단도박 가족 모임이나 이와 유사한 치유·회복 모임에 나가서 만연한 부정적인 감정에 흔들리지 않고, 다른 사람들의 말을 냉철하게 분석하면서, 자신보다 경험 없는 초심자에게 한마디 조언이라도 해줄 수 있으려면 마음의 힘을 충분히 길러야 할 필요가 있다. 그러자면 개인 상담을 통해 어느 정도 마음을 단련시켜야 한다. 그때가 되면 가족 모임을 통해 본인 스스로도 더 많은 도움을 받고 다른 사람들에게도 더 많은 도움을 줄 수 있을 것이다. 그때까지는 경험이 풍부한 상담자와 개인 상담을 진행하는 것이 먼저다.

가족들은 왜 자발적 회복에 매달리는가?

사랑하는 가족이 도박에 중독된 것을 알고 난 뒤에도 치료를 받아야 한다고 생각하는 사람은 의외로 많지 않다. 오히려 가족 이외의 다른 사람들이 도박중독 사실을 알게 될까 두려워해서 쉬쉬하고 감추며 자발적으로 회복되기만을 바라는 경우가 더 많다. 하지만 그런 기대는 대개 무너지기 마련이며 도박중독의 특성을 잘 모르는 상태에서는 오히려 도박중독을 악화시키는 결과를 초래하기도 한다.

그렇다면 가족들은 왜 도박중독자에게 전문적인 치료를 권하지 않고 자발적 회복에만 매달리는 것일까?

첫째, 도박중독자의 도박 사실이 드러나면 법적인 처벌을 받을까 봐 두려워해서 그렇다. 많은 도박중독자가 도박 빚을 갚거나 도박 자금을 마련하기 위해 다니던 직장의 공금을 유용(보통 "잠시 빌렸을 뿐 도박으로 돈을 따면 곧장 다시 가져다 놓으려고 했다."라며 변명하지만)하기 때문에 그 사실이 밖으로 알려지면 안 된다고 생각한다. 도박중독자가 법적인 처벌을 받아서는 안 된다는 두려움은 대개 도박중독자가 유용한 돈을 가족들이 대신 갚는 대위변제로 이어지게 마련이다.

둘째, 도박 사실이 드러나면 채권자들에게 해코지를 당할까 봐 두려워서 그렇다. 오래전 영화를 보면 건달이나 조직폭력배가 채무자를 찾아가 심하게 협박하거나 폭행을 가하는 장면이 곧잘 나오는데 그런 장면을 기억하는 가족들이 채권자들에게 행패를 당할까 봐 두려워하는 것이다.

물론 가능성이 전혀 없지는 않다. 하지만 우선 도박중독자가 대부업 등록도 하지 않은 개인 사채업자를 어떻게 알고 찾아갈 것인지를 생각해봐야 하고, 찾아간다고 하더라도 사채업자란 사람들이 담보가 없을 때 마지막으로 찾아가는 사람들이라는 것을 감안하면 신용만으로는 그리 큰돈을 빌릴 수 없다는 것을 쉽게 알 수 있다.

최악의 경우 도박중독자가 악덕 개인 사채업자에게 돈을 빌렸다고 해도, 대체 얼마나 빌려줘야 사채업자가 중형을 선고받을 위험을 감수하고 신체적인 폭행을 시도할 수 있을까? 1억이나 2억, 많게는 10억까지 담보도 없는 도박중독자가 그리 큰돈을 신용만으로 빌릴 수는 없다. 그래서 사실상 사채업자가 도박중독자나 가족에게 신체적으로 직접적인 위협을 가하는 일은 어지간해서는 일어나지 않는다. 일부 사례로 일반화할 수는 없지만 필자가 지금까지 치료 현장에서 만났던 가족 중에서 사채업자에게 물리적인 폭력을 당하거나 그에 준하는 피해를 당했던 사람은 한 명도 없었다.

셋째, 도박중독자의 도박 사실이 드러나면 사회에서 매장당할까 봐 두려워서 적극적으로 치유에 나서지 못하는 것이다. 그런데 입장을 한번 바꾸어서 생각해보자. 내가 아는 사람이 도박중독에 빠졌다는 것을 알게 되었을 때, 그 사람과 아무런 채무 관계가 없는데도 과연 그 사람을 피하고 따돌릴까? 사람들은 자신의 이익이 침해되지 않는 한 대개 그러지 않는다. 그저 안되었다고 안쓰럽게 생각할 수는 있지만 노골적으로 따돌리거나 괴롭히지 않는다. 사회에서 매장당한다는 것은 가족들이 머릿속에서 만들어낸 상상의 두려움이다.

넷째, 도박 사실이 드러나면 도박중독자가 가족을 버릴까 봐 두려워서 치료를 권하지 못하고 자발적으로 회복되기만을 기다리기도 한다. 하지만 앞에서 살펴봤듯이 정작 버림받을까 봐 두려워하는 사람은 가족이 아니라 도박중독자다. 자신이 도박을 했기 때문에 가족한테서 버림받아, 아무도 돌봐주는 사람 하나 없이 어디인지도 모르는 낯선 타향에서 쓸쓸히 최후를 맞이하게 될지 모른다는 두려움은 모든 도박중독자가 몸서리치는 끔찍한 상상이다.

다섯째, 도박 사실이 알려지면 도박중독자가 목숨을 버릴까 봐 두려워서 그러는 가족들도 있다. 도박중독의 자살 위험성 또한 앞에서 다룬 바 있다. 아무런 희망이 없다고 판단한 도박중독자가 목숨을 버림으로써 문제를 해결하겠다는 잘못된 마음을 먹기도 하지만 단순히 자신의 도박 사실이 알려졌다고 해서 목숨을 버리는 도박중독자는 없다. 오히려 도박 사실이 알려진 김에 도박 빚을 갚아주지 않으면 죽겠다고 가족들을 위협하는 경우를 대비해야 한다.

앞에서 살펴본 5가지 이유들이 두렵기 때문에 가족들은 '빚만 갚아주면 나아지겠지.' 하며 실낱같은 자발적 회복의 가능성에 희망을 건다. 하지만 그건 어디까지나 자기최면에 불과하고 잠시나마 잠잠했던 도박의 광풍은 도박중독이 재발하면 더욱 거세게 불어닥칠 것이다. 그러니 가능한 한 빨리 서둘러 치유의 길로 들어서야 한다.

적절한 죄책감과 부적절한 죄책감

도박중독자의 가족들은 대부분 도박에 중독된 원인을 찾으려는 마음이 간절하다. 그런데 여기에 지나치게 집착하는 가족들 중에는 그 원인을 자신에게 돌리는 사람들이 있다.

'내가 자식을 잘못 키워서 우리 아이가 도박에 중독되었다.'라고 생각하는 부모님이 계시기도 하고, '내가 내(외)조를 못해서 혹은 내가 너무 돈 문제로 바가지를 긁어서 이 사람이 도박에 중독되었다.'라고 생각하는 배우자도 있다.

그러나 이는 어디까지나 부적절한 죄책감에서 비롯된 생각이다. 물론 도박중독자가 도박에 중독된 일부 원인을 가족이 제공했을 수도 있다. 하지만 도박중독의 원인을 단일 요인으로만 볼 수 없다. 따라서 가족 때문에 도박에 중독되었다고 단정지을 수는 없다. 단지 연관성이 있는 정도에 불과한 것을 인과관계가 있는 것처럼 해석할 때 이런 부적절한 죄책감을 느끼게 된다. 상담 현장에서 우스개처럼 하는 말로 "바가지를 긁으면 차라리 바람을 필 것이지 왜 하필 다른 사람들에게 경제적인 손실을 입히는 도박을 한다던가요?"란 말이 있다. 사실 맞는 말 아닌가?

부적절한 죄책감은 도박중독 치유에 전혀 도움이 되지 않는다. 오히려 잘못하면 도박중독자에게 면죄부를 줌으로써 자신의 도박 행동에 따르는 결과의 책임을 회피하는 데 악용될 수도 있다. 그러므로 가족들은 부적절한 죄책감을 느낄 필요가 없고 이를 야기하는 생각도 하지 않도록 주의할 필요가 있다.

그렇다면 적절한 죄책감이란 어떤 것일까? 예를 들어 남편의 도박 문제로 신경이 날카로워진 아내가 애꿎은 아이에게 소리를 지르고 분풀이를 한 뒤 미안한 마음을 느낀다면 그것이 바로 적절한 죄책감이다. 적절한 죄책감은 자신의 행동에 대한 반성과 더불어 재발 방지를 위한 행동으로 연결될 수 있다는 점에서 긍정적이지만, 이와 반대로 부적절한 죄책감은 행동하고자 하는 마음을 움츠러들게 만들기 때문에 해롭다.

당신은 무조건 내 말대로 해야 돼

듣기만 해도 모골이 송연해지는 이 말은 다름 아닌 가족, 특히 배우자가 도박중독자에게 자주 사용하는 말이다. 모든 배우자가 도박중독자에게 이 말을 하는 것은 아니지만, 이와 비슷한 말을 하거나 직접 행동으로 보이는 배우자가 꽤 많다. 이 말이 옳은 것도 아니고 도박중독을 치유하는 데 도움이 되지도 않지만 그만큼 도박중독으로 인해 가족이 받은 상처가 얼마나 큰지를 단적으로 보여주는 말이기도 하다. 이 짧은 말에는 도박중독에 대해 우리가 알아야 할 많은 내용이 담겨 있다.

첫째, 이 말을 하는 가족은 도박중독이 병이라고 생각하지 못하고 이미 '죄'라고 결론 내리고 있다. 그래서 도박중독자는 죄를 저지른 죄인이니 잘못을 뉘우치고 용서를 구해야 한다고 착각한다. 도박중독이 죄라는 생각의 가장 큰 문제는 도박중독이 아니라 도박중독자를 문제의 원인으로 보기 때문에, 도박중독을 해결하기보다는 도박중독자를 공격하게 된다는 점이다. 도박중독자와 힘을 합쳐 도박중독과 싸워도 제대로 된 치유가 가능할까 말까 하는데, 도박중독을 죄라고 생각하면 이런 협동이 불가능해진다.

둘째, 이 말을 하는 가족은 상호의존의 덫에 걸려 있다. 당신이 도박에 중독되어 내 삶을 망가뜨린 만큼 나도 당신의 삶을 좌지우지 해야겠고, 당신은 그걸 거부할 권리가 없다는 생각이 내면에 깔려 있다. 그런데 이러한 태도는 얼핏 자신이 통제권을 가지겠다는 생각처럼 보이지만 서로가 서로를 통제하고 끊임없이 영향력을 행사하기 때문에 시간이 지나면 지날수록 스스로의 선택과 책임에 기반한 자립이 어렵게 된다. 이 말은 결국 "내 인생은 사실 도박중독자인 당신에게 달려 있기 때문에 당신이 내 말을 듣지 않는다면 절대로 나는 스스로 행복한 삶을 꿈꿀 수 없다."라는 의존을 고백하는 말이기 때문이다.

셋째, 이 말을 하는 가족은 분노의 감정을 제대로 통제하지 못하고 있다. 당신이 나에게 상처를 줬으니 나도 당신에게 상처를 주겠다는 말이며 내가 받은 만큼 돌려주겠다는 보복 심리에 기반하는 말이다. 하지만 가족이 받은 마음의 상처는 도박중독자에게 보복한다고 해서 치유되지 않는다. 오히려 더 큰 상처로 돌아올 뿐이다. 이 문제는 전문적인 도움을 받아 자신의 내면을 들여다보고 용서를 통해서만 해결할 수 있다.

"당신은 죄인이니까 항상 나에게 미안하게 생각해야 하고 무조건 내 말대로 해야 해."라는 말에 집착하고 매달릴수록 가족 본인의 치유와 회복은 점점 어렵게 된다. 이 말은 하면 할수록 자신의 심장을 찌르는 칼이다. 그러니 하루라도 빨리 전문적인 도움을 받아야 한다.

도박중독자에게 필요한 감정은 부러움이다

도박중독이 얼마나 무서운 병인지, 그것 때문에 가족들이 얼마나 고통을 받고 있는지를 시간이 날 때마다 도박중독자에게 이야기하는 가족들이 있다. 도박중독이 가족에게 얼마나 끔찍한 결과를 가져왔는지 다시 한 번 상기시켜서 죄책감을 느끼고 반성하라는 의미로 자꾸 이야기를 해야 한다는 것이 가족들의 주장이다.

일단 도박중독을 병이 아닌 죄나 도덕적인 잘못이라고 생각하는 오류에 대해서는 앞에서 누차 이야기했기 때문에 다시 강조하지 않으려 한다. 어쨌거나 의도와 상관없이 시작부터 방향이 잘못되었다는 점만 짚고 넘어가자. 무엇보다도 도박중독자에게 죄책감을 유발하도록 강제하는 방법은 실질적인 효과가 전혀 없다는 것을 알아야 한다.

물론 죄책감이 일시적으로는 도박 충동을 억제하는 데 도움이 될 수도 있다. 하지만 죄책감은 기본적으로 문제 해결 방안을 제시하지 못한다는 한계가 있다. 죄책감은 그저 도박 행동을 하지 못하도록 일시적으로 억누를 뿐이다.

그런데 죄책감은 부정적인 감정이고 부정적인 감정에 사로잡히는 것을 좋아하는 사람은 없다. 따라서 죄책감은 죄책감을 느끼지 않기 위한 회피 행동만을 강화하는 부작용을 낳게 된다.

도박중독자는 지금까지 아무런 생각 없이 도박을 할 때의 희열에 사로잡혀 있거나 도박으로 인생을 역전할 수 있다는 허황된 믿음에 붙잡혀 살아왔지만, 지금에 와서야 그것이 잘못된 생각이라는 것을 깨닫고 새로운 목표를 설정하려는 단계에 와 있다. 그렇기 때문에 도박을 하지 않고도 자신이 꿈꿔왔던 삶을 누리는 것, 가족과 소소한 즐거움을 함께하는 경험을 해야 한다.

그전까지는 그런 삶을 부러워라도 해야 한다. 부러움은 변화하고자 하는 동기를 부여하기 때문에 도박중독자가 누군가(도박을 하는 사람이 아니라면)를 부러워한다면 도박에서 벗어나고자 마음먹을 수 있다. 그러므로 도박중독자에게 죄책감을 유발하는 행동은 결과적으로는 전혀 효과가 없다는 것을 알아야 한다. 차라리 그 시간에 도박중독자가 부러움을 느끼게 만들어라. 그것이 더 효과적인 방법이다. 도박중독자에게 필요한 감정은 죄책감이 아니라 부러움이다.

도박중독자의 가족에게 권하는 자가치유법

도박중독자의 가족이 경험하는 심리적인 문제는 그야말로 부정적 감정의 종합세트라고 부를 만하다. 분노·적개심·죄책감·우울감·불안감·슬픔 등 각자가 처한 상황과 치유 단계에 따라 조금씩 다르기는 해도 이는 시간의 차이일 뿐 대부분 상당히 비슷한 경험을 하게 된다. 그 중에서 가장 오랫동안 가족을 괴롭히는 부정적인 정서는 '분노'다. 분노의 대상은 도박중독자가 될 수도 있고, 자신에게 숨김으로써 문제를 키워온 가족일 수도 있고, 적절히 대처하지 못한 자기 자신이 될 수도 있다. 그래서 분노를 적절히 조절하고 다루는 것이 중요한 치유 목표 중 하나인데, 대개는 집중적인 개인 상담을 통해 해결하지만 스스로 치유하는 방법도 있다.

필자는 '감정 일기'(사실 무엇이라고 부르든 큰 상관은 없다. 각자 마음에 드는 이름을 지어보자. '치유 일기'라고 해도 좋다)를 쓰라고 권하는 편이다. 이름 그대로 감정에 대한 일기를 쓰는 것으로 정해진 시간에 자신의 감정을 토로하는 일기를 규칙적으로 쓰면 된다. 감정 일기를 쓰는 데 특별한 방법이나 일정한 형식은 없다. 간단한 규칙만 몇 가지 지키면 되는데 다음과 같다.

- 정직할 것 : 아무에게도 보여주지 말아야 한다.
- 손이 가는 대로 쓸 것
- 절대로 수정하지 말 것 : 컴퓨터를 사용하지 말고 종이와 펜을 사용해야 한다. 또한 지우기 쉬운 연필보다 볼펜을 사용하는 것이 좋다.
- 일기를 쓴 다음에 다시 읽어보지 말 것
- 꾸준히 정해진 시간에 쓸 것

감정 일기는 자신의 마음속에 있는 고통스럽고 격렬한 감정을 통제하지 않고 쓰기 과정을 통해 쏟아냄으로써 자연스럽게 정화하려는 목적으로 쓴다.

따라서 누가 볼 것이라고 예상하면 자연스러운 감정이 흘러나오지 않으니 아무에게도 보여주면 안 된다. 또한 비속어라도 쓰고 싶을 때는 무엇이든 억제하지 말고 그대로 써야 한다. 수정하지 말고 날것으로 그냥 놔두고, 쓴 다음에는 다시 읽어보지 말고 덮어두자. 필요에 따라 다시 들여다볼 수도 있지만 그건 나중의 일이다. 지금은 신경 쓰지 말자. 그리고 힘들 때만 쓰지 말고 일정한 시간을 정해서 꾸준히 쓰는 것이 더 좋다. 감정 일기를 꾸준히 쓰는 것은 도박중독자의 가족이 자신의 마음을 정리하고 다스리는 데 매우 유용하다.

도박중독자 부모의 부적절한 행동

도박중독 치유는 대개 원가족보다는 현 가정에 초점을 맞추어 진행된다. 즉 도박중독자가 가정을 꾸려 독립한 성인이라면 부모님보다는 배우자를 도박중독자의 일차적인 보호자로 생각하고 접근하는 것이다. 이는 다음과 같은 이유 때문이다.

자신의 아들이 도박중독임을 알게 된 부모가 며느리에게 보일 수 있는 행동 패턴은 크게 2가지로 나눌 수 있다.

'너만 믿는다.' 유형

첫 번째 유형은 도박중독자인 아들에게는 직접 이야기도 못하면서 며느리한테만 수시로 연락해서 "너만 믿는다."라고 부담을 주는 유형이다. 대개 아들이 도박을 하지 않는지 확인하고, 아들에게 잘 해주라고 부담을 주는데 그나마 두 번째 유형보다는 며느리가 스트레스를 덜 받는 편이다.

- 원인 : 부모의 내부 귀인

자신(특히 어머니)이 아들을 잘못 키워서 도박중독자가 되었다고 자책하는 경우가 많으며 아들의 도박 문제에 대한 통제력이 거의 없기 때문에 며느리를 통해 간접적으로 문제를 해결하려고 한다. 대개 도박중독자를 감시하고 통제하라는 요구가 많아서 상담자와 종종 충돌한다.

- 대처 방법

이런 유형의 부모는 먼저 가족 교육을 통해 도박 문제에 대한 적절한 대응과 대처 방법을 교육한다. 그다음 현 가정에서 해결할 수 있도록 적절한 물리적·정서적 거리를 두게끔 협조를 요청해야 한다.

'너 때문이다.' 유형

"너랑 결혼하기 이전에 내 아들은 도박을 하지 않았다. 그런데 너랑 결혼을 하고 나서 도박을 시작했으니 너는 대체 우리 아들 내조를 어떻게 한 거냐? 너가 오죽했으면 내 아들이 도박을 했겠니?"와 같은 식의 비난을 하는 유형이다.

- 원인 : 부모의 외부 귀인

대부분의 시부모(특히 시어머니)가 이 유형에 속하고 앞서 설명한 '너만 믿는다.' 유형보다 며느리가 받는 스트레스의 강도가 훨씬 더 크다. 특히 결혼하기 이전에는 도박을 하지 않았거나 도박을 했는지의 여부가 분명하지 않은 경우 이 유형의 행동 패턴을 보이는 부모가 많다. 이는 희생양을 찾아 외부 귀인을 하지 않으면 자신이 책임을 져야 한다는 부담에서 벗어나려는 무의식적인 방어가 작동하기 때문이다.

• 대처 방법

 도박중독은 병이며 단순히 잘못된 양육이나 배우자의 내조 잘못 때문이 아닌 다양한 원인으로 인해 발병할 수 있다는 것을 이해하도록 교육하는 것이 기본이다. 만약 부모가 관련 교육 및 가족 상담을 거부하는 경우(상당히 많은 부모들이 거부한다)에는 도박중독 치유가 어느 정도 진행되어 안정된 환경이 조성될 때까지 원가족과 일시적으로 거리를 두는 것이 도움이 된다. 이때 며느리가 나서는 것이 아니라 도박중독자가 나서서 거리 두기를 선언하게 되면 책임감 배양에도 좋은 효과가 있다.

 도박중독은 '선택'과 '책임'이 아주 중요한 문제다. 그러므로 도박중독자와 현 가정이 스스로 이 문제를 감당할 수 있을 때까지 원가족의 구성원들은 다소 힘들더라도 일정한 거리를 유지해야 한다.

회복으로 가는 길은 무엇인가?

모든 도박중독자는 비슷비슷하게 중독과 치유의 길을 걷는다. 그러므로 '만약'이라는 가정 뒤에 숨겨진 환상을 기대하지 말고, 현재의 치유에 충실하고 현재의 사람들에게 충실해야 한다.

도박중독에 머물러 있는 순간이 더 중요하다

"사람들은 왜 도박에 중독되는가?"라는 질문에 대해 앞에서 살펴보았듯이 다양한 원인이 복합적으로 작용해서 도박중독에 걸리는 것이라고 대답할 수 있다. 그래서 대부분의 치료자들은 도박중독의 원인을 찾기보다는 재발을 유도하는 위험 요인들을 찾아내는 데 더 주력하는 편이다.

"도박중독이 과연 치료될 수 있는가?"라는 질문에는 답하기가 쉽지 않다. 도박중독에서 벗어나고 싶은 도박중독자의 의지가 어느 정도인지, 치유 과정에 얼마나 자발적으로 참여하고 자신의 문제에 용기 있게 직면하는지, 재발을 야기할 수 있는 위험 요인을 얼마나 꼼꼼히 다루고 예방하는지에 따라 매우 다양한 결과가 나타나기 때문이다. 그래서 왜 도박에 중독되었고, 도박중독에서 과연 벗어날 수 있는지에 대한 답은 경험 많은 치료자도 자신 있게 말하기 어렵다. 하지만 분명한 것은 도박중독이라는 병이 생기는 원인과 그 치유 방법도 모두 제각각이지만 머무르는 순간에는 똑같은 길을 걷게 된다는 점이다.

본전에 집착하는 것도, 혹시라도 크게 한 번 딴다면 가족들의 용서를 받을 수 있다고 생각하는 것도, 혼자서 얼마든지 도박을 자제할 수 있다고 착각하는 것도, 나중에 치유가 어느 정도 끝나고 나면 자신을 통제하면서 조금씩 즐길 수 있다고 생각하는 것까지 그 과정이 모두 똑같다.

그러니 들어온 길과 나가는 길이 다르다고 해서 자신은 여느 도박중독자와 다르다고 생각하고 안심할 것이 아니라, 머무르는 동안에도 다른 길을 가려고 노력해야 한다. 도박중독에 머무르고 있을 때 다른 길을 갈 수 있어야 진정한 치유의 길로 향하게 된다.

도박중독자에게 '만약'이란 없다

도박 때문에 많은 고난과 고통을 겪었으면서도 재발하는 바람에 악몽 같은 순간을 또다시 반복하는 도박중독자가 있다. 그들에게는 공통점이 한 가지 있다. 겉으로 말은 안 하지만 마음속에 '만약'이라는 조건을 늘 걸어놓고 있다는 점이다.

- 만약 가족이 이 빚만 해결해준다면.
- 만약 도박에 대한 통제력을 내가 다시 갖게 된다면.
- 만약 도박으로 잃었던 돈을 다시 찾을 수만 있다면.
- 만약 은퇴한 뒤에 도박을 즐길 수 있게 된다면.

그것이 무엇이 되었든 간에 '만약 ~한다면.'이라는 가정을 마음속에 품고 사는 도박중독자는 결코 현재의 시점에서 치유를 위해 자신의 모든 것을 던지지 않는다. 그저 그 조건이 이루어진 뒤에 올 꿈같은 착각 속에 빠져 있기만 할 뿐이다.

도박중독자가 항상 '만약'을 생각하는 이유는 무엇일까? 지금까지 자신이 외면할 수 있었던 절박한 현실에 드디어 직면하고 있기 때문이다. 그것이 너무나 고통스럽기 때문에 도박중독자는 자꾸 도망갈 곳을 찾는다.

하지만 도박중독자가 배수진을 치고 자신의 앞에 놓인 도박중독이라는 거대한 적과 한판의 일전을 벌이겠다는 각오를 하지 않는다면, '만약'이 만들어놓은 구멍에 반드시 빠지게 된다. 그리고 그 구멍의 끝은 또 다른 절망으로 통하는 입구가 될 것이다. 도박중독자에게 '만약'이란 없다. 현재만이 유일한 희망이다. 그러니 마음속에서 '만약'이란 단어를 아예 지워버려라.

주변 사람을 챙기기 시작하는 것은 어떤 의미인가?

도박에 중독되었을 때 나타나는 대표적인 현상 중 하나가 '터널 시야 tunnel vision'로 흔히 '근시안'이라고도 한다. 우리가 자동차를 운전해서 터널 안으로 진입하면 터널 반대쪽의 출구를 제외한 터널 밖은 전혀 보이지 않는다. 도박중독자도 이와 마찬가지로 도박에 중독되면 도박을 하는 것, 도박을 하기 위해 도박 자금을 모으는 것, 도박을 하기 위한 시간을 확보하는 것, 도박 때문에 생긴 빚을 감추려고 애쓰는 것처럼 도박과 관련된 일을 제외하고는 그 어떤 것에도 더이상 관심이 없어지고 신경을 쓸 수 없게 된다.

이것이 바로 터널 시야 현상이다. 터널 시야 현상은 의식적으로 노력한다고 해도 벗어나기 어렵다. 물론 이는 도박이라는 게임이 워낙 많은 에너지와 시간, 주의 집중력을 요구하는 활동이어서 그렇기도 하다.

어쨌거나 도박중독자는 도박에 빠져 있는 동안 주변 사람을 챙기지 못한다. 그러니 도박중독자가 가족의 안부를 묻고, 주변의 대소사를 점검하고, 친구들에게 연락을 하기 시작하는 등 주변 사람을 챙기기 시작한다면 터널 시야에서 벗어나기 시작했다는 것을 의미한다. 따라서 가족들은 이러한 도박중독자의 행동을 격려하고 칭찬함으로써 속도를 붙이는 것이 좋다. 그러려면 도박중독자의 말과 행동을 무심코 흘려보내지 말고 평상시에도 주의를 기울여야 한다.

문제를 인식하게 되었다는 것을 어떻게 아는가?

도박중독은 병에 대한 인식이 없다는 것이 가장 큰 문제다. 도박중독이 병이라는 인식 자체가 없으니 치료를 받아야 한다는 생각 자체를 못한다. 그래서 도박중독 치료에서는 도박중독자가 자신에게 도박 문제가 있음을 마음으로 받아들이는 순간을 변화의 전환점으로 본다. 그렇다면 도박중독자가 문제를 인식하게 되었다는 것은 어떻게 알 수 있을까?

자신에게 도박 문제가 있고 그대로 놔둬서는 안 되기 때문에 상담을 받으러 왔다고 이야기하는 도박중독자는 생각보다 많다. 의식적인 수준에서 머릿속의 생각만으로 그렇게 이야기를 하는 것은 그리 어렵지 않기 때문이다. 하지만 마음속 깊이 자신이 도박에 중독되었음을 인정하고 수용하는 것은 결코 간단치 않은 일이다. 자신에게 도박 문제가 있다는 것을 마음으로 받아들인 도박중독자에게는 반드시 행동의 변화가 나타난다. 필자는 도박중독자의 가족들에게 가끔 이런 질문을 한다.

> "가족이 먼저 '이제 상담을 그만 받아도 되지 않을까요?'라고 하면서 상담을 만류한다면 도박중독자가 어떻게 반응할까요?"

자신이 도박에 중독되었음을 마음 깊이 받아들인 사람은 이런 흔들기에 동요하지 않는다. 스스로 도박에 대한 자제력이 확실히 생겼다고 여길 때까지는 상담이든, 단도박 모임 참석이든, 약물치료든 함부로 그만두지 않을 것이다. 만약 가족의 그런 말에 금방 동요되어서 그때까지 잘 유지하고 있던 치유 활동을 중단하는 도박중독자는 자신의 도박 문제를 마음속 깊이 받아들인 것이 아니다. 도박중독자의 말보다 행동을 믿으라는 임상 현장의 금언은 도박중독자에게 진정한 문제 인식이 있느냐를 평가하는 데도 그대로 적용할 수 있다.

치유에 임하는 도박중독자의 태도 변화

자신이 도박중독자라는 사실을 내면에서 인정하고 치유 과정을 시작하는 도박중독자가 거의 없다는 것은 이미 잘 알려진 사실이다. 대부분의 중독이 그렇지만 도박중독은 특히 이런 인식의 부족이 심한 편이다. 말로는 자신에게 도박 문제가 있다고 시인하지만, 속으로는 이를 인정함으로써 얻을 수 있는 여러 가지 이차적인 이득을 계산하고 있는 경우가 더 많다. 그래서 치유가 상당히 더딘 편이다. 다음은 치유에 임하는 도박중독자의 상담 자세가 어떻게 변화해왔는지 증언한 내용을 각색한 것이다.

1단계는 가족에게 억지로 끌려서 오는 단계다. 자신에게 도박 문제가 있을 것 같다는 생각은 어렴풋이 하고 있지만 가족들이 극성을 떤다고 생각하며, 언제든지 자신이 원하면 도박을 끊거나 조절할 수 있다고 믿기 때문에 진정으로 상담을 받아 치유하고 싶은 마음이 거의 없다. 상담을 받지 않으면 이혼하겠다는 배우자의 협박이나 부모의 간절한 애원에 못 이기는 척 오는 경우가 대부분이다. 당연히 상담이 효과를 발휘할 리가 없다.

2단계는 도박으로 인한 문제를 스스로 감당할 수 없게 되고 가족과의 갈등이 격화되어, 이를 해결하기 위해 좀더 적극적으로 상담에 임하는 단계다. 당장 도박 빚 독촉이라든가, 재정적인 문제로 가족 간의 갈등이 심해져서 스트레스가 쌓이고 이를 해소할 마땅한 방법도 모르기 때문에 어쩔 수 없이 상담자의 도움을 받으려고 찾아온다. 그럼에도 여전히 자신의 도박 문제가 이 모든 어려움의 근본적인 원인이라는 사실을 마음속 깊이 인정하지 않는다. 오히려 표면적으로 드러나는 문제만 해결되면 곧바로 상담을 종결하려고 하거나 자신이 다 나았다고 착각한다. '실수slip'나 '재발relapse'은 2단계와 3단계 사이에서 주로 나타난다.

3단계는 상담자가 자신을 이해하는 것이 고맙고 좋아서 찾아오는 단계다. 도박 충동도 어느 정도 감당할 수 있고 가족 간의 갈등도 해결 국면에 접어들었지만 아직은 상담을 종결할 자신이 없는 도박중독자가 주로 이 단계에 많다. 사실 도박중독자가 자신의 도박 문제를 마음 놓고 이야기할 수 있는 공간이나 사람이 주변에 없게 마련이다. 가족에게 이야기해봤자 가족들을 걱정하게 만들거나 반대로 편잔이나 듣기 일쑤라서 도박중독자를 지지하는 사람은 상담자가 거의 유일하다. 사실 상담자는 항상 준비된 상태이지만 이전 단계에서는 도박중독자가 자신의 코앞에 닥친 문제를 해결하느라 그렇게 준비된 상담자가 보이지 않을 뿐이다. 3단계는 상담자와 깊은 유대 관계를 맺는 단계이기도 하다.

마지막으로 4단계는 자신이 얼마나 좋아졌는지, 얼마나 행복한지,

얼마나 즐거운 삶을 살고 있는지 상담자에게 자랑하고 상담자의 인정을 받고 싶어서 오는 단계다. 그동안 상담자가 했던 말이 무엇이었는지 직접 체험하면서 삶을 되돌아보고 이제 상담자의 도움 없이도 잘 살아갈 수 있다는 확신을 구하며 자신감을 회복하는 단계다. 도박중독자가 이 단계에 이르면 상담자는 다소의 섭섭함을 느끼는 한편 상담 종결을 준비한다.

이미 상담을 받고 있는 도박중독자라면 본인이 어떤 단계에 속해 있는지 한 번쯤 점검해보는 것이 어떨까?

도박중독자는 자신의 회복을 자랑하라

도박중독은 모든 것을 감추고 숨기려는 속성이 있다. 치유 과정에서 가족들이 대위변제를 하지 않고 버티는 것도 뒤로 숨어서 다른 사람이 자신의 문제를 해결해줬으면 하고 무조건 의지하는 도박중독자를 책임의 장으로 끌어내기 위해서다. 또한 가능한 한 많은 사람들에게 도박 문제를 알리고 도움을 청하는 것도, 문제를 감추고 모든 것을 뒤에서 조종하고자 하는 도박중독자의 시도를 무력하게 만들기 위해서다. 치유는 도박과 관련된 모든 것을 투명하고 떳떳하게 드러내는 데 방향이 맞춰져 있다고 해도 과언이 아니다. 도박중독자가 자신의 도박 문제를 더이상 감추지 않고 부끄럽더라도 꿋꿋하게 이겨내겠다는 태도로 버티기 시작할 때 치유의 틈이 생긴다.

단도박 모임에 나가고 전문기관에서 상담을 받는 것은 도박중독자에게 그리 유쾌한 경험이 아니다. 어둠 속에서 사는 것에 익숙해졌는데 억지로 햇볕에 노출되는 것과 같은 불쾌감을 유발하기 때문이다. 그래서 도박중독으로 인해 파생된 문제들이 어느 정도 해결될 기미가 보이면 도박중독자는 상담 기관이든 단도박 모임이든 나가는 것을 꺼린다. 이럴 때는 어떻게 해야 할까? 어떻게 이런 꺼림칙한 마음과 싸워 이겨낼 수 있을까?

먼저 자신의 회복 상태를 자랑하러 나가라. 자주 나가는 단도박 모임에서 다른 협심자(단도박 모임에서는 도박중독자를 '협심자'라고 부른다)가 자신을 부러워하게끔 만들어라. 그리고 상담자를 감탄하도록 만들기 위해 나가라. 절대로 도박을 끊을 수 없을 것 같던 내가, 절대로 변하지 않고 절망의 구렁텅이에서 헤어날 수 없을 것 같던 내가 이렇게 다시 새로운 사람이 되기 위해 시동을 걸었노라고, 아직은 미약하지만 힘찬 발걸음을 내딛고 있노라고 자랑하러 나가라. 진정한 치유는 내면에서 시작되지만 자랑은 진정한 치유를 이끌어내기 위한 일종의 마중물이다. 거기에서부터 회복의 샘이 솟아날 것이다.

도박중독이 치유되면 도박 충동은 어떻게 될까?

상담 초기에 대부분의 도박중독자들이 원하는 것은 도박 충동이 완전히 없어져서 도박 생각 자체가 나지 않는 것이다. 하지만 안타깝게도 그건 불가능하다. 사람들 앞에 서기만 하면 다리가 후들후들 떨리고 식은땀이 나고 앞이 캄캄해지는 발표 불안을 고치고 싶어서 전문적인 도움을 찾는 사람들이 원하는 것도 불안을 완전히 없애는 것이지만, 정작 상담자는 불안 자체를 없애는 것이 아니라 불안을 견디고 발표할 수 있는 힘을 기르도록 도와준다.

이와 마찬가지로 도박중독이 치유된다고 해도 도박 충동은 완전히 없어지지 않는다. 내면 깊은 곳에 잠재되어 있다가 도박중독자가 방심하고 마음을 푹 놓고 있을 때, 다시 올라오기 위해 기회를 엿보고 있다. 그래서 도박중독을 '평생 관리가 필요한 병'이라고 하는 것이다. 도박중독을 평생 관리가 필요한 병이라고 하면 도박중독자뿐만 아니라 가족들도 절망스러워하는데, 필자는 오히려 긍정적으로 생각할 부분이 많다고 이야기한다.

개인적인 경험을 하나 이야기하자면 필자는 약 10년 전 쯤에 급성인후염에 걸려 응급실에 실려 갔던 적이 있다. 당시 고열과 탈진으로 굉장히 고생했는데 그때 담당 의사가 한 번 급성인후염에 걸린 사람은 언제든 또 걸릴 수 있으니 평소 건강 관리에 신경을 쓰고 매사에 무리하지 말라고 주의를 준 적이 있다. 그 후로 신체적·정신적 건강의 균형을 유지하려고 노력해서 지금은 오히려 그때보다 훨씬 더 건강하다.

이처럼 도박 충동을 완전히 없앨 수는 없다. 하지만 도박 충동이 어디엔가 도사리고 있다는 경각심을 갖고서 도박을 멀리하고 자신에게 주어진 제2의 인생을 알차고 보람되게 살기 위해 애쓴다면 한 번도 도박에 중독된 적이 없는 사람들보다 더 멋진 인생을 살 수 있다. 왜냐하면 도박중독의 무서움과 도박중독에서 벗어난 기쁨을 누구보다 잘 알고 있기 때문이다.

그렇다면 도박중독이 치유되면 도박 충동은 어떻게 될까? 아마도 어디엔가 잠자코 숨죽이고 있을 것이다. 다만 도박중독자가 주의를 기울이지 않으면 도박에 대한 관심도 없어지기 때문에 일상생활을 하면서도 도박 자체가 생각나지 않게 된다. 상담중에 도박 충동에 대해 물어보면 그제야 실생활에서 도박을 떠올렸던 경험을 이야기하는데, 그만큼 신경 쓸 필요가 없어지는 수준까지 도박 충동이 감소한 것이다. 그러니 너무 전전긍긍할 필요 없이 자신에게 주어진 인생을 열심히 그리고 즐겁게 살면 된다. 그것이 도박중독 치유에도 이롭다.

도박중독이 치유되었다는 것을 어떻게 아는가?

도박 충동과 싸우는 데 익숙해지고 정상적인 일상생활도 어느 정도 회복되면 도박중독자들이 궁금해하는 것이 있다. '도박중독이 치유되었다는 것을 내가 어떻게 알 수 있을까?'라는 생각이다.

치유되지도 않았는데 혼자 착각해서 상담을 중단했다가 재발하면 어쩌나 싶어서 걱정이 되기도 하고, 그렇다고 평생 상담을 받을 수 있는 것도 아니니 말이다. 언젠가 상담을 종결하기는 해야 하는데 대체 그 시점을 어떻게 알 수 있을까?

가족이라면 도박중독자한테서 '거짓말'과 '무책임'의 모습이 사라지고, 매사에 진실되고 자신의 말과 행동에 책임지는 모습이 보이면 어느 정도 도박에서 자유로워졌다는 것을 알 수 있을 것이다. 그런데 도박중독자도 스스로 치유되었다는 것을 알아차릴 수 있는 몇 가지 기준이 있다.

첫째, 도박 생각이 전혀 나지 않는 것은 불가능하다는 것을 알아야 한다. 도박중독은 도박중독자의 기억 깊은 곳까지 영향을 미치기 때문에 도박을 완전히 잊어버릴 수는 없다. 그러니 도박 생각으로부터 완전히 자유로워질 것을 기대하면 안 된다. 다만 '도박 생각을 유발하는 도박에 관련된 자극이 없으면 도박 생각이 나지 않는 상태는 가능'하다. 상담을 종결한 뒤 몇 달 만에 추후 상담을 받으러 온 도박중독자는 그동안 전혀 도박 생각이 나지 않다가 상담 날짜가 다가오니 그제야 도박 생각이 났다고 말하기도 한다.

둘째, 도박에 심하게 중독되었던 당시에는 도박 생각이 나면 도박을 하고 싶은 강한 갈망에 시달리고 그 갈망을 이기지 못한 나머지 다시 도박에 손을 대곤 했지만, 도박중독이 치유되면 '도박 생각이 나더라도 충동이 거의 일어나지 않고 갈망이 생겨도 아주 손쉽게 이겨낼 수 있는 상태'가 된다. 쉽게 말하자면 '도박을 할까 말까?' 하는 갈등이 생기지 않는 상태가 된다.

셋째, 아직 치유를 시작하지 않았거나 혹은 치유 과정에 있는 도박중독자라면 가족의 의심이나 잔소리, 간섭을 받았을 때 감정이 쉽게 흔들리고 '에라, 모르겠다. 이렇게 의심받으며 사느니 차라리 도박을 하면서 내 맘대로 살아보자.' 하는 생각을 잠시라도 할 수 있다. 하지만 도박중독이 치유되면 '가족이나 주변 사람의 어떤 말과 행동에도 마음이 흔들리지 않고 초연'해진다.

3가지 기준 모두 마음의 평정을 강조하고 있다는 점에 주목하자.

도박 생각이 나지 않는 것도, 도박 충동이 완전히 없어지는 것도, 가족의 의심이나 간섭이 없어지는 것도 아닌데, 어떤 상황에서도 마음의 평정을 유지할 수 있는 것이 도박중독 치유의 기준이라는 것을 잊지 말자.

도박중독은 행동중독이지만 사람들이 알고 있는 것과 달리 신체적인 건강도 해치기 때문에 건강관리도 해야 한다. 도박중독자는 게으르지 않다. 도박으로 낭비되는 에너지를 건강한 부분으로 흐르게만 도와주면 어떤 분야에서든 성공할 수 있는 열정의 대가들이다. 그러므로 도박중독자가 도박을 끊겠다고 결정하고 가족의 곁으로 돌아올 때까지 믿고 기다려줄 필요가 있다.

— Part 3 —

도박중독에 대한 불편한 진실

도박중독에 대해
잘못 알려진 오해 8가지

도박중독은 도덕적·성격적 문제가 아니다. 오히려 수영도 못하면서 자꾸 물에 들어가려고 하는 병이라고 할 수 있다. 도박중독은 은밀한 중독이라는 특성상 눈에 쉽게 띄지 않을 뿐, 사회 곳곳에 퍼져 있는 매우 흔한 문제다.

도박중독은 죄가 아닌가?

오래전에는 종교적인 사회 분위기로 인해 도박중독을 죄의 대가로 치부해서 사람들을 벌하기도 했다. 하지만 기본적으로 도박중독은 개인의 자제력 문제이고 만성적으로 진행되는 정신장애라고 할 수 있다. 굳이 도박중독을 병이라고 말하지 않더라도 도박중독자 스스로의 힘만으로는 제어할 수 없는 강력한 행동 문제라는 것을 알아야 한다.

도박중독이라는 병

현장의 많은 치료자들이 도박중독을 병이라고 설명한다. 이는 도박중독자가 부적절한 죄책감을 갖지 않도록 배려하는 차원이기도 하고 가족들이 도박중독자의 성격 문제나 도덕적인 범죄의 차원에서 도박중독을 바라보지 않도록 하기 위해서이기도 하다.

그래서 도박중독을 암이나 당뇨병과 같은 난치병에 빗대어 설명하는 경우가 많다. 암에 걸린 이유야 다양하겠지만 암 환자에게 "대체 왜 암에 걸린 거야?"라고 나무라지 않듯이 "왜 도박중독에 걸렸어?"라고 도박중독자를 탓하지 말아야 한다. 오히려 힘을 합쳐 도박에서 벗어날 수 있도록 도와주어야 한다고 가족들을 설득하는 것이다.

그런데도 이를 잘 이해하지 못하는 가족을 위해서 필자가 사용하는 비유가 있다. 바로 도박중독이 '수영도 못하면서 물에 들어가지 못해 안달하는 병'이라는 것이다. 주변 사람들은 도박중독자가 수영을 못하는 것을 잘 알고 있기 때문에 물에 절대로 들어가지 말라고 만류하는데, 정작 본인은 "수영을 할 수 있는데 왜 말리는지 모르겠다."라면서 어떻게든 물에 들어가려고 한다.

그걸 잘 아는 가족들은 도박중독자가 물에 들어갈 때마다 기다렸다가 건져내고(도박 빚 대신 갚아주기), 도박중독자는 자신이 수영을 하지 못한다는 사실을 모르기 때문에 기회만 생기면 계속 물에 들어가려고 한다. 이때 가족이 해야 할 일은 도박중독자가 스스로 물에 들어간 대가를 치르게 하는 것이다.

구조요원(치료자)을 대기시키고 가족들은 먼발치로 물러나 기다려야 한다. 평소처럼 거침없이 물에 들어간 도박중독자는 금세 자신이 수영을 할 수 없다는 사실을 깨닫게 되지만 때는 이미 늦었다. 물을 꿀꺽꿀꺽 들이켜면서(책임을 통감하면서) 살려달라고 소리치는 순간 대기하고 있던 구조요원이 도박중독자를 건져낸다. 그렇게 자신의 고집과 무모함에 대한 뼈저린 깨달음을 얻고 나면 물에 들어가기에 앞서 제대로 수영을 배우거나(responsible gambling, 책임지는 도박) 물과 자신이 맞지 않는다는 것을 깨닫고 다시는 물에 들어가지 않기로 결정(abstinence, 단도박)하게 되는 것이다. 어떠한가? 도박중독이 어떤 병인지 이해하기 쉽지 않은가?

도박중독은 드문 병이 아니다. 도박중독을 '은밀한 중독'이라고 하는 것처럼 그 병의 특성 때문에 눈에 쉽게 뜨이지 않는 것일 뿐이다. 알코올중독, 우울증, 가정불화, 학대, 횡령, 배임 등 다양한 문제 집단에서 도박중독 문제가 발견된다. 알려지지 않은 도박 문제를 모두 드러낸다면 엄청나게 많은 도박 문제가 감춰져 있음을 알게 될 것이다.

도박의 증거를 쉽게 노출하는 이유는 무엇인가?

여기 불법 하우스의 포커 게임에 빠져 있는 도박중독자가 있다고 가정해보자. 가족들은 전문가와의 상담을 통해 도박에 대한 책임을 도박중독자가 지도록 해야 한다는 것을 알게 되고, 그에게 도박을 하지 말도록 요구한다. 도박중독자는 치료를 적극적으로 받으려고 하든지 혹은 도박을 자제하려고 노력하든지, 어쨌거나 포커 게임을 하지 않으려고 애를 쓴다.

그런데 어느 날 도박중독자가 집에 돌아와 바지 주머니를 비우면서 소지품을 책상 위에 올려놓았다. 도박중독자의 아내가 우연히 소지품을 보았는데 다름 아닌 로또 복권이다. 당연히 이 도박중독자는 로또도 도박의 일종이기에 해서는 안 된다는 것을 이미 알고 있는 상태. 대체 도박중독자는 왜 가족에게 들킬 것이 뻔한 허술한 행동을 하는 걸까? 도박중독자가 이러한 행동을 하는 이유는 크게 2가지로 나눌 수 있다.

첫째, 그동안 도박에 대해 무감각해졌기 때문이다. 도박을 그만두면서 더이상 재정적 손실이 발생하지 않고 심리적인 압박에서 어느 정도 벗어나면서 '중독성이 약한 도박 정도는 해도 되겠지?' 라는 안이한 마음이 생겼기 때문이다.

둘째, 무의식적으로 가족의 암묵적인 동의를 얻기 위해서다. 도박중독자가 어떠한 도박도 하지 않고 계속 버티는 것은 결코 쉽지 않다. 그래서 스스로 자기정당화 과정을 거쳐 특정 도박을 자신에게 허락하는데, 문제는 가족의 동의를 얻어야 떳떳하게 드러내놓고 즐길 수 있으므로 이를 은근히 노출해서 정말 그래도 되는지 가족을 상대로 시험해보는 것이다.

이럴 때 가족이 할 수 있는 최선의 방법은 도박중독자를 직접적으로 다그치기보다는 말없이 로또를 없애버리는 것이다. 도박을 허용하지 않는다는 단호한 메시지를 전달하는 것이다. 이것이 도박중독자를 직접 들볶는 것보다 더 효과적인 방법이다.

도박을 끊으려는데 왜 손목을 자르는가?

도박중독에 대해 일반인들이 갖고 있는 잘못된 생각 중 대표적인 것으로 "도박은 절대로 끊지 못한다."라는 믿음이 있다. 이때 그 근거로 자주 인용되는 말이 "도박에 중독되면 손목을 자른다고 해도, 발을 써서 계속 도박을 한다."라는 것이다. 이는 그만큼 도박을 끊는 것이 힘들다는 것을 강조한 말이다. 하지만 이 말은 도박중독이라는 병에 대한 두려움만 확산시킬 뿐, 제대로 된 대처 방법을 알려주지 않는다. 게다가 잘못된 접근 방법이다.

도박중독이 과연 손목의 병이라고 할 수 있을까? 아니다. 도박중독은 마음의 병이고 의학적으로 생각하면 뇌의 병이다. 그런데 왜 손목을 자르는가? 병의 원인을 제거해야 병이 나을 수 있다는 논리라면, 손목이 아니라 뇌를 잘라야 하지 않을까?

도박중독자들은 타이밍의 차이는 있지만 언젠가는 '이건 아닌데.'라는 깨달음에 도달한다. 많은 도박중독자들이 가족에게 "나는 언제든 도박을 그만둘 수 있다."라고 큰소리친다. 하지만 생각만큼 잘 안 된다. 왜냐하면 도박중독은 도박을 그만두겠다는 마음만으로는 나을 수 없는 병이기 때문이다. 도박중독자는 도박을 그만두기 위한 구체적인 방법을 모른다. 그래서 전문가에게 도움을 받아야 하는 것이다.

그런데 손목을 끊는 것은 도박과 아무런 상관이 없다. 도박중독자가 도박을 계속하는 것은 손목 때문이 아니라 도박에 대한 집착과 잃어버린 것들을 금방이라도 되찾을 수 있다는 환상, 금단증상 등 도박중독의 다양한 특성들이 복합적으로 작용하기 때문이다. 그러니 애꿎은 손목을 자를 생각 말고, 그 시간에 도박을 그만두겠다는 의지를 실천할 수 있는 구체적인 방법과 기술을 익히는 것이 낫다.

도박중독은 왜 신체적인 건강을 해칠까?

앞에서 살펴본 것처럼 중독은 크게 물질중독과 행동중독으로 나눌 수 있다. 도박중독은 인지기능의 두드러진 손상도 없고 알코올중독이나 마약중독과 같은 물질중독과 달리, 직접적인 신체적 손상도 없다. 그럼에도 도박중독 치료를 하다 보면 신체적 건강의 악화를 호소하는 도박중독자가 많다. 왜 그럴까?

도박에 중독되면 우선 술과 담배의 섭취량이 급속도로 증가한다. 돈을 따면 기분이 좋아서 한잔하고, 잃으면 속상해서 한잔하는 식으로 기본적인 음주량이 늘고, 담배의 소모량도 많아진다. 특히 불법 하우스 도박처럼 도박을 하면서 흡연할 수 있는 경우에는 흡연량이 폭증하는 경우가 다반사다. 또한 도박에 중독되면 모든 주의가 도박에 쏠리므로 평소에 하던 운동과 취미 활동을 소홀히 하게 된다. 조명이 침침한 공간에서 도박을 하는 경우가 많은 편이라 시력이 쉽게 나빠지며 고스톱이나 카드 게임의 경우 허리나 무릎 등의 관절에 무리가 온다.

게다가 도박에 탐닉하면 도박의 결과에 대한 기대감으로 잠을 설치거나 도박 빚 걱정으로 쉽게 잠들지 못한다. 결국 수면이 부족해지고 식사도 자주 거르게 된다. 도박에 중독되면 그야말로 신체적인 건강을 해칠 수밖에 없는 상황에 몰리는 것이다. 따라서 도박중독 치유 과정에 신체적인 운동을 꼭 집어 넣는 이유는 단순히 도박을 대치할 활동을 선택하는 것 이상의 목적, 즉 손상된 건강을 회복하고자 하는 의미도 크다.

도박중독은 왜 전문적인 치료가 필요할까?

이미 앞에서 도박중독을 치료하는 기법의 효과에는 큰 차이가 없고, 반드시 적용해야 하는 치료 방법도 없다는 이야기를 했다. 게다가 자발적인 회복도 가능하다고 했으니 "도박중독에 전문적인 치료가 필요하다."라고 주장하는 것은 앞뒤가 맞지 않는 것처럼 보일 수도 있다. 필자 역시 도박중독자에게 "전문적인 치료를 반드시 받아야 합니다."라고 말하지는 않는다. 하지만 "가능한 한 받는 것이 좋습니다."라고는 이야기한다. 왜냐하면 아주 큰 도움이 되기 때문이다. 빠른 이해를 돕기 위해 비유를 하나 들어보겠다.

도박중독은 집에 도둑이 드는 것과 비슷하다. 도둑은 언제나 밖에서 활개를 치고 다니지만 내 집에 들어오지 않는 이상 사실상 나에게 직접적인 문제가 될 일은 별로 없다. 하지만 일단 내 집에 도둑이 들면 피해가 크다. 재산상의 손실뿐만 아니라 운이 없다면 사람이 다칠 수도 있기 때문이다. 그래서 일단 도둑이 들고 나면 얼마 동안은 문단속도 열심히 하고 귀중품 관리에 신경을 많이 쓰게 된다. 이것이 바로 자발적 회복이다.

하지만 우리 집에 내가 모르는 취약한 보안 문제가 있다면 언제든 그곳으로 도둑이 다시 침입할 수 있다. 게다가 사람의 기억은 참 간사한 것이어서 시간이 흐르면 점차 잊혀지기 마련이다. 그래서 전문 보안 업체에 의뢰해서 보안 상태를 꼼꼼히 점검하고 취약한 부분에 경보장치를 다는 등 체계적인 안전 방안을 강구할 필요가 있다. 이것이 바로 전문적인 치료다. 전문 보안 업체의 도움을 받는다고 해서 도둑이 절대로 다시 들지 않는다는 보장은 없지만 아무래도 안전이 한층 강화될 것이다.

도박중독의 재발을 야기하는 요인은 매우 많다. 도박중독자에 따라 다양하기까지 하다. 그러므로 도박중독자 개인이 이 모든 요인을 스스로 점검하고 도박 충동의 상승을 감지하는 일종의 경보장치를 만드는 것은 매우 어려운 일이다. 그래서 전문적인 치료가 필요하다. 전문적인 치료기관에서는 단순히 도박과 관련된 환경 요인뿐만 아니라 도박중독자의 심리적 문제, 관계 문제 등 도박중독의 재발에 영향을 미칠 수 있는 요인들을 꼼꼼하게 분석해서 재발 가능성을 최소화한다. 그러므로 특별한 이유가 없다면 전문적인 치료도 함께 받는 것이 좋다.

도박중독은 불치병인가?

도박중독자는 차마 입 밖으로 꺼내지 못하고 마음에 묻고 말지만, 도박중독자의 가족이 상담자에게 가장 많이 하는 질문 중 하나가 "도박중독이 과연 나을 수 있는 병인가요?"다. 대중매체는 도박중독이 불치병이며 몇십 년이 흘러도 언젠가는 재발하는 무서운 병이라고 겁을 주기 바쁘다. 하다못해 단도박 모임에서도 완치라는 말을 쓰는 것을 두려워한다. 그래서 도박중독은 평생 관리해야 하는 병이니 단도박 모임을 절대로 빠지면 안 된다고 강조한다. 하물며 도박중독이 과연 나을 수 있는 병인지에 대해 의구심을 가지는 치료자들도 있다.

심리학 용어 중에 '노시보 효과 nocebo effect'라는 것이 있다. '플라시보 효과 placebo effect'와 반대의 개념으로 희망을 잃거나 상황이 더 나빠질 것을 상상하는 것만으로도 실제로 병이 더 악화되거나 좋지 않은 결과가 나타나는 현상을 일컫는다. 도박중독 치료에도 어김없이 노시보 효과가 작용한다. 도박중독은 완치된다고 믿어도 치유되기 쉽지 않은 병인데 절대로 완치되지 않는다고 생각하면 긍정적인 치료 효과가 나타날 리가 없다.

단도박 모임에서 자만심을 경계하기 위해 도박중독을 '완치가 없는 병'이라고 이야기하는 의도는 충분히 이해한다. 하지만 이제 막 도박을 끊으려는 초심자와 그 가족을 좌절시키고 제대로 싸워보기도 전에 자포자기하게 만들 수 있다는 것도 알아야 한다. 처음으로 참석한 단도박 모임에서 도박중독은 절대로 나을 수 없다는 이야기를 듣고 더 좌절했다고 말하는 가족들이 생각보다 많다. 단도박 모임을 그렇게 오래 다니면서도 여전히 불안해하고 자신을 믿지 못하는 협심자는 단도박 모임을 참석하는 효과가 없어서가 아니라, 본인 스스로 도박중독이 절대로 나을 수 없는 병이라고 단정 짓고 지레 겁먹기 때문이다.

도박중독 치유는 도박을 하지 않는 단도박 기간을 연장하거나 도박을 하기 이전으로 단순히 되돌아가는 것이 아니라 새로운 가치관과 마음가짐을 가진 전혀 다른 사람으로 탈바꿈하는 것을 목표로 해야 한다. 일단 그렇게 새로운 사람으로 태어나고 나면 더이상 재발을 두려워할 필요가 없다. 진정한 치유에 이르게 되니까 말이다.

도박중독은 절대 불치병이 아니다. 도박중독은 분명히 나을 수 있는 병이다. 재발에 주의해야 하는 병임에는 틀림없지만 불필요한 두려움에 벌벌 떨면서 불안해할 필요는 없다. 그리고 도박중독이 불치병이라고 믿어서 평생 재발을 두려워하며 살아야 한다고 생각하는 치료자는 도박중독자와 그 가족을 상담하면 안 된다. 구원이 없다고 믿는 목사가, 해탈이 없다고 믿는 승려가 구원과 해탈에 대해 설교와 설법을 해도 된다고 생각하는가?

자살 분야의 최고 권위자 중 한 명인 폴 퀸네트Paul Quinnett는 "자살을 막을 수 없다고 생각하는 상담자는 자살하려는 사람을 상담하지 마라."라고 했다. 이 말이 주는 교훈을 도박중독 분야에도 그대로 적용할 수 있다.

도박중독자에 대한 오해와 편견 10가지

도박중독자는 무책임하고 가족의 고통을 이해하지 못한다는 비난을 받기 쉽다. 하지만 도박중독자는 가족에게 버림받는 것을 가장 두려워한다. 그러므로 그들을 미워하지 말고 기다려주자.

도박중독자는 무책임한 인간인가?

도박에 중독되면 도박에 중독되기 이전에 그 사람이 어떤 사람이었든 상관없이 무책임한 모습이 반드시 나타난다. 엄청난 도박 빚을 남겨놓고 잠적하거나, 채권추심 전화를 일부러 받지 않으며, 집에 생활비가 없어도 가족들을 신경 쓰지 않는 것처럼 보이기도 해서 가족들을 절망에 몰아넣는다. 가족들은 도박중독자의 이런 무책임한 모습에 더더욱 실망하고 분노하게 된다. 하지만 이는 도박중독자가 무책임한 인간이어서가 아니라 다음과 같은 이유 때문에 그렇다.

첫째, 도박에 중독되면 시야가 좁아진다. 즉 도박과 관련된 것이 아니면 아무것도 눈에 들어오지 않는다. 이것은 두 번째 이유와 결합되면서 더욱 큰 위력을 발휘한다.

둘째, 지금까지 잃어버린 모든 것(도박 때문에 생긴 경제적 손실과 도박 빚, 가족들의 믿음 등)을 도박으로 한 번에 회복할 수 있다는 착각에 빠져서 그렇다. 때문에 도박중독자는 자신의 문제를 책임지기 위한 다른 대안은 고려하지 않는다. 이러한 이유 때문에 도박중독자의 행동이 무책임하게 보이는 것이지, 도박중독자가 근본적으로 무책임한 인간은 아니고 무책임한 인간이 도박에 더 잘 중독되는 것도 아니다.

그래서 치료를 통해 근시안에서 벗어나면 도박중독자도 자신의 책임을 자각하고 책임감 있는 모습을 보여줄 수 있다. 자신의 행동에 책임을 지기 위해 애를 쓰지만 그렇게 선택한 방법이 정작 문제의 원인이 되는 도박이기 때문에, 잘못된 선택의 결과를 책임지려 해도 결국은 또다시 무책임한 사람이 될 수밖에 없다는 사실이 참 아이러니하다. 그러므로 가족들은 도박중독자의 무책임한 행동에 너무 상처 받지 말고 차라리 그 시간에 도박 문제를 해결하기 위해 총력을 기울이는 편이 낫다.

가족의 고통을 왜 이해하지 못하는가?

도박 때문에 생긴 재정적인 손실로 희망이 짓밟히고 온 가족이 당장 경제적인 압박을 받고 있는데, 정작 원인 제공자인 도박중독자는 별

다른 불편함 없이 잘 먹고 잘 자는 것처럼 보인다. 게다가 별로 뉘우치는 것 같지도 않으니 가족들 입장에서는 분통이 터질 수밖에 없다. 도박중독자들 중에는 그동안 도박 문제를 몰래 감추느라 마음고생을 했는데 막상 가족들에게 털어놓고 나니 속이 시원하고 마음의 부담을 조금이나마 덜 수 있어서 안색이 좋아지는 도박중독자도 분명 있다.

하지만 가족들이 오해하는 것처럼 도박중독자가 가족의 고통을 이해하지 못하는(혹은 그런 것처럼 보이는) 데는 이유가 있다. 도박중독자가 자신의 도박 문제가 얼마나 심각한지 인지하고 받아들이는 것은 쉽지 않다. 때문에 똑같은 실수를 반복하고 가족들이 합심해서 도박 빚을 대신 갚아주거나 도박중독자가 져야 할 책임을 대신 지다가, 결국에는 소위 바닥을 치고 나서야 심각성을 깨닫고 치료를 받으려 한다.

이때 가족들은 그동안 도박중독자가 자신의 행동에 책임을 스스로 지지 못하게끔 막아준 방패와 공범 역할을 본인들이 해왔음을 깨닫고, 그제야 도박중독자가 스스로 책임을 질 수 있도록 도박중독자와 거리를 두고 도박 문제에 대한 책임을 내려놓는다. 가족들의 보호와 책임 면제의 방패 뒤에서 안전했던 도박중독자는 드디어 직접 화살을 맞게 된다.

그런데 책임에 직면할 때 생각보다 괴롭고 힘들기 때문에 그 순간에는 가족들이 얼마나 고통스러웠을지 되돌아보지 못한다. 하지만 그건 어디까지나 일시적인 것이고 결국 도박중독자는 가족을 돌아보고 그들의 고통을 이해하게 된다. 그저 시간이 좀 필요할 뿐이다.

그러니 조바심 내지 말고 치유의 원칙을 일관되고 꾸준하게 유지하면서 기다리는 자세가 필요하다. 다만 이때 울화나 분노, 원망 등의 부정적인 감정을 다스리기가 어렵다면 도박중독자의 치유와는 별도로 전문가의 도움을 받는 것이 좋다.

도박중독자는 게으른 베짱이인가?

일반 사람들이 도박중독자에 대해 많이 하는 착각이 있다. 도박중독자들이 천성적으로 게으르고 일하기 싫어하며 일확천금만 노리는 무능력자라는 것이다. 마치 우화『개미와 베짱이』에 나오는 베짱이처럼 말이다. 하지만 천만의 말씀이다. 모든 도박중독자가 다 그런 것은 아니지만 대부분의 도박중독자는 전혀 게으르지 않고 도박에 손을 대기 전에는 성실하다는 평가를 받았던 사람들도 많다. 그 중 상당수가 '일중독'이라는 말을 들을 정도로 일에 파묻혀 살았거나 뭐든지 시작하면 끝을 보는 스타일의 사람들이다.

상담 장면에서 흔히 하는 말 중에 "멍청하고 게으르면 도박도 못한다."라는 말이 있다. 도박은 엄청난 시간과 에너지를 단기간에 집중적으로 쏟아부어야 하는 활동이기 때문에, 낙천적이기만 하고 승부욕이 없는 사람은 중독되는 것 자체가 쉽지 않다.

또한 도박중독자들은 기본적으로 지는 것을 싫어하는 사람들이기 때문에 도박을 하면서도 도박을 즐기는 것이 아니라 쟁취하고 정복해야 할 대상으로 여기는 경우가 많다. 그래서 도박을 하는 동기를 분석해보면 '유희 동기'가 높은 도박중독자가 그리 많지 않은 것이다.

　도박중독자들은 절대로 게으르지 않다. 잘못된 판단으로 자신의 모든 열정과 에너지를 온통 도박에 쏟고 있을 뿐, 다른 방향으로 물꼬만 틀어주면 다시 돌아와 어떤 분야에서든 성공할 수 있는 열정의 대가들이다.

다른 도박에 손을 댈 때 어떻게 하나?

도박중독자는 흔히 도박에도 경중이 있다고 생각하는 편이다. 그래서 경마·경륜·카지노 등의 전통적인 도박은 중독성이 강하지만 친구들끼리 모여서 가끔 하는 화투나 일주일에 한 번씩 구입하는 로또는 진정한 의미의 도박이 아니라고 생각한다. 그래서 경마에 빠진 도박중독자가 상담을 받으면서 경마를 끊는 대신에 매주 로또를 사는 것 정도는 상관없다고 착각하는 경우가 많다. 하지만 수익을 바라고 불확실한 사건에 돈을 거는 행위는 모두 도박이기 때문에 도박중독자가 어떠한 도박을 하던 도박중독에서 벗어날 수 없다. 그러니 진정으로 도박을 끊고자 한다면 중독성의 정도를 따지면서 자신을 속이지 말고 도박의 속성이 있는 모든 행위에서 벗어나야 한다.

　그래도 이해가 잘되지 않는다면 도박을 마약으로 바꿔 생각해보자. 필로폰중독인 마약중독자가 마약을 끊겠다고 필로폰 대신 중독성의 정도가 약한 대마초를 피운다면 어떨까? 필로폰을 주사하는 것은 아니니까 더이상 마약중독은 아니라고 할 수 있을까? 대마초쯤은 과연 괜찮은 것일까? 현재 대마초를 피우는 것 자체도 문제지만 언젠가는 필로폰으로 되돌아갈 가능성이 있다는 것이 더 큰 문제다.

도박도 마찬가지다. 지금 당장은 로또를 사는 것만으로 도박 충동을 누그러뜨릴 수 있고, 이 정도면 괜찮다고 스스로 위안할 수 있다. 하지만 곧 로또만으로는 만족할 수 없게 되고 결국 기존에 하던 도박이나 그보다 더 심한 도박으로 돌아갈 것이다. 그토록 벗어나고 싶었던 끔찍한 악몽이 다시 시작되는 셈이다.

도박중독자는 고통받아 마땅한가?

도박중독자의 가족들은 화가 날 수밖에 없다. 자신들은 경제적 고통과 피해를 감수하면서 치유를 위해 애쓰는데, 정작 당사자인 도박중독자는 도박 문제를 털어놓고 난 뒤부터 잘 자고, 잘 먹고, 잘 지내는 걸 보니 말이다. 그래서 너무 화가 나고 도박중독자도 고통을 받아야 하는 것 아니냐며 분통을 터뜨린다. 가족들의 정신적 상처와 고통을 이해하지 못하는 것은 아니지만, 그건 도박중독자와 상관없이 전문적인 상담을 통해 따로 해결해야 할 문제다.

만약 가족 중 한 명이 큰 병에 걸렸는데도 당사자가 아니라고 극구 부정하면서 치료를 거부하고 병을 키워, 결국은 치료비로 가산을 탕진하게 되었을 때를 생각해보자. 우리는 그 가족이 뒤늦게라도 치료를 받아 건강을 회복하게 된 것을 기뻐하기보다는 그래도 너무 뻔뻔하다느니 가족들의 고통을 나 몰라라 했다느니 하면서 비난하고,

그 사람은 더 고통받아야 한다고 주장할까? 아마 그렇지 않을 것이다. 이 모든 오해는 가족들이 마음속 깊이 도박중독을 병으로 받아들이지 못하기 때문에 생긴다. 그래서 도박중독자와 도박중독이라는 서로 다른 문제를 분리하지 못하고 자신을 고통 속에 몰아넣는 것이다.

도박중독자가 반성하고 고통을 받아야 한다는 가족들의 생각은 복수 심리 그 이상의 것이 아니다. 그 정도가 심하다면 그런 생각이야말로 우선적으로 해결해야 하는 마음의 문제다. 내가 하지도 않은 일 때문에 고통을 당했으니 네가 의도했건 의도하지 않았건 너도 상응하는 대가를 치러야 한다는 복수 심리는 도박중독 치유에 아무런 도움이 되지 않고 악영향만 미친다.

그렇다면 도박중독자는 병에 걸린 사람이니 반성할 필요도 없고 고통을 당해서도 안 되니 가족들의 문제는 그냥 가족끼리 알아서 해결해야 하는 걸까? 그렇지는 않다. 다만 가족들이 원하는 도박중독자의 뼈저린 반성과 회개, 진심 어린 사과 그리고 이를 뒤따르는 수용과 용서의 때는 나중에 온다.

지금은 도박중독자가 길고 긴 어둠의 터널을 빠져나오기에도 버거우므로 터널 밖에서 간절한 마음으로 기다리고 있는 가족들의 모습이 보이지 않을 뿐이다. 하지만 도박 충동에서 어느 정도 벗어나서 그야말로 정신을 차리게 되면, 그때 도박중독자는 가족의 마음을 이해하게 된다. 그리고 다행스럽게도 그때는 반드시 온다. 타이밍은 상담자가 도박중독자를 상담할 때만 필요한 것이 아니다. 도박중독자와 가족의 화해에도 타이밍이 필요하다.

심리치료나 상담 시간을 왜 잊을까?

도박중독자가 가족과 함께 상담실을 방문하는 경우, 필자는 가족만을 대상으로 교육하는 초반 회기를 제외하고는 될 수 있으면 도박중독자와 가족을 따로 상담하는 편이다. 이는 의존성이 강한 도박중독자가 치료마저도 가족에게 전적으로 의지하려는 성향이 있기에 이를 약화시키고 책임감을 갖고 자신의 문제를 스스로 해결하도록 하기 위해서다.

그런데 가족이 더이상 상담을 받을 수 없게 되면 도박중독자 스스로 자신의 상담 예약시간을 알아서 챙겨야 하는데, 실제로는 그게 잘 안 되고 상담 시간을 잊는 일이 종종 발생한다.

도박중독자가 상담자와 충분한 신뢰 관계를 형성했음에도 상담 예약 시간을 반복해서 잊는다면 크게 2가지 이유를 생각해볼 수 있다.

첫째, 도박중독자가 도박을 끊겠다고 결심하면서 도박 충동이 어느 정도 성공적으로 가라앉고, 이에 따라 더이상 도박 생각이 나지 않아 상담을 받을 필요가 없겠다고 생각하기 때문에 자꾸 상담 시간을 잊는 것이다.

둘째, 사실 상담은 과거에 도박으로 인해 겪었던 여러 가지 괴로운 일들을 도박중독자에게 상기시키기 때문에 결코 편안한 시간이 아니다. 인간에게는 기본적으로 부정적인 감정을 떠올리게 하는 상황을 피하려는 심리적 기제가 있기 때문에 무의식적으로 상담 시간을 피하는 것이다.

그렇기 때문에 가족들은 도박중독자가 상담 시간을 잊었다고 해서 아직도 정신을 못 차렸다고 심하게 다그쳐서는 안 된다. 도박중독자 스스로 연락하도록 해서 상담 예약을 다시 하거나 연기할 수 있도록 주의를 주는 수준이 적절하다.

다른 도박중독자에게 경고하는 도박중독자

가끔 도박중독자가 도박중독 치료 전도사가 되는 경우가 있다. 예를 들어 함께 도박하던 사람들을 만나고 다니며 도박중독이 얼마나 무서운 것인지를 알리고 있다며 자랑하는 것이다. 이렇게 다른 도박중독자에게 도박중독의 폐해를 경고하고 다니는 것이 도박중독자 본인에게 도움이 될까? 결론부터 이야기하자면 어느 정도 도움이 된다.

다른 도박중독자에게 경고를 하려면 자신이 도박중독으로 인해 고통을 겪었다는 사실을 어느 정도는 공개해야 하기 때문이다. 그래서 상담이나 치료를 받고 있다는 이야기까지는 못하더라도 주변 사람들에게 자신의 문제를 알리는 효과가 있다. 주변 사람들이 많이 알면 알수록 도박 자금을 빌리기도 어렵고 부수적으로 감시 효과가 있기 때문에 도박중독의 재발 예방에도 도움이 된다.

또한 도박중독자 중에는 다른 사람에게 경고함으로써 자신도 도박을 끊어야 한다는 생각을 반복하고 이로 인해 약한 의지를 강하게 다지는 사람들도 있다. 때문에 다른 도박중독자에게 경고를 하는 것은 도박을 끊어야 한다는 의지를 강화하는 데 어느 정도 도움이 된다. 그리고 도박중독자가 그동안 자신의 도박 문제로 인해 가족과 주변 사람들에게 물질적·정신적 피해를 준 것을 인정하고 그로 인한 죄책감에서 벗어나기 위해 나름대로 시도하는 노력일 수도 있기 때문에 색안경을 끼고 볼 일만은 아니다. 그러니 도박중독자가 다른 도박중독자에게 경고를 하고 다닌다고 해서 주제도 모른다고 면박만 주지 말고 긍정적으로 생각하자.

갑자기 바뀌는 도박중독자는 위험하다

도박중독자의 가족들은 상담 초기에 "도박중독자가 도박만 안 한다면 다른 건 뭐든지 참고 수용할 수 있을 것 같다."라고 말한다. 하지만 정작 도박을 그만두면 그동안 눌러두었던 부정적인 감정들이 슬슬 올라오게 마련이다. 심한 경우에는 도박중독자의 얼굴만 봐도 짜증이 나서 꼴도 보기 싫어졌다고 말하는 가족들도 있다. 어쨌거나 가족들의 입장에서는 도박을 하지 않는 것이 정상인데, 정작 도박을 하지 않는지를 눈으로 확인할 수 없으니 도박중독자에게 눈에 보이는 다른 변화를 요구하게 된다.

우리들은 가장이라면 생활비를 벌어오기 위해 일을 열심히 해야 하고, 퇴근도 일찍 해야 하며, 집안일도 열심히 도와야 한다고 생각한다. 또한 그동안 미처 신경 쓰지 못했던 자녀에게도 관심을 가져야 하고, 빚을 빨리 갚기 위해 필요하다면 여가 시간에 아르바이트까지 해야 한다고 생각한다. 게다가 도박에 몰두하느라 소홀했던 친지와 친구들에게 먼저 연락해서 관계를 회복하는 것까지 도박중독자에게 기대한다.

　그런데 이 시점에서 우리는 스스로에게 이런 질문을 해볼 필요가 있다. 자신의 인생을 좌지우지할 정도로 중요했던 도박을, 자의 반 타의 반으로 빼앗긴 도박중독자는 과연 무슨 재미로 인생을 살까? 가족과 시간을 보내는 소소한 재미일까, 일을 열심히 해서 상사에게 인정받는 재미일까? 아니면 빚을 빨리 갚는 재미일까?

　물론 그런 재미의 소중함을 깨닫는 것은 중요하고 꼭 필요하기도 하다. 하지만 도박중독자의 입장에서 그건 나중의 일이다. 당장 도박이라는 일생일대의 재미를 빼앗긴 도박중독자에게 다른 건 그야말로 하찮은 일들일 뿐이다. 왜냐하면 도박이 차지하던 마음의 빈자리가 너무나 크기 때문이다. 도박중독자에게는 그 엄청난 공허감을 극복할 시간이 충분히 필요하다. 그 허전함을 극복하는 것마저도 만만한 일이 아니라서, 가족들이 요구하는 여러 가지 변화들을 재빠르게 따라갈 마음의 여유가 아직까지는 없다.

　그렇다면 가족이 만족할 만큼 신속하면서도 충분한 변화를 보이는 도박중독자는 대체 뭘까? 그런 도박중독자가 많지는 않더라도 분명 있다. 하지만 그들은 도박을 끊고자 하는 의욕이 넘친 나머지 지나치리만큼 많은 에너지와 시간을 투입해서 긍정 중독의 위험에 노출되거나 혹은 가족들에게 잃어버린 점수를 빠른 시간 안에 만회하기 위해 지나치게 무리하고 있다. 2가지 경우 모두 장기적으로 볼 때 도박중독자나 가족 모두에게 좋지 않다. 의욕만 앞선다고 변화가 쉽게 몸에 배는 것이 아니다. 변화는 방향과 양도 중요하지만 꾸준함이 훨씬 더 중요하다.

필자는 상담을 할 때 도박중독 치유는 도박중독자, 가족, 상담자 간의 3인 4각 경기와 같다고 말하곤 한다. 도박중독자, 가족, 상담자 중 누구 하나라도 먼저 뛰어나가면 발이 묶인 다른 사람들은 균형을 잃고 넘어진다. 그러니 마음이 아무리 급하더라도 부상을 입지 않도록 몸도 충분히 풀고, 신발 끈도 단단히 묶고, 서로 격려하면서 회복의 의지를 다지는 시간이 필요하다.

치유 초반에, 그것도 갑자기 너무 많은 것이 바뀌는 도박중독자는 위험하다. 처음에는 반드시 속도를 늦출 필요가 있다. 그리고 무엇이 더 중요한 것인지 초점을 잘 맞추어야 한다. 두 마리 토끼를 한꺼번에 모두 잡으려고 하면 두 마리 다 놓치는 법이다.

버림받는 것을 가장 두려워한다

가족에게 버림받는 걸 좋아하는 사람은 없겠지만 도박중독자는 특히나 이를 두려워한다. 그 중에서도 배우자에게 이혼당하는 것을 두려워하는 도박중독자가 많다. 이혼을 두려워하는 것은 여성 도박중독자도 마찬가지겠지만 이들의 비율은 드러난 것만 놓고 보면 전체 도박중독자 중 10% 미만에 불과하니 편의상 남성 도박중독자에 대해서만 이야기해보자.

최근에는 인식이 많이 바뀌어서 치료를 받으려고 자발적으로 전문기관을 방문하는 도박중독자의 수가 많이 늘어났다. 그럼에도 여전히 많은 남성 도박중독자들은 이혼당하지 않으려고, 배우자가 준

마지막 기회를 놓치지 않으려고 치료기관의 문을 두드린다.

자신이 도박중독자라는 인식이 별로 없는 도박중독자가 상담을 받으려고 전문기관을 방문하는 것은 굉장히 어려운 일이다. 그런데도 치료기관을 찾는다는 것은 그만큼 남성 도박중독자에게 이혼이 커다란 위협이 되기 때문이다. 의식주를 스스로 챙겨야 하는 것도 보통 일이 아니지만 보고 싶은 가족들을 원할 때 볼 수 없고, 가족 없는 미래를 상상하는 것이 도박중독자에게 얼마나 큰 위협으로 느껴질지는 그리 오래 생각하지 않아도 쉽게 알 수 있다.

간혹 도박중독자의 배우자들 중에서 도박중독자가 먼저 이혼을 요구한다고 호소하는 사람들도 있다. 이는 2가지 중 하나인 경우가 많다. 먼저 채권자의 추심 압력에서 가족들을 보호하는 방법으로 이혼을 선택하는 것이다. 바로 이혼 이외의 방법을 모르는 도박중독자가 다소 충동적으로 이혼을 요구하는 경우다. 다른 한 가지는 너무 도박에 빠져 있어서 가족과 헤어지는 것이 자신에게 어떤 의미가 있는지 충분히 숙고할 시간을 갖지 못한 상태에서 도박 자금이나 도박 빚을 갚을 자금을 마련하려는 목적으로 배우자를 압박하는 경우다.

전자의 경우라면 채권추심 압력에 현명하게 대처하는 방법을 배우는 것으로 충분히 해결할 수 있고, 후자라면 가족 교육이나 배우자 상담을 통해 도박중독자가 가족을 조종하려는 시도를 좌절시킬 수 있다. 도박중독자의 배우자들에게 다시 한 번 말하자면 경제적 능력이 없는 배우자가 이혼을 두려워하는 것 이상으로 남성 도박중독자는 이혼을 두려워한다.

아무런 불편 없이 마음껏 도박하는 것이 유일한 삶의 목표이자 즐거움이라는 뻔뻔한 도박중독자든, 도박으로 한몫 거머쥐어 가족을 행복하게 해주겠다고 착각하고 있는 불쌍한 도박중독자든 모두 똑같다. 그러니 배우자들은 이혼을 고민하기에 앞서 "도박중독자를 어떻게 도울 것인가?"에 우선적으로 집중하는 편이 낫다.

도박은 나쁜 친구와 같다

중독자와 가족에게 도박을 어떻게 생각하는지 물어보면 입장이 극명하게 갈리는 것을 볼 수 있다. 가족에게 도박은 가정을 파탄낸 주범이자 악의 축이고, 상종 못할 끔찍한 존재다. 실제로 '도박'이라는 단어를 잠깐 떠올리는 것만으로도 소름이 끼치고 마음속에서 울화가 치밀어 오른다고 이야기하는 가족들이 많다.

하지만 도박중독자가 가족의 이러한 생각에 전적으로 동의하는 것은 아니다. 그동안 가족에게 재산상의 피해를 입혔고 가족 간의 갈등을 야기하는 등 많은 피해를 주기는 했지만, 그래도 도박을 하는 동안 스트레스를 해소할 수 있었고 심심할 때 시간을 때울 수도 있었기 때문이다. 또한 가끔 돈을 따기도 할 때는 자신에게 짜릿함을 선사하고, 흥미진진한 스릴감을 맛보게 해주는 고마운 역할도 했다고 생각한다. 그런 면에서 도박은 도박중독자에게 '나쁜 친구'와 같다.

영화 〈친구〉에서는 한때 의리로 똘똘 뭉쳤던 절친한 친구들이 운명의 소용돌이를 헤쳐 나가면서 결국은 서로의 목숨을 노리는 원수가 되어가는 과정이 적나라하게 그려진다.

도박도 이와 비슷하다. 도박을 계속 가까이 하면 결국 자신의 인생을 파멸로 몰아넣지만 그래도 좋았던 과거의 순간을 회상해보면 애증이 교차한다. 그런데 가족이 워낙 도박을 싫어하니 그런 마음을 차마 입 밖으로 내지 못할 뿐이다. 그러니 '로미오와 줄리엣'을 강제로 떼어놓듯이 가족이 무조건 도박을 끊으라고 요구하면 도박중독자는 앞에서는 알았다고 머리를 끄덕이지만 마음속으로는 갈등하게 된다. 그래서 도박중독자의 이런 복잡한 마음을 읽어주고 도박의 '득'과 '실'을 분명하게 구분해서 받아들일 수 있도록 돕는 것이 중요하다. 그러려면 주변 사람들부터 도박이 한때 도박중독자에게 위안이 되는 존재였다는 사실을 인정해야 한다. 그리고 도박중독자가 도박과 함께하던 당시에는 즐거웠을지 몰라도 계속 어울리면 인생을 파멸로 몰아넣을 수 있다는 사실을 스스로 깨닫고 도박을 끊을 수 있도록 곁에서 기다려주는 지혜가 필요하다.

애도의 시간이 필요하다

도박중독자에게는 한때 나쁜 친구였던 도박을 떠나보내며 애도할 시간이 반드시 필요하다. 가족들의 생각처럼 단순히 도박이 나쁜 대상이라서가 아니다. 도박보다 더 가치 있는 인생을 선택했고 그 인생과 도박은 함께할 수 없는 것이기에 떠나보내야 하는 것이다. 한때 즐거움을 주던 친구였지만 그 친구를 곁에 가까이 두려면 너무나 많은 대가를 치러야 하고 소중한 가족과 자신의 인생을 위해 눈물을 머금고 도박을 떠나보내야 한다. 이런 애도의 시간을 거쳐야만 자연스럽게 도박을 멀리할 수 있다.

도박중독을 치료할 때 많이 사용하는 기법 중 하나로 '결정의 저울 decisional balance'이 있다. 도박의 장점과 단점을 저울의 양쪽에 올려놓아서 도박의 부정적인 측면을 부각시키고 도박을 끊기 위한 마음의 결정을 하게 만드는 인지적 접근 방법이다. 그런데 애도의 시간을 거치지 않고 성급하게 이 기법을 사용하면 도박중독자는 도박의 장점은 하나도 기록하지 않는다. 그렇다고 부정적인 측면을 많이 이야기했으니 이제는 도박을 끊겠다고 결심하지도 않는다. 주변 사람들이 원하니까 부정적인 측면만 나열했을 뿐, 마음속에는 도박을 떠나보내기 위한 마음의 준비가 여전히 부족하기 때문이다. 그래서 결국 실패하는 경우가 많다. 따라서 도박중독자에게는 도박을 떠나보낼 애도의 시간이 필요하고, 가족들에게는 그 시간을 버텨낼 인내심이 필요하다.

회복 과정에 대한
오해와 미신 10가지

도박중독자가 치유 과정에서 감내해야 하는 고통은 자신의 행동에 대한 책임을 지는 과정의 결과다. 그러므로 가족이 그 고통을 대신 받아서는 안 된다. 도박중독자가 이 고통을 온전히 끌어안아야만 진정한 삶의 변화가 일어난다.

도박중독자가 고통을 받아서는 안 된다는 생각

도박중독자의 도박 빚을 대신 갚아주는 이유를 "도박중독자가 직장에서 잘리지 않게 하려고." 혹은 "신용불량자가 되면 안 되기 때문에."라고 이야기하는 사람들이 많다.

   직장에서 잘리는 것을 걱정하는 이유는 생활비를 마련해야 한다는 실질적인 이유도 있지만, 직장을 그만두게 되면 도박중독자가 자포자기해서 도박에만 더욱 몰두하지 않을까 염려되기 때문이다. 신용불량자가 되는 것을 걱정하는 이유는 신용불량자가 되면 사회생활을 하는 데 불이익을 당하지 않을까 하는 막연한 우려와 함께 신용불량자가 되면 금융권에서 돈을 빌릴 수 없으니 사채업자에게 고금리로 돈을 빌리지 않을까 하는 두려움 때문이다. 이런 이유로 가족들은 "울며 겨자 먹기"로 도박 빚을 대신 갚아주는 경우가 많은데 이는 도박중독자를 더 깊은 수렁으로 밀어 넣는 결과를 초래한다.

도박중독자가 직장에서 잘리면 생활비를 제대로 마련할 수 없으니 가정 경제가 어려워지는 것은 당연하다. 하지만 배우자나 다른 가족이 별개로 생활비를 마련해야지 도박중독자에게 매달린다고 해결될 문제는 아니다. 도박중독자에게 지나치게 경제적으로 의존하면 도박중독자의 통제권에서 벗어나지 못하게 될 뿐이다.

그리고 현실적으로도 도박중독자가 계속 도박에 빠져 있는 한, 아무리 좋은 직장에 다니더라도 결국은 소용이 없다. 예를 들어 연봉 7천만 원을 받는 고소득 직장에서 일을 한다고 해도 일 년에 1억 원을 도박으로 탕진한다면 가족에게 무슨 경제적 이득이 있을까? 게다가 그렇게 유야무야 시간을 보내다 재취업이 힘든 나이가 되어 아무런 희망도 없이 쫓겨나는 것보다, 한 살이라도 젊을 때 자발적으로 회사를 나와 도박중독 문제부터 제대로 해결하는 것이 재기의 측면에서 더 나을 수도 있다.

도박중독자가 직장 생활을 유지해야 한다는 압박을 가족이 받게 되면 직장에서 잘리지 않게 하려고 태업이나 결근 등에 대한 변명과 거짓말을 가족이 대신하게 된다. 때문에 일종의 공범 역할을 하게 되는데 이것은 도박중독자가 자신의 도박 행동에서 비롯된 결과를 스스로 책임질 수 있는 기회를 빼앗는 꼴이 된다. 따라서 도박중독을 치료하는 것과 직장에서 잘리는 것의 중요성을 객관적인 시각에서 냉철하게 비교해봐야 한다.

최근에는 '신용불량자'라는 용어를 사용하지 않는다. 대신 '금융채무 불이행자'라고 한다. 이는 말 그대로 '금융채무를 갚지 못하는(혹은 않는) 사람'이라는 뜻에 불과하다. 즉 신용이 필요한 금융 거래를 더이상 할 수 없다는 뜻으로 그 이상도 이하도 아니다. 그런데 많은 사람들이 신용불량이 되면 사회생활이 불가능해진다고 생각해서 일종의 금치산자와 같은 처지로 치부한다.

가족에게 알리지 않고 개인 신용으로 돈을 빌려서 도박 자금을 마련하는 도박중독자라면 치료 과정에서 일부러 신용불량 상태로 만들어야 할 필요도 있다. 도박 자금을 마련할 방도가 막히면 아무래도 도박을 하기 어려워지기 때문이다. 실제로 단도박 모임에는 경제적 능력을 완전히 회복했는데도 신용불량 상태에서 벗어나는 시기를 자발적으로 미루는 협심자도 있다. 만에 하나 생길지도 모르는 재발을 염려해서 신용불량 상태를 계속 유지하는 것이다.

신용불량이 되면 돈을 빌릴 수 없으니 악성 사채를 빌리지 않을까 두려울 수도 있지만, 악성 사채를 쓸 정도로 도박에 심각하게 중독된 상태라면 신용불량이든 아니든 큰 차이가 없다. 어차피 도박 자금이 필요하면 가용할 수 있는 자원을 총동원할테니 말이다. 악성 사채업자들도 당연히 신용 조회를 하기 때문에 오히려 신용불량이 되면 빌릴 수 있는 돈의 액수가 현저히 줄어 나중에 도박 빚을 갚을 때 더 수월할 수도 있다.

이미 여러 차례 이야기했지만 도박중독 치유의 핵심은 도박중독자가 자신의 행동 결과를 책임질 수 있도록 돕는 것이다. 따라서 직장을 나오게 되든, 신용불량 상태가 되든 그것이 도박중독자가 도박을 한 결과를 스스로 책임지는 데 도움이 된다면 본인이 감당하게 만드는 것이 결국은 치유 효과를 발휘한다. 섣부른 두려움 때문에 가족이 나서서 대신 해결한다면 향후 더 큰 문제를 일으킬 수 있다는 것을 명심해야 한다.

단도박이 더 중요할까, 삶의 변화가 더 중요할까?

물론 단도박과 삶의 변화 모두 중요하다. 하지만 만약 둘 중에서 하나만 골라야 한다면 필자는 삶의 변화를 선택할 것이다. 도박중독자는 말할 것도 없고, 가족들도 도박을 끊는 단도박이 가장 중요하기에 이를 위해서라면 무엇이라도 하겠노라고 의지를 다질 것이다. 하지만 필자의 경험상 단도박은 삶의 변화에 따라 자연스럽게 나타나는 결과에 불과하다. 삶의 변화가 없는 단도박 상태란 심지만 제거한 다이너마이트와 똑같기 때문이다. 심지만 꽂고 불을 붙이면 언제든 터질 수 있는 다이너마이트인 셈이다.

  도박중독자는 도박에 중독되면서 이전과 다른 삶을 산다. 살아가는 의미를 잃을 수도 있고, 그래서 가족의 소중함을 잊고 있을지도 모른다. 만약 그렇다면 단순히 도박을 못하고 있는 것뿐이지 도박을 안 하겠다는 결정을 자발적으로 지키고 있는 것이 아닐 수 있다. 많은 도박중독자가 단도박을 하고 난 후 삶이 변했다기보다는 삶의 변화를 추구하다보니 결과적으로 자연스럽게 도박을 하지 않게, 아니 도박을 할 필요가 없게 되었다고 이야기한다.

도박중독 치유는 오랜 기간에 걸쳐 긍정적이고 생산적인 행동과 성격의 변화를 획득해가는 점진적인 성장 과정이다. 단도박 상태를 유지만 하는 것은 불완전한 회복이며 치유의 완성이 아니다. 그러므로 도박을 하지 않는 기간을 늘이는 데 치중하기보다는 도박중독자가 삶의 의미에 대해 다시 한 번 고민하고, 행복한 삶을 꿈꾸며, 함께 사는 삶의 즐거움을 깨달아 근본적인 삶이 변할 수 있도록 치유 목표를 조정하기 위해 함께 노력하는 것이 더 중요하다.

치료 기간은 얼마나 걸리는가?

도박중독은 절대로 고칠 수 없는 병이라는 말을 들으면 가족들 입장에서는 지푸라기라도 붙잡고 싶으면서도, 치료가 된다고 해도 '너무 오랜 시간이 걸리는 게 아닐까?'라는 두려움이 있을 수 있다.

도박중독은 재발이 잦고 치유하기 까다로운 병이다. 알코올이나 마약처럼 신체 기전이 비교적 뚜렷한 물질중독이 아니기 때문에 도박에 탐닉한 정도와 도박을 한 기간, 그 밖의 다양한 요인에 따라 치유 기간이 천차만별로 달라질 수 있다. 그래서 빠른 회복 속도를 보이는 사람이 있는가 하면, 재발을 반복하면서 몇 년이 걸리는 사람도 있다. 따라서 도박중독자의 상황을 분명히 모르는 상태에서는 쉽사리 이야기하기가 어렵다. 다만 치유 기간을 줄일 수 있는 가장 중요한 요인이 도박중독자 자신의 치유 의지라는 것만큼은 분명하다. 흔히 도박중독자의 의지가 치유의 반이라고 한다. 도박중독자가 강한 치유 의지만 갖고 있어도 이미 절반은 치유된 것이나 다름없다고 보는 것이다. 그만큼 도박중독자의 치유 의지는 중요하다.

치유 기간을 예상하는 절대적 기준은 없지만 현재 우리나라에서 도박중독을 다루는 기관들은 대부분 도박중독자와 가족에게 일년 정도는 상담 노력을 기울이라고 권고하는 편이다. 주 1회씩 대면 상담을 진행한다면 일 년에 대략 50회 정도의 상담을 하는 것이다. 필자의 경험으로도 일 년도 채 상담하지 않고 성공적으로 도박중독에서 치유되는 경우는 그리 많지 않았다.

감시와 통제가 불필요한 이유

많은 사람들이 도박중독자는 스스로 도박을 끊을 수 없기 때문에 도박을 하지 못하도록 끊임없이 감시하고 통제해야 한다고 생각한다. 도박중독자와 가까운 사람일수록 그렇게 생각하는 경향이 강하다. 대부분의 현 가정 구성원이 그렇고 결혼한 도박중독자의 부모가 며느리에게 그런 역할을 암묵적으로 강요하기도 한다.

그런데 도박중독자를 감시하고 통제하려는 시도는 대개 헛수고에 그치고 마는 경우가 대부분이다. 정말 열 일 제쳐놓고 감시만 한다면 일시적으로는 도박중독자가 도박을 할 수 없도록 막을 수도 있겠지만 그건 어디까지나 시간문제일 뿐 결국은 실패하고 만다.

도박중독자가 도박을 하지 못하도록 감시하거나 통제하는 것이 불필요한 이유는 무엇보다도 그것이 불가능하기 때문이다. 장소와 시간의 제약이 있는 합법적인 사행산업뿐만 아니라 이미 전화, 인터넷, 모바일 기기 등으로 언제든지 도박을 할 수 있는 세상이 도래했기 때문에 도박을 하지 못하도록 완벽하게 감시하는 것은 사실상 불가능하다. 게다가 설사 감시가 가능하다고 해도 도박중독자를 따라다니면서 내내 감시하려면 너무나 많은 노력과 시간이 들기 때문에 감시하는 가족들의 정상적인 생활이 불가능해질 수밖에 없다.

도박중독자를 감시하거나 통제하는 것이 소용없는 또 다른 이유는 도박중독자가 감시나 통제를 당하고 있다는 사실을 알게 되면 무엇이 문제인지를 심사숙고하고 고민하는 것이 아니라, '어떻게 하면 발각되지 않을까?'만 고민하기 때문이다. 교도소에 수감된 범죄자가 자신이 저지른 잘못의 결과와 대가를 고민하고 되새기는 것이 아니라, '어떻게 하면 탈옥할 수 있을까?'만 고민하는 것과 비슷하다. 그러니 도박을 하지 못하게끔 감시하고 통제하는 것보다, 도박이 자신의 삶에 어떤 의미가 있는지 도박중독자가 충분히 생각할 수 있는 기회를 주는 것이 장기적으로 볼 때 훨씬 더 효과적이다.

도박중독자를 정신병원에 입원시켜야 하는가?

필자는 도박중독자를 병원에 의뢰해서 입원 치료하는 것을 특히 신중하게 따져보는 편이다. 그 이유는 다음과 같다. 많은 보호자와 가족들은 도박중독자를 병원에 입원시키기를 희망한다. 하지만 그들은 도박중독 치유에 대한 지식이 부족하기 때문에 '가둬놓아야만 도박을 하지 않는다.'라는 피상적인 생각만으로 그런 요구를 하는 것이다.

또한 도박중독자가 병원에 입원한 동안 만신창이가 된 집안을 수습하고 한숨 돌리려는 마음이 강하기 때문에 도박중독자에게 정말로 필요한 것이 무엇인지를 적절히 판단하기 어려울 수 있다. 그럴수록 냉철한 우선순위 판단이 필요하다.

도박중독자는 보호자의 동의만으로 강제 입원이 될 수 없고 도박중독자가 나중에라도 이 사실을 알게 되는 경우 법적인 문제가 될 수도 있어서(그래도 다행히 이를 실제로 행동에 옮기는 도박중독자가 많지는 않다) 병원 측에서도 상당한 부담이 된다.

더구나 도박중독을 전문으로 치료할 수 있는 병동 시스템을 갖추고 있는 병원이 그리 많지 않다. 거의 모든 병원이 다른 정신장애 환자와 공동으로 이용하는 병동만을 갖추고 있으며, 도박중독자만을 위한 별도의 치료 프로그램을 운영하는 병원 또한 한 손으로 꼽을 정도다.

이런 상황에서 병원에 입원한 많은 도박중독자가 자존감 저하를 경험하게 되고, 때로는 자신을 입원시킨 가족에 대한 원망과 분노 때문에 퇴원 이후에 반감을 갖고 치료를 거부하다가 도박중독이 재발하거나 가족 간의 갈등이 심화되는 경우도 많다. 도박중독자를 단순히 입원만 시키면 저절로 좋아지는 것이 아니다. 이외에도 현실적인 이유가 또 있는데 일부이기는 하지만 병원 입원을 책임 회피를 위한 도피처로 악용하는 도박중독자도 있다는 사실이다.

현재 사행산업체에서 운영하는 전문치료기관을 이용하면 최소 1달에서 최대 3달에 이르기까지 병원 입원 치료를 무료로 받을 수 있다(2012년 사감위법 개정으로 분담금이 대폭 증액되면서 사행산업체에서 운영하는 전문치료기관들이 하나둘씩 문을 닫고 있으며, 병원비 지원금도 대폭 줄고 있다는 안타까운 소식도 있다). 이 사실을 알고 있는 일부 도박중독자들이 이를 악용해 채권자의 채무 압력을 피하기 위해서, 가족들의 비난을 피하기 위해서 또는 단순히 숙식을 제공받기 위해 치유 의지와 상관없이 병원에 자발적으로 입원해서 다양한 압박에서 자유로워지기를 원한다. 하지만 이는 치유에 별로 도움이 되지 않는다. 오히려 병원 치료가 절실하게 필요한 다른 사람들의 기회를 빼앗는 이기적인 행동일 뿐이다.

그래서 필자는 2가지 경우에 한해 병원 입원 치료를 의뢰한다. 첫째, 알코올중독이나 우울증처럼 도박중독과 관련성이 높은 공존장애가 있어서, 치료를 위해 약물 치료를 포함한 병원 입원 치료가 반드시 필요하다고 판단되는 경우다. 둘째, 도박 충동이 너무나 강하고 자제력을 완전히 상실해서 도박중독자가 스스로를 전혀 제어하지 못해 일시적으로라도 입원을 해서 행동을 통제해야 하는 경우다(이런 경우는 그리 많지 않다).

도박중독자가 자신의 도박 행동으로 인한 결과에 책임을 지고 당면한 문제에 직면하는 것이 치유 목표 중 하나이기 때문에, 병원 입원 치료가 도박중독 치료에 반드시 필요한 것은 아니라는 점을 알아야 한다.

과연 결혼을 하면 도박중독에서 벗어날까?

도박중독자가 미혼이고 결혼 적령기의 아들이라면 많은 부모들은 아들이 미혼이라서 생활이 불안정하고 씀씀이가 헤퍼서 도박중독에서 쉽게 빠져나오지 못하는 것이라고 착각한다. 그래서 결혼을 해서 가정을 꾸리면 아무래도 책임감도 생기고 며느리가 재정 관리를 하면 돈 문제도 자연히 해결 될테니 더이상은 도박을 하지 않을 거라고 생각한다. 그래서 자녀를 하루라도 빨리 결혼시키려고 노력한다. 그런데 도박중독의 문제는 결혼과 아무런 상관이 없다. 도박중독을 제대로 치유하지 않은 상태에서 섣불리 결혼을 시키면 도박중독이 악화되기도 한다.

우선 책임감 부족은 도박중독의 증상 중 하나이므로 도박중독이 치유되지 않으면 결혼을 한다고 해도 없던 책임감이 절대로 갑자기 생기지 않는다. 오히려 부모님보다는 자신이 통제하기 쉬운 아내로 의존 대상이 옮겨지기 때문에 도리어 무책임해지는 경우가 더 많다. 게다가 아들이 도박중독인 것을 곧이곧대로 며느리 될 사람에게 알리는 부모가 없을 테니, 남편이 도박중독인지 알 수 없는 아내는 아무것도 모르는 상태에서 속수무책으로 당한다.

그나마 부모님과 함께 살면 모르겠지만 요즘 젊은이들은 대부분 결혼과 동시에 독립하는 편이라 자신의 도박중독을 알고 있는 부모님과 물리적으로 분리된다. 따라서 도박중독자의 입장에서 결혼이란 숨어서 도박을 할 수 있는 좋은 은신처를 찾은 셈이다. 또한 아들의 도박 문제로 마음고생이 심한 부모가 아들의 도박 문제를 며느리에게 떠넘기려는 무의식이 작용하는 것은 아닌지도 진지하게 생각해 봐야 한다. 그리고 무엇보다도 그저 남편이 될 사람을 사랑한다는 이유만으로 상상도 못했던 도박 문제를 떠맡아 고생하게 될 여성은 대체 무엇 때문에 이런 고통을 받아야 하는 것인지도 생각해보자. 암에 걸린 환자를 치료하는 것이 결혼보다 우선이듯, 도박에 중독된 아들을 치료하는 것이 먼저다.

도박을 자꾸 말하는 것이 도움이 될까?

도박과 관련된 시사 고발 프로그램이나 다큐멘터리 혹은 신문기사나 칼럼을 보면 녹화나 스크랩을 해두었다가 도박중독자에게 억지로 보기를 강요하는 가족들이 있다. 물론 다시 한 번 경각심을 불러일으키려는 선의의 의도는 충분히 이해가 간다. 문제는 선의의 의도가 도박중독자에게 전혀 전달되지 않는다는 데 있다. 대부분의 도박중독자는 짜증과 분노만 느끼며 가족의 그런 행동이 제일 싫다고 이구동성으로 말하곤 한다.

게다가 도박중독자는 가족이 권하는 매체에서 다루는 도박과 관련된 내용보다는 단편적인 도박 자극에 더 끌린다. 즉 카지노의 도박중독자를 다룬 시사 고발 프로그램을 볼 때 지나친 카지노 출입 때문에 발생한 도박중독자와 가족의 비극에 초점을 맞추고 보는 것이 아니라, 카지노의 현란한 불빛 등 시각적 자극과 슬롯머신 소리 등의 청각적 자극에 먼저 반응한다. 그리고 그러한 자극은 자동적으로 과거에 자신이 도박했던 기억을 떠올리게 해서 도박 충동을 유발해 재발 가능성을 높인다.

과거에 도박중독자에게 도박 이야기를 하면서 제발 좀 정신 차리라고 경고했던 것이 도박중독자가 도박을 자제하는 데 얼마나 효과가 있었는지 한번 생각해보자. 아마 별로 없었을 것이다. 실제로도 전혀 효과가 없다. 이제 효과 없는 전략은 그만 사용해야 한다. 사실 치유 과정에서 상담을 할 때 도박 이야기를 하는 것만으로도 도박중독자는 상당한 스트레스를 받는다.

과거의 실패 경험을 이야기하면서 느끼게 되는 많은 부정적인 감정들, 특히 가족을 실망시켰다는 후회와 죄책감이 도박중독자의 입장에서는 결코 만만한 것이 아니다. 그런데 편안함을 느껴야 할 가정에서조차 또다시 스트레스를 받는다면, 도박중독자가 쉴 수 있는 곳은 과연 어디일까? 도박 문제는 전문가와 전문기관에 맡기고 가정에서는 도박중독자를 편안하게 받아주고 보듬어주자. 그것이 훨씬 더 현명하고 효과적인 방법이다.

도박중독임을 알려주는 것이 도움이 될까?

도박중독자에게 "당신은 도박에 중독되었다."라고 말하는 것이 어떤 의미가 있을까? 치유에 도움이 될까, 아니면 오히려 좋지 않은 영향을 미칠까? 스스로 치료기관을 찾든 가족이나 지인에게 이끌려 비자발적으로 방문하든 대부분의 도박중독자는 양가감정을 갖고 있다.

도박으로 인해 재정적인 손실이 발생했고, 그것 때문에 주변 사람들에게 피해를 끼쳤다는 죄책감, 미안한 마음, 그리고 도박 때문에 자신의 인생이 잘못 돌아가고 있고 계속 이렇게 살다가는 조만간 큰일 나겠다는 불안한 감정, 그래도 도박은 일시적이기는 하지만 시름을 잊게 만들고, 스트레스를 해소하고, 짜릿한 기쁨과 위안을 주었기 때문에 포기할 수 없다는 생각 등이 동시에 든다. 이러니 도박중독자가 둘 중의 하나를 선뜻 버릴 수 없는 것은 당연한 일이다.

그렇다면 이렇게 양가감정 상태에서 치료기관을 방문하는 도박중독자를 도박중독이라고 진단하는 것은 어떤 의미가 있을까? 대부분의 치료기관에서는 첫 방문시에 자기 보고형 질문지를 작성하도록 해서 도박중독 상태를 평가한다. 그래서 상담가는 도박중독자가 어느 정도의 중독 상태에 있는지를 이미 알고 있다.

어떤 상담자들은 "당신이 작성한 진단 척도상 도박중독이라는 진단이 나왔습니다. 당신은 도박에 중독된 상태입니다."라고 가능한 한 빨리 말해줌으로써 양가감정 상태를 끝내고 한시라도 빨리 치료를 시작하는 것이 좋다고 이야기한다. 특히 어떤 도박중독자는 이미 자신이 도박에 중독되었다는 쪽으로 생각이 많이 기운 상태에서 방문하며 공인된 전문기관에서 자신을 도박중독으로 결론 내려주기를 내심 희망하기도 한다. 그래야 도박을 포기할 명분이 생긴다고 믿기 때문이다.

하지만 필자는 초기에 도박중독으로 진단하는 것이 장기적으로 볼 때 그다지 효과적이지 못한 방법이라고 생각한다. 상담자가 도박중독자에게 도박중독이라고 단호히 진단하는 것은 중독 치료에서 가장 중요한 도박중독자의 치유 의지를 약화시킨다. '아, 나는 도박중독자구나. 그 무서운 도박중독에 걸렸구나. 이제 나는 끝났다.'라고 내심 자포자기하는 도박중독자가 의외로 많기 때문이다.

자의 반 타의 반으로 자신을 도박중독자로 낙인찍고 나면 도박중독에 대한 전의를 불태우는 것이 아니라, 반대로 가족에 대한 의존성이 강화되면서 가족이 떠날까 봐 전전긍긍해하고 매달린다. 때로는 재발을 당연시하면서 치료에 최선을 다하지 않기도 한다.

물론 필자도 해석 상담을 통해 도박중독자가 어느 정도의 상태인지는 알려 준다. 하지만 도박중독이니, 정신병에 걸렸느니, 빨리 치료를 받아야 한다느니 하면서 위기감을 조성하는 말은 일체 하지 않는다. 오히려 본인의 선택과 의지가 가장 중요하다는 것과 전문기관의 도움을 받으면 좀더 효과적으로 도박을 그만둘 수 있다는 측면을 강조해서 이야기한다.

도박중독자가 도박을 그만두기로 결정했다면 굳이 도박중독이라는 꼬리표를 붙일 필요가 없다. 차라리 그 시간에 도박중독자의 자기결정권과 책임의 문제를 깊이 다루는 것이 더 낫다.

도박중독자의 심리 문제를 평가해야 하는 이유

필자는 도박중독자를 치유하는 초기에 심리적인 문제를 꼼꼼히 살피는 편이다. 그래서 다양한 심리평가 도구를 사용해 도박중독자가 다른 중독이나 우울장애, 불안장애 등 추가적인 치료가 필요한 문제도 함께 겪고 있지는 않은지 평가하고 해석 상담도 꼭 한다.

도박중독자의 심리적인 문제를 반드시 평가해야 하는 이유는 무엇일까? 만에 하나 놓친 심리적 문제가 재발의 위험성을 높일 수 있기 때문이다. 예를 들어 우울증에 걸린 도박중독자의 치유 목표를 도박중독에만 맞춘다면 설사 그 목표가 달성되었다고 하더라도, 간과했던 우울증이 발병하면서(우울한 기분을 잊기 위해 다시 도박을 하는 등) 도박중독이 재발할 가능성이 충분히 있다. 도박중독은 매우 복잡다단한 문제여서 치유할 때 다양한 재발 요인을 꼼꼼히 살펴봐야 한다.

'바닥치기'의 효과는 '잠재된 희망'에 달려 있다

끝까지 치유의 필요성을 느끼지 못하는 도박중독자는 '바닥을 쳐야' 비로소 치유의 필요성을 느낀다. 그런데 소위 '바닥치기'의 효과를 높이기 위해서는 전제 조건이 필요하다. 필자가 바닥치기에 대해 설명하면 많은 가족들은 도박중독자가 바닥을 치고 나면 곧바로 자신을 되돌아보고 치료를 받고자 하는 의지가 생기는 걸로 착각한다(물론 분명히 그런 도박중독자도 있기는 있다). 하지만 현장에서 보면 단순히 바닥을 치도록 도박중독자에게 직접 압력을 가하거나 조금 더 교묘하게 '거리 두기'와 '선 긋기'를 통해 도박중독자를 압박하는 것만으로는 부족하다. 게다가 이것도 일종의 도박일 수 있다.

바닥을 친 도박중독자에게 아무런 희망이 없다면 굳이 치료를 받아야 할 필요성을 느끼지 못할 것이다. 자신의 도박 행동에 대한 책임을 자신 이외의 어느 누구도 대신 지지 않기 때문에 그 고통을 고스란히 감내해야 할 때, '아, 나는 진정으로 도박중독자이고 도움을 받아야만 하겠구나.'라는 깨달음을 얻었을 때, 돌아갈 집이 없고 내민 손을 잡아줄 사람이 곁에 없다면, 자신이 받아야 할 고통이 끝없이 지속될 거라는 처절함을 경험할 때, 도박중독자는 그대로 주저앉아버릴 수 있다.

물 무서운 줄 모르고 강에 뛰어든 철부지가 물을 먹도록 잠시 내버려두는 것은 물에 대한 두려움을 갖게 하는 데 효과적일 수도 있다. 하지만 정도가 지나치면 그대로 가라앉아서 세상을 등질 수 있다. 이처럼 바닥을 치고 깨달음을 얻었을 때 더이상 나아질 수 있다는 희망이 없다면 도박중독자는 치료를 받으려 하지 않는다. 따라서 상담자와 도박중독자의 가족은 도박중독자가 바닥치기를 기다릴 때 무조건 방치하고 방임하는 것이 아니라, 항상 도박중독자의 행동을 주의 깊게 주시하고 손을 내밀 타이밍을 노려야 한다. 그리고 도박중독자가 힘들어하며 주위를 둘러볼 때, 따뜻한 희망의 메시지를 전할 수 있어야 한다.

이는 무척 중요하기에 다시 한 번 강조한다. '바닥치기'의 효과는 도박중독자에게 보여주는 '잠재된 희망'에 달려 있다.

도박 빚은 가능한 한 천천히 갚되 돈이 생길 때마다 갚아야 하며, 법적인 문제는 전문가의 도움을 받아 곧바로 해결해야 한다. 도박중독을 벗어나려면 도박을 당장 그만두는 것이 가장 중요하다. 도박에 중독된 원인을 찾거나 핑계를 대는 것은 도박중독을 치유하는 데 도움이 되지 않는다. 도박중독 치유에서 가족의 도움은 절대적이나 도박중독자를 대신해서 책임지는 일은 절대로 하면 안 된다. 또한 도박중독자와 가족 모두 매사에 진실해야 한다.

── Part 4 ──

도박중독의 해결책은 반드시 있다

도박 빚을
어떻게 갚을 것인가?

도박 빚을 갚는 것도 중요하지만 꼭 필요한 생활비 정도는 확보해야 오래 지속되는 치유 기간을 버틸 수 있다. 그리고 도박 빚을 갚을 때는 가능한 한 천천히, 대신 돈이 생길 때마다 그때그때 갚는 것이 좋다.

도박 빚은 도박중독자의 말보다 항상 많은 법이다

도박중독과 재정 파탄은 마치 의좋은 형제처럼 항상 함께 움직인다. 도박을 끊겠다고 결심하는 계기도 대부분 경제적인 문제 때문이다. 그런데 막상 도박 빚의 액수를 정확하게 아는 도박중독자는 매우 드물다. 대체 왜 이런 일이 일어날까? 도박중독자가 다른 사람들보다 어리석어서 그런 것이 아니다. 오히려 도박중독자는 일반인들보다 머리가 좋고 두뇌 회전이 빠른 사람들이다. 도박중독자의 예상보다 도박 빚이 훨씬 많은 것은 다음과 같은 이유 때문이다.

첫째, 도박에 중독되면 돈의 개념이 흐려진다. 현금 100만 원을 주머니에 넣고 다닌다면 대부분의 사람들은 온통 주머니 속의 100만 원에 신경이 가 있을 것이다. 하지만 도박중독자는 그 정도의 큰돈을 베팅한 경험이 꽤 많은 데다 '돈이 돈같이 보이지 않는 지경'에 이르렀기 때문에 똑같은 돈을 봐도 일반인과 전혀 다르게 지각하기 마련이다. 그래서 빚의 액수도 크지 않은 것처럼 착각하는 것이다.

둘째, 도박 빚은 도박의 성패에 따라 전액을 갚거나 일부만 갚는 등 변동이 생기기 때문에 도박중독자의 입장에서 증감되는 상황을 따라가며 모든 빚의 내역을 파악하는 것은 그리 쉽지 않다. 게다가 도박중독자는 도박 이외에는 그 무엇에도 주의를 기울이기가 어렵기 때문에 더욱 만만치 않은 일이다.

셋째, 일정 수준 이상으로 빚의 액수가 증가해서 스스로 갚을 수 없게 되면 액수가 얼마가 되었든 도박중독자에게는 별 차이가 없다. 그래서 도박 빚의 내역을 점검하는 것은 도박중독자에게 현실을 명확하게 깨닫게 하는 효과가 있기 때문에 상담에 대한 동기가 생기는 시점, 특히 초기에 하는 것이 중요하다.

도박 빚을 꼭 갚아야 하는가?

도박 빚은 꼭 갚아야 하는 것일까? 물론 채권자가 자신이 빌려준 돈이 도박으로 유용된다는 것을 모르는 상태에서 빌려준 돈은 갚아야 한다. 예를 들어 도박중독자가 금융기관에서 대출받은 돈을 도박으로 탕진했을 경우에는 당연히 갚아야 한다. 하지만 채권자가 자신이 빌려주는 돈이 도박에 사용될 것을 인지하고 빌려준 경우에는 상황이 좀 다르다.

민법 103조에서는 "(반사회질서의 법률행위)선량한 풍속 및 기타 사회질서에 위반하는 사항을 내용으로 하는 법률행위는 무효로 한다."라고 명시하고 있다. 따라서 도박판에서 물주에게 돈을 빌려서 도박을 하거나 채무자가 도박을 할 것임을 정확히 알고 있는 상태에서 빌려준 돈은 차용증을 작성했느냐와 상관없이 갚아야 할 법적 의무가 없다. 따라서 채무자가 돈을 갚지 않는다고 하더라도 채권자는 이행을 청구할 수가 없다.

민법으로 이렇게 정한 이유는 우리 사회의 기본적인 윤리에 위배되는 행위를 한 사람이 그 권리를 실현하는 데 법이 협조해서는 안 되기 때문이다. 그러므로 도박을 하는 것을 알고 있음에도 빌려준 돈에 대해서는 갚을 필요가 없고, 빚을 갚기 위해 전전긍긍하기보다는 '도박중독에서 어떻게 하면 빠져나올 수 있을까?'를 고민하는 데 더 많은 시간과 노력을 쏟는 것이 낫다.

도박 빚을 갚는 것과 생활비 마련 중 어느 것이 먼저인가?

아무리 대위변제를 하지 않고 도박중독자 스스로 빚을 갚게 한다고 해도, 도박중독자가 번 돈을 온전히 빚을 갚는 데만 사용해야 한다면 가족들도 재정적인 압박에서 자유로울 수가 없다. 재정 관리 능력을 상실한 도박중독자를 대신해서 배우자나 가족이 재무 관리를 한다고 하면, 빚을 갚는 것을 최우선 목표로 설정하는 경우가 많은데 그래서는 안 된다. 특히 수입에 비해 갚아야 할 빚이 더 많다면 일단 빚을 갚고 남은, 생활비로 쓰기에는 턱없이 모자란 돈으로 어떻게든 생활을 꾸려가려고 아등바등하는데 그렇게 해서는 빚을 갚기도 전에 지쳐버린다.

예를 들어 맞벌이 가정에서 아내가 200만 원을 벌고, 도박중독자가 300만 원을 번다고 가정해보자. 도박 문제가 터지기 전까지 매달 300만 원의 고정 지출이 있었고 갚아야 할 도박 빚이 매달 250만 원이라면, 도박중독자가 번 돈 300만 원으로 일단 도박 빚 250만 원을 갚고 남은 돈 50만 원을 아내가 번 200만 원에 합쳐서 생활비로 사용하는데 그러면 기본적으로 50만 원이 부족하게 된다.

물론 재무 진단을 다시 받고 긴축 재정에 돌입하면 50만 원을 줄이는 건 어떻게든 가능하겠지만, 채무 변제 기간이 길면 길수록 가족들의 불만이 극에 달해 채무 변제가 끝나고 난 뒤에 참았던 불만과 분노가 폭발할 것이다. 결국 심각한 관계 갈등을 초래하는 경우가 상당수다.

빚을 갚는 기간이 3년이라고 가정하고 그동안 화장품 하나, 옷 한 벌 제대로 못 사고, 근사한 외식 한 번 못하고 무조건 참는다면 그 3년의 기간이 가족들에게 어떻게 기억될지 고민해볼 필요가 있다. 빚을 갚는 기간은 분명히 짧아지겠지만 이것이야말로 작은 것을 탐하려다 더 큰 것을 잃게 되는 "소탐대실"의 대표적인 예라고 할 수 있다. 왜냐하면 도박 빚 갚기는 일반적인 빚 갚기와 다르기 때문이다.

긴축 재정은 물론 필요하다. 그러기 위해서는 지출 내역을 꼼꼼히 살펴서 새는 돈이 없는지 재점검해야 한다. 하지만 그럼에도 빚을 갚기가 어렵다면 일단 생활비 확보가 우선이다. 그러고 나서 빚 갚기에 모자라는 돈은 도박중독자가 아르바이트를 해서라도 메워야 한다. 당연히 빚을 갚는 기간은 앞의 경우보다 오래 걸리겠지만 그래야만 가족들이 빚 갚는 기간을 견딜 수 있는 힘을 잃지 않는다. 또한 도박중독자도 가족에 대한 죄책감을 덜 수 있고 좀더 적극적인 마음가짐으로 도박 빚 갚기에 임하게 된다. 그러므로 재정 진단을 해서 적합한 긴축 재정 방안을 마련한 뒤, 기본적인 생활비를 확보하고 남은 돈으로 도박 빚을 갚아나가도록 하자. 그것이 도박 빚을 합리적으로 갚는 방법이다.

도박 빚을 이전에 있던 빚과 함께 갚아도 될까?

도박 빚을 갚는 과정은 전혀 만만치가 않다. 도박 빚 자체가 도박으로 인해 망가진 자신을 되돌아보게 만들기 때문에 도박중독자라면 누구나 도박 빚을 최대한 빨리, 한꺼번에 처리하고 싶어한다. 그러나 아무리 노력해도 정상적인 방법으로는 도박 빚을 빨리 갚는 것이 불가능하기 때문에 도박하기 전부터 있던 대출금이나 결혼을 하면서 새로 생긴 빚 등에 도박 빚을 합쳐서 갚겠다고 한다. 그러면서 도박 생각을 하지 않으려고 그랬다며 그럴듯하게 포장한다.

하지만 이런 방법은 "눈 가리고 아웅" 하는 것과 같아서 절대로 마음먹은 대로 되지 않는다. 도박 생각이 줄어서 스트레스를 덜 받는 것이 아니라 도박에 대한 경계심만 약해져서 경제적인 변동(긍정적이든 부정적이든)이 생기면 재발의 위험만 커진다. 도박 빚을 기존의 빚과 합치고 나서 도박 빚이 어떻게 줄어드는지 꼼꼼히 챙기는 도박중독자는 없기 때문이다. 그러니 힘들고 아프더라도 자기 때문에 생긴 도박 빚에 대해서는 피하지도 말고 숨지도 말아야 한다. 꼼수는 도박중독 치유에 전혀 도움이 되지 않는다. 눈 부릅뜨고 지켜보면서 차분히 갚아나가는 것이 제일 좋은 방법이다.

도박 빚 갚기에 '올인'해야 하는가?

앞에서 생활비부터 먼저 확보하고 남는 돈으로 도박 빚을 갚아야 한다고 이야기했다. 그렇다면 생활비를 확보하고 난 뒤에는 무조건 도박 빚부터 먼저 갚는 것이 최선일까? 이율만 생각한다면 도박 빚을 하루라도 빨리 갚는 것이 합리적이지만 치유와 회복까지 고려한다면 무조건 도박 빚부터 먼저 갚는 것이 능사는 아니다. 도박 빚을 갚을 때 고려해야 할 점은 크게 2가지다.

첫째, 언제든지 현금화할 수 있는 어느 정도의 비상 자금을 확보해둬야 한다. 재정 전문가들은 가계 수입이 완전히 끊긴다고 해도 2~3달은 살아갈 수 있을 정도의 현금을 항상 보유해야 한다고 강조한다. 월 200만 원이 필요한 가정의 경우 최소한 400만~600만 원의 현금은 갖고 있어야 한다는 것이다. 재정 긴축을 하고 남은 돈을 도박 빚을 갚는 데 온통 집중하는 것도 좋지만, 비상 자금이 전혀 없으면 집에 재정적인 문제가 생길 때(큰 병에 걸린 가족이 생기거나 화재로 인한 재산 손실 등) 대처를 못할 수가 있다.

둘째, 일정한 목표를 이루기 위해 저축하는 목적 자금이 반드시 있어야 한다. 예를 들어 도박 빚의 이율이 연 10%이고, 정기 적금의 시중 금리가 연 3%인데 도박 빚을 갚지 않고 적금에 투자한다고 가정해보자. 앉아서 대략 7%의 이자를 까먹는 것이니 그야말로 바보짓이라고 욕먹을 일이다.

하지만 도박중독 치유와 관련해서는 그 바보짓이 꼭 필요하다. 생활비를 제외한 모든 재산을 도박 빚을 갚는 데 집중해서, 5년 정도로 예상했던 기간을 4년 6개월로 단축했다면 6개월의 시간을 벌었다고 생각할 수도 있을 것이다. 하지만 정작 빚을 다 갚고 나면 6개월을 단축한 기쁨보다는 도박 빚을 갚느라 허송세월(도박중독자와 가족은 대개 허송세월이라고 지각한다)한 4년 6개월이 너무나도 아깝게 느껴지게 마련이다. 마이너스 인생에서 겨우 원점으로 돌아온 것이니 플러스 인생을 위해 이제부터 또 뛰어야 한다는 사실이 너무나 원망스럽고 인생이 허무하게 느껴지는 것이다.

그래서 이율 면에서 다소 손해를 보더라도 도박 빚을 갚아나가는 동시에 목표가 분명한 저축을 들어 돈 모으는 재미도 느껴야 한다. 이율 손해까지 보면서 돈을 모으려면 목표 없이 모으지만 말고 분명한 목표를 세우고 모아야 한다. 예를 들어 1년간 모아서 단도박 1주년 기념으로 가족들과 해외여행을 간다든지, 2년간 모아서 낡은 침대와 소파를 바꾼다든지 하는 식으로 말이다. 혹은 3년간 모아 차를 바꾸는 것도 좋겠다.

　돈은 모으기 위해 버는 것이 아니라 쓰기 위해 버는 것이다. 그러니 도박 빚을 갚는 과정에서도 '어떻게 하면 돈을 치유적으로 쓰고, 그러기 위해 어떻게 치유적으로 돈을 모을 것인가?'를 항상 고려해야 한다.

도박 빚을 어떻게 갚는 것이 좋은가?

도박 빚은 한꺼번에 싹 갚아서 심적 부담을 더는 것이 좋을까, 아니면 돈이 있을 때마다 그때그때 갚는 것이 좋을까? 유명 개그맨이 해외에서 도박으로 가산을 탕진하고 한국에 들어오지 못한 채 노숙 생활을 하면서 고생했던 일이 방송을 탄 적이 있다. 나중에 이 개그맨이 귀국한 뒤 한 언론 매체와 인터뷰를 하면서 도박의 늪에서 어떻게 벗어났는지를 설명한 적이 있다. 그는 그때 차에서 잠을 자면서 일하러 다니는 힘든 상황에서도 단돈 1만 원만 생겨도 곧바로 누님에게 송금해서 빚을 갚았다고 했다. 우리는 이 말을 귀담아 들을 필요가 있다. 왜냐하면 이것이 도박 빚을 갚는 올바른 방법이기 때문이다.

　도박 빚은 한꺼번에 갚으려고 해서는 안 되고, 돈이 생길 때마다 그때그때 갚아야 한다. 그 이유는 다음과 같다. 도박중독자들은 빚을 한꺼번에 갚아서 새로운 마음으로 시작하고 싶어한다. 그런데 빚을 남겨 두면 그동안 자신의 과오를 계속 확인해야 하므로 조금씩 갚는 것을 기본적으로 싫어한다.

하지만 대부분의 도박중독자는 도박으로 빚을 갚으려는 '도박중독자의 역설'에 빠져 있어서, 돈을 쥐고 있으면 그 돈을 도박중독자금으로 활용해서 일확천금을 노리려고 한다. 도박중독의 특징이 또다시 나타나기 쉬워지는 것이다. 이것은 도박 빚을 모두 갚으려면 적은 액수의 돈이 아니라 큰돈이 필요하기 때문에 그렇다.

도박 빚 갚기의 원칙

이제 도박중독 치유에 도움이 되는 방식으로 도박 빚 갚는 법을 정리해보자. 도박으로 돈을 딸 수 있다고 믿거나 한 번만 크게 따면 그만둘 수 있다고 착각하는 도박중독자는 땀 흘려 일해서 도박 빚을 갚는다는 생각 자체를 못한다. 그러므로 이미 도박 빚을 자신의 힘으로 노력해서 갚겠다는 결심을 실천으로 옮기는 것만으로도 상당한 치유의 진전이 있는 것이다. 그럼에도 도박중독자는 도박 빚을 갚을 때 한 번에, 최대한 빨리 갚겠다고 서두른다.

도박중독 치유에 도움이 되는 도박 빚 갚기의 원칙은 이런 생각과 정반대로 하는 것이다. 즉 최대한 천천히, 대신에 돈이 생길 때마다 갚는 것이다.

첫 번째 원칙은 도박 빚을 가능한 한 천천히 갚는 것이다. 평생 갚는다면 더 좋다. 도박중독의 무서움을 평생 실감할 수 있다면 그것만큼 확실한 제동장치가 없다. 물론 도박중독자는 도박 때문에 생긴 부정적인 결과와 직면하는 것을 끔찍이도 싫어해서 최대한 빨리 갚은 뒤 잊어버리려고 하지만 그건 그다지 치유에 도움이 되지 않는다. 도박중독자는 도박의 무서움을 충분히 실감할 필요가 있다. 물론 천천히 갚는 것이 치유에 도움이 된다고 해서 무조건 오래 끌기만 하면, 인생 전체가 도박에 끌려가는 것처럼 느껴져서 그야말로 살맛이 안 난다. 그래서 두 번째 원칙이 필요하다.

두 번째 원칙은 돈이 생길 때마다 그때그때 갚는 것이다. 일단 빚이 생기면 이자에 다시 이자가 붙어 빚이 급속도로 불어나는데 그 반대의 경우도 마찬가지다. 돈이 생길 때마다 빚을 갚아서 원금이 줄어들기 시작하면 붙는 이자가 줄고, 그렇게 속도가 붙으면 빚을 갚아나가는 속도도 빨라진다. 결국 처음에 목표로 했던 빚 청산 시점이 예상보다 당겨질 수밖에 없다. 두 번째 원칙 때문에 오랫동안 고생을 감수해야 하는 도박중독자의 심적 부담이 줄고 어느 정도 균형을 찾게 된다.

원금과 이자를 합쳐서 장기간에 걸쳐 분할상환하는 방법이 가장 '치유에 도움이 되는' 방법이다. 도박중독자는 낮은 이율로 대출을 해서 이율이 높은 빚을 한꺼번에 갚는 것이 이자 부담을 줄일 수 있으니 합리적이라고 생각한다. 하지만 도박으로 인해 생긴 빚 자체가 합리적인 것이 아니기 때문에 도박 빚은 합리적으로 갚는 것이 아니라 치유적으로 갚아야 한다.

정리하자면 도박 빚은 돈이 생길 때마다 갚아나가되 가능한 한 천천히 갚도록 하자. 언뜻 들으면 모순되는 말처럼 들리지만 2가지 모두 중요한 원칙이다.

도박중독자의 돈 관리,
이렇게 해야 한다

단도박을 위해 가장 중요한 일 중 하나는 도박 자금의 흐름을 차단하는 것이다. 도박 빚을 갚을 때는 반드시 채무 목록을 작성해야 하며 맞벌이 가정의 경우에는 재정을 분리하는 것이 좋다.

도박 자금원을 차단하라

돈을 베팅만 하지 않으면 도박을 즐겨도 좋다고 허락한다 해도, 선뜻 그렇게 하겠노라고 수긍할 도박중독자가 얼마나 될까? 도박을 정의하는 요소 중 하나가 '불확실한 사건에 돈을 거는 것'이니 돈 또는 돈에 상응하는 재화를 베팅하지 않는다면 사실상 도박 자체가 성립하지 않는다. 그만큼 도박이 존재하는 데 돈은 중요한 역할을 한다.

도박중독 치유에서도 돈 관리는 중요한 위치를 차지한다. 도박중독자의 수중에 있는 돈, 도박중독자에게 주어진 돈, 도박중독자가 접근할 수 있는 모든 돈은 도박 자금으로 유용될 위험성이 있기 때문이다. 게다가 도박에 중독되면 재정 관리 능력이 사라지거나 약해지므로 도박중독자는 수입이 발생하는 일을 하든, 기존에 쌓아둔 재산을 쓰기만 하든 자금 관리를 제대로 할 수가 없다.

그래서 재정 관리 능력이 회복될 때까지 일시적으로라도 가족이나 믿을 만한 지인이 자금 관리를 대행하는 경우가 많다. 특히 그전에 신경 써야 하는 것은 도박중독자가 도박 자금으로 유용할 수 있는 자금원을 차단하는 일이다. 이를 위해서는 재정 투명성이 핵심이다. 따라서 도박중독자는 가계부 혹은 현금 출납부를 꼼꼼히 써서 지출 내역을 누구에게나 언제든지 보여줄 수 있어야 한다. 그리고 도박을 하던 당시에 도박 자금으로 쓰던 금액 이하로만 소지하고, 현금화할 수 있는 물건 등을 아예 갖고 다니지 않는 등의 예방책이 필요하다.

신용카드 대신 체크카드를 사용하는 것도 필수다. 도박중독의 재발을 막는 안전한 환경을 조성하기 위해 도박 자금원을 차단하는 것이다. 도둑을 막으려면 도둑이 들어올 수 있는 틈을 막아야 하듯이 도박 자금으로 악용될 수 있는 자금원을 차단하는 것은 치유의 기본 중 기본이다.

채무변제 계획을 수립하라

도박중독을 치유하는 초기에 반드시 고려해야 하는 것이 바로 채무변제 계획을 수립하는 것이다. 이를 위해 도박중독자가 도박으로 인해 발생한 모든 채무를 목록화해서 상담자와 함께 살펴보는 것이 도움이 된다.

　채무변제 계획을 세우는 것의 장점은 다음과 같다. 첫째, 치료에 완전히 몰입할 수 있는 환경을 조성하는 데 도움이 된다. 앞서 살펴본 것처럼 치료기관을 방문하는 도박중독자와 가족은 대개 도박 빚 때문에 재정적으로 어려운 상태다. 따라서 이를 그대로 방치하고 도박중독을 치료하기 위한 기술적인 부분에만 집중하면, 도박중독자와 그 가족이 상담 및 심리치료에 충분히 집중하지 못하고 겉돌게 된다. 그러므로 도박 빚을 구조적으로 체계화해서 다룰 수 있는 채무변제 계획을 조기에 세우는 것이 치료에 도움이 된다.

　둘째, 도박중독 치유의 초기 환경이 빨리 마련되는 효과가 있다. 도박중독을 치료할 때에는 도박중독자 자신이 어떻게 주변 사람을 속이고 도박을 했는지 자발적으로 고백하고, 도박을 할 수 없도록 환경을 관리하는 것이 중요하다. 필자는 이를 '환경 조성'이라고 부른다. 채무변제 목록을 작성해서 채무변제 계획을 수립하면 치유 초기 환경을 빨리 마련할 수 있다.

　셋째, 상당한 수준의 불안감을 덜어줄 수 있다. 실제 현장에서 도박중독자가 호소하는 심리적 불편감 중 가장 큰 부분을 차지하는 것은 우울감이 아니다. 바로 불안감이다. 도박중독자는 '내가 과연 도박을 끊을 수 있을까?' '가족과 행복한 미래를 만들 수 있을까?'라는 불안감에 빠져 있는데 채무변제 계획을 세우면 불안감을 어느 정도 덜 수 있다.

　물론 상당수의 도박중독자들이 채무 변제 목록을 작성할 때 일부 도박 빚을 기록하지 않고 남겨 두었다가 이 빚을 빨리 갚으려고 도박을 다시 시작하는 경우가 있다. 그러므로 도박중독자가 작성한 채무 변제 목록이 완전하지 않을 수도 있다는 것을 항상 염두에 두어야 한다. 그렇다고 작성된 채무 변제 목록의 내역을 일일이 확인하거나 추궁하는 것은 현실적으로 힘들다. 누락된 내용이 있을 경우 그에 대한 책임을 스스로 지게 된다는 점을 따뜻한 태도를 유지하면서 분명하게 이야기하는 것만으로도 충분하다.

재정 분리를 하라

필자는 항상 도박중독자의 가족에게 재정 분리를 권한다. 여기에서 말하는 '재정 분리'란 좁은 의미에서는 '부부 별산제'를, 좀더 넓은 의미로는 '독립 채산제'를 말한다. 간단히 말하면 도박중독자의 경제와 다른 가족의 경제에 일정한 거리를 두고 별도로 관리하는 것이다. 이는 도박중독자만 가정을 책임지는 외벌이 가정에는 생각보다 쉽지 않지만 맞벌이 가정에는 반드시 필요한 기법이다. 도박중독자 가정에서 재정 분리가 중요한 이유는 다음과 같다.

첫째, 가족의 재산권 방어를 위해서다. 도박중독자는 일시적으로 재정 관리 능력을 상실하면서 재산을 관리할 수 없어진다. 자칫하면 가족의 생계를 유지하는 재산을 모두 도박으로 탕진할 위험이 있기 때문이다. 따라서 명의 이전, 공동 명의 등재, 명의에 따른 재산 분리 등의 방법으로 도박중독자가 가족의 재산을 도박 자금으로 유용하지 못하게 방어해야 한다.

둘째, 재정 분리를 함으로써 도박중독자와 가족 모두 각자의 수입과 지출 내역 확인을 통해 소비 패턴을 정확히 알 수 있고 이를 통해 계획적인 소비를 함으로써 향후 변제 및 재정 계획을 세울 수 있다.

셋째, 맞벌이 가정의 경우 재정이 분리되어 있지 않다면 항상 도박중독이 재발할까 봐 전전긍긍하거나 불안에 떨어야 한다. 또는 꼭 필요한 지출을 지나치게 억제하거나 이와 반대로 도박중독자가 도박을 하는 만큼 자신도 소비를 해야겠다며 무분별한 지출을 할 수도 있다. 재정 분리는 가족이 나름의 재무 목표를 설정하고 소규모의 사유재산을 확보하게 만들어서 재산을 모으는 즐거움을 느끼도록 해준다. 이는 긴 치유 과정의 고통을 누그러뜨리는 효과도 있다.

넷째, 재정 분리를 하면 어쩔 수 없이 도박중독자 스스로가 재정관리를 해야 하기 때문에 자연스럽게 책임감이 생긴다. 또한 위기감을 느껴 치유에 좀더 적극적으로 임하게 된다.

이처럼 여러 가지 장점이 있는 재정 분리는 도박중독 치유 과정에서 반드시 고려해야 할 치유 기법이다.

현금 출납부라도 써라

도박중독자가 재정 관리 능력을 회복하기 위해 가장 먼저 해볼 수 있는 방법으로 현금 출납부 쓰기가 있다. 실제로 해 보면 이것마저도 그리 쉽지 않다는 것을 금방 알게 된다. 모든 도박중독자가 그런 것은 아니겠지만 필자는 지금까지 도박중독자를 상담하면서 가계부나 현금 출납부를 써온 사람을 만난 적이 단 한 번도 없다.

그동안 열심히 써왔지만 도박에 중독되면서 포기한 것인지, 아니면 도박에 중독되기 이전부터 현금 출납부를 쓴 적이 아예 없는 것인지 구분하기는 어렵다. 하지만 중요한 건 도박중독 치유 과정에서 재정 관리 능력을 회복하기 위해서는 지금부터라도 현금 출납부를 꼭 써야 한다는 것이다. 조금 심하게 말한다면 현금 출납부 하나 제대로 못 쓰면서 도박중독이 치유될 것이라고 기대하는 것 자체가 무리한 욕심이다. 현금 출납부를 쓰는 것이 도박중독 치유에 효과적인 이유는 다음과 같다.

첫째, 현금 출납부를 쓰면 무엇보다도 가족 간의 신뢰를 회복하는 데 큰 도움이 된다. 일단 가족의 눈에 확 띄는 행동일 뿐만 아니라 씀씀이를 투명하게 공개하는 것이므로 가족들이 좋아할 수밖에 없다. 도박중독이 은밀한 중독이라는 점을 떠올려보면 왜 공개적으로 현금 출납부를 쓰는 것이 신뢰 회복에 도움이 되는지를 어렵지 않게 짐작할 수 있을 것이다.

둘째, 현금 출납부를 쓰면 도박을 하면서는 전혀 알지 못했던 자신의 씀씀이를 확실히 알 수 있다. 최소한 자신이 용돈을 어디에, 어떻게 쓰고 있는지를 알게 되니 수입과 지출에 대한 감을 잡을 수 있고 빚을 갚기 위한 계획 수립의 배경지식을 쌓으며, 이를 통해 알게 모르게 책임감도 생긴다.

셋째, 도박을 하면서 씀씀이가 커진 도박중독자는 아무리 허리띠를 졸라맨다고 해도 용돈이 부족할 수밖에 없다. 그렇다고 무턱대고 용돈을 올려달라고 하면 가족한테서 좋은 소리를 들을 리 없다. 아직도 정신 못 차리고 돈 타령이나 한다고 타박을 들을 것이다. 현금 출납부를 꼼꼼히 썼다면 쓴 것을 보여주면서 용돈 인상을 당당하게 요구할 수 있다. 이 덕분에 불필요한 스트레스를 받을 필요도 없어진다.

재정 관리 능력을 배양한다는 것이 그리 거창한 일이 아니다. 자신의 용돈을 어디에, 어떻게 썼는지 현금 출납부를 쓰는 것에서부터 시작하면 된다. 그러니 도박중독자는 현금 출납부부터 꼭 쓰기 바란다.

도박중독자가 빌려준 돈은 어떻게 하는가?

지금까지 도박중독자가 빌린 돈, 즉 "채무를 어떻게 해결하는가?"에 초점을 맞춰 설명을 했다면 이제는 "도박중독자가 다른 사람에게 빌려준 돈을 어떻게 해야 하는가?"에 대해 함께 살펴보도록 하자.

결론부터 이야기하면 도박과 전혀 상관이 없다면 돌려받아도 된다. 그러나 빌려준 돈이 도박으로 딴 돈이거나 빌려준 사람이 조금이라도 도박과 관련 있는 사람이라면 깨끗하게 포기해야 한다. 그 이유는 다음과 같다.

돈을 빌려간 사람이 도박을 하는 사람인 경우
대부분의 경우가 여기에 속한다. 이 경우는 다시 돈을 빌려간 사람이 '꽁지'라고 불리는 도박 자금 전문 사채업자이거나 도박중독자에게

'공사'를 하고 있는 '타짜'일 때, 그리고 그 정도의 악질은 아니지만 같이 도박을 해온 도박 친구일 때로 나눌 수 있다.

사채업자나 타짜의 경우는 도박중독자를 완전히 거덜 낼 때까지 도박판에서 떠나지 못하게끔 붙들어 두는 것이 주목적이다. 때문에 도박중독자가 일시적으로 딴 돈을 더 크게 불려주겠다면서 높은 이자로 유혹해 돈을 빌린다. 그다음 꼭 불법 하우스나 도박장으로 돈을 받으러 오게 만든다. 절대로 밖에서 만나서 빌린 돈을 돌려주지 않는다. 도박장에 가면 도박을 할 필요는 없고 그냥 놀다가 가라고 한다. 그러고는 자연스럽게 한 자리가 빈 것처럼 만들어서 도박중독자를 그 자리에 앉게 만든다. 일단 자리에 앉기만 하면 게임은 끝난 셈이다. 빌려준 돈에 가져간 돈까지 모두 털리고 새로운 빚까지 더해지고 나서야 겨우 빠져나온다. 그러니 이들에게 채무자와 채권자의 개념은 손바닥 뒤집기처럼 손쉽게 뒤집을 수 있는 것이므로 이들에게 빌려준 돈은 반드시 포기해야 한다.

꽁지나 타짜가 아닌 도박장에서 만난 도박 친구의 경우에도 사정은 크게 다르지 않다. 이들이 원하는 것은 자신과 함께 늪에 빠져 있을 길동무다. 도박으로 돈을 딸 수 있다는 착각 속에서 사는 도박중독자도 있지만 대부분은 일말의 불안감을 느끼는데, 곁에 다른 도박중독자가 있다는 사실만으로도 이러한 불안감을 잠시나마 없애준다. 따라서 돈을 빌려주고 빌리면서 유대감을 형성하고 그 속에서 안심하는 것이다. 그러므로 도박중독에서 벗어나려면 무엇보다 먼저 이들과의 관계(금전 관계 포함)를 끊어야 한다.

빌려준 돈이 도박으로 딴 돈인 경우

도박으로 딴 돈은 정당한 노동의 대가로 번 돈이 아니므로 공돈처럼 쉽게 생각하고, 도박으로 딴 돈이니만큼 도박을 하는데 써야 한다고 여기는 도박중독자가 많다. 그러니 도박 자금이 필요하면 은행에서 돈을 찾듯이 빌려준 사람에게 받아서 쓰면 된다고 믿는다. 이것은 마약중독자가 마약을 끊겠다고 하면서 대마초를 친구에게 맡겨두는 것과 같다. 그러므로 그 돈은 포기해야 하고, 돈을 받지 않겠다는 것을 채무자에게 공식적으로 선포해 일말의 미련마저 끊어내야 한다.

빌려준 돈의 액수가 크거나 그 돈이 도박중독자의 어려운 가계에 큰 보탬이 되는 경우에는 현실적으로 그 돈을 포기하기가 어렵다. 그러므로 도박중독자를 통하지 않고 보호자에게 직접 갚도록 하는 방법도 있다. 하지만 당연히 그만큼의 위험 부담은 감수해야 한다. 돈이 친구에서 보호자로 장소만 옮겨졌을 뿐 도박으로 딴 돈이라는 사실에는 변함이 없고 도박으로 딴 돈은 도박을 해야 한다는 도박중독자의 생각도 전혀 바뀌지 않기 때문이다. 그러니 도박중독에서 벗어나기 위해서는 도박중독자가 빌려준 돈은 아예 처음부터 받을 생각을 하지 않는 것이 낫다.

도박 빚을 갚는데 경제 사정은 왜 나아지지 않는가?

상담자와 함께 채무 변제 계획을 꼼꼼히 세우고 차근차근 빚을 갚아나가는 도박중독자의 경우 예상보다 더 일찍 채무 변제를 완료하게 되는 것이 일반적이다.

하지만 초반에는 어쩔 수 없이 상당한 재정적 압박에 시달릴 수밖에 없다. 도박을 하던 당시에는 돈이 필요하면 도박으로 돈을 따서 해결하거나 정 안 되면 돌려막기를 해서라도 되었다. 하지만 도박에 의존하지 않고 정상적인 방법으로 빚을 갚고 재정을 관리하려면 모든 수입 내역이 투명해야 하고 지출을 할 때에도 명확한 근거가 필요하기 때문에 대충대충 할 수가 없다.

물론 그렇게 돈을 아껴 쓰면 땀 흘려 버는 돈의 소중함을 알게 모르게 깨닫게 되는 장점은 있다. 그러나 돈이 행복을 가져다주는 것이 아니라는 소박한 깨달음을 얻기 전에 재정적인 궁핍이 먼저 오기 때문에 도박중독자와 가족들을 힘들게 한다.

그러면 도박을 하던 때와 달리 방만하게 살지 않으려고 수입 지출 내역을 꼼꼼히 챙기고 긴축 재정을 다소 무리하게 운용하는데, 왜 재정적으로 궁핍한 걸까? 채권자가 점점 줄어들어서 여유 자금이 생기는 것처럼 보이는데도 왜 돈 가뭄이 해소되지 않는 걸까?

간단한 예를 하나 들자면 너무 말라서 바닥이 갈라진 논에 물을 대는 경우와 비슷하다. 그동안 너무 오래 물을 주지 않았기 때문에 갑자기 많은 물을 퍼부어도 바닥을 완전히 적시고 물이 고일 때까지는 상당한 시간이 요구된다.

긴축 재정을 한다고 해도 그동안 너무 계획 없이 돈을 써서 소리 소문도 없이 돈이 없어지기 때문에 티가 나지 않는 것이다. 하지만 시간이 지나면 결국은 마른 논에도 물이 차오르기 마련이다. 최초에 세운 채무 변제 계획을 꾸준히 지켜나가면 언젠가는 남은 돈을 어떻게 모으고, 어디에 써야 할지에 대해 행복한 고민을 하는 그날이 반드시 올 것이다.

도박중독자에게 도움이 되는 재정 관리 마인드

일확천금을 꿈꾸며 도박을 시작했지만 지금은 도박 빚을 갚느라고 고생하는 도박중독자는 도박에 빠져 있는 동안에 돈에 대한 마인드가 건강하지 않은 방향으로 바뀐다. 따라서 도박을 그만두겠다고 결심하더라도 매우 적극적인 노력을 기울이지 않는 이상 자신의 재정을 관리하는 데 상당한 어려움을 느낀다. 이는 특히 현금을 직접 만지지 않고 칩이나 사이버 머니 등을 사용해서 돈에 대한 현실감을 떨어뜨리는 도박에 빠졌던 사람일수록 더 심하다.

예를 들어 직접 현금을 판돈으로 거는 불법 하우스 도박보다 사이버 머니를 충전해서 사용하는 온라인 도박이나, 선물·옵션 등을 온라인으로 거래하는 주식중독자가 돈 관리에 더 큰 어려움을 겪는다. 그래서 많은 도박중독자들이 배우자나 부모님 등 가족에게 당분간 재정 관리를 부탁하고 꼭 필요한 용돈만 받아서 생활한다. 도박중독자에게 추천하는 재정 관리 방법은 다음과 같다.

첫째, 위에서 이야기한 것처럼 돈에 대한 현실감을 되찾기 위해 가능하면 현금을 직접 만지도록 해야 한다. 계좌 이체 대신 직접 현금을 입금하고, 신용카드나 체크카드 대신 현금 거래만 하는 것이다. 처음에는 굉장히 불편하지만 도박중독자가 들고 다니는 돈의 액수 자체가 많지 않을수록 더욱 빨리 돈에 대한 현실감을 되찾을 수 있다. 돈의 소중함과 땀의 소중함을 알게 되는 것이다.

둘째, 가능한 한 뭉칫돈을 만들지 말아야 한다. 치유 초기에는 빚을 갚는 등 마이너스 인생을 원점으로 돌리는 데 주력하기 때문에 이 말이 먼 나라 이야기 같지만 도박 빚을 다 갚는 날은 언젠가 반드시 오게 된다. 그러므로 지금부터 서서히 돈이 모이면 어떻게 할 것인지에 대해 고민하지 않으면 나중에 반드시 낭패를 겪게 된다.

돈은 어차피 쓰기 위해 버는 것이다. 그러므로 어떻게 모아서 어떻게 쓸지 계획을 세우는 것은 당연히 필요한 일이고 도박중독자는 그 돈을 모을 때에도 일반 사람들과 달리 뭉칫돈을 만들지 말고 최대한 잘게 쪼개야 한다. 예를 들자면 50만 원짜리 적금 하나보다는 10만 원짜리 적금을 5개 만드는 것이다.

사실 이 방법은 종잣돈부터 모으고 그다음에 굴리라는 일반적인 재테크 방법과 정반대이기 때문에 어리석어 보인다. 이자만 놓고 봐도 당연히 후자가 손해이니 말이다. 하지만 뭉칫돈을 만들면 안 되는 이유는 도박중독자가 도박에 손 대게 만드는 최저 금액의 선을 넘게 되면 도박 충동이 자극되기 때문이다. 그러므로 돈을 보관할 때에도 하나의 통장에 큰돈을 보관하지 말고 여러 개의 통장에 분산해서 보관하는 것이 좋다.

법적인 문제는
어떻게 풀어나갈 것인가?

채권자에게 사기 혐의로 고발당하면 회피하지 말고 적극적으로 해명해야 한다. 또한 도박중독자가 도박으로 재산을 탕진하는 것을 막으려면 가족들은 도박 사실을 알자마자 적극적으로 재산권을 방어해야 한다.

채권자가 도박중독자를 사기 혐의로 고소한다면?

원래 돈을 빌리고 갚지 않는 행위는 원칙적으로 민사 문제라서 사기죄로 처벌할 수 없다. 채권자는 대부분 이 사실을 알고 있으며 정말 사기 혐의로 고소하려는 것이 아니라 대개는 채무자를 압박하기 위해 고소한다.

  돈을 빌리고 갚는 행위에서 사기 혐의가 성립하려면 애초에 변제할 의사와 능력도 없이 돈을 빌리고 갚지 않아야 차용금 사기가 적용될 수 있다. 즉 사기죄 성립 여부에서 가장 중요한 것은 금전 차용

당시의 상황이다. 따라서 도박중독자가 돈을 빌릴 당시 빚을 변제할 의사와 능력이 전혀 없었다면 사기죄가 성립할 수 있다. 특히 재산이 있다는 등의 거짓말을 하거나 허위 서류를 제출했다면 사기죄로 처벌될 수도 있다. 이러한 경우가 아닐 때 이자를 지불한 내역이 있다면 변제를 위해 노력한 점이 정상참작되므로 사기죄로 처벌될 가능성이 줄어든다. 따라서 원금 전부를 변제하기 어렵다면 이자만이라도 갚기 위해 노력해야 한다.

또한 만약 사기죄로 고소당한다면 지레 겁을 먹고 수사기관의 출석 요구에 불응하지 말고 즉시 출석해서 돈을 갚지 못하게 된 사정을 적극적으로 설명해야 한다. 만약 출석 요구에 계속 불응할 경우 기소중지자가 될 수 있기 때문이다.

3장의 내용은 변호사의 법적 자문을 거쳐 작성했다. 하지만 정확한 최신 정보는 반드시 법조계 전문가와 상의해야 한다.

도박중독자가 명의 변경을 시도한다면?

도박중독자가 치료를 계속 거부하고 도박을 하는 경우 가족들의 생계 유지를 위한 재산권 방어 차원에서 도박중독자가 소유한 재산의 명의를 가족으로 이전하기도 한다. 그런데 이것이 채무 변제를 피하려는 의도로 보일 가능성이 있다. 이럴 때 가족들은 어떻게 대처해야 할 것인가?

먼저 형법상 '강제집행면탈죄'라는 죄가 적용될 수 있다. 이는 채무 변제를 위한 경매 처분 등의 강제집행을 면하고 재산을 은닉하려는 행위를 벌하기 위한 것이다. 하지만 이는 채권자가 경매 신청을 하기 직전에 급히 명의 이전을 하는 등 극히 예외적인 경우에만 문제가 되기 때문에 크게 걱정할 일은 아니다. 오히려 더 주의해야 할 일은 다음의 경우다.

 채무가 발생한 이후에 재산의 명의를 이전한다면 채권자 측에서 민사상 '사해행위 취소소송'을 제기해서 소유권을 도박중독자의 명의로 환원시킬 여지가 있다. 따라서 가장 좋은 방법은 도박중독자의 채무가 확대되기 이전에 최대한 빨리 명의 이전을 하는 것이다. 그러니 가족들은 도박중독자가 도박을 하고 있다는 사실을 알자마자 재산권 방어를 준비해야 한다.

도박은 이혼 사유인가?

도박중독자가 치료를 거부하면서 도박을 계속하면 배우자가 결국 이혼을 선택할 때, 도박 행동이 결혼 파탄의 귀책 사유로 이혼 법정에서 얼마나 중요하게 고려될까? 이 질문에 대한 대답은 매우 중요하다. 도박중독자가 자신이 도박을 한 이유는 배우자가 돈 문제로 바가지를 긁어서 스트레스를 받았기 때문이라고 주장할 수 있고, 많은 배우자들이 이것이 이혼 소송에서 자신에게 불리하게 적용될 것을 두려워하기 때문이다.

 결론부터 이야기하자면 도박중독의 정도에 따라 차이는 있겠지만 일반적으로 이혼 사유로 고려될 수 있다. 이때 도박중독자가 주장하는 것처럼 배우자가 도박중독자에게 경제적인 스트레스를 주었다는 것이 도박중독자의 도박 행동에 대한 면죄부가 되는 경우는 별로 없다.

다만 배우자가 도박중독자의 도박중독 정도를 인정받기 위해 도박중독자가 방문했던 상담센터나 치료기관에 치료를 받았다는 증빙을 요구하는 경우(대개 배우자의 담당 변호사가 요청)가 있으나 이때 환자·내담자의 개인정보 보호 차원에서 본인이 동의하지 않으면 정보를 공개할 수가 없다는 사실을 알아야 한다. 그러니 이혼 소송에 필요한 정보를 얻을 수가 없다.

또한 이혼 상대방인 도박중독자가 자신의 도박 사실을 부인하지 않고 수긍한다면 별도의 입증이 필요 없지만 이를 부인하는 경우 도박 사실의 입증 책임이 배우자에게 있기 때문에 만약 이혼을 염두에 두고 있다면 남편의 도박 사실을 입증할 수 있는 증거 수집을 미리미리 해두어야 한다.

도박중독자 배우자의 재산을 이혼시 지킬 수 있을까?

도박중독자가 치료를 거부하고 계속 도박을 하는 경우에 배우자가 생활비 마련을 위해 자신이 번 돈을 모두 저축했을 때, 궁극적으로 도박중독자와 이혼을 하는 경우 저축한 재산을 방어할 수 있는가?

병에 대한 인식이 없는 도박중독자의 특성상 이러한 경우가 종종 발생하는데 결론부터 이야기하자면 방어할 수 있다.

　법률상 부부 사이에도 각자 명의의 재산은 각자에게 귀속되는 것이 원칙이다. 다만 이혼 소송에서 도박중독자가 배우자 명의의 예금 등에 대해서 재산분할을 청구할 수 있다. 재산분할이란 '부부가 공동으로 협력해서 마련한 재산'을 대상으로 하는 것이므로 도박중독자가 도박으로 재산을 탕진한 점, 전적으로 배우자의 벌이로 마련한 재산인 점을 입증하면 도박중독자의 재산분할 청구를 기각할 것이다.

부동산 가등기 설정이 효과가 있을까?

집안에 도박중독자가 있고 부동산의 명의가 도박중독자에게 있다면 도박중독자가 그 부동산을 처분하거나 담보로 대출을 받아 도박으로 탕진할 위험이 매우 크다. 그래서 부동산의 명의를 이전하거나 기혼자라면 부부 공동 명의로 바꿔서 재산을 방어한다. 그런데 현실적으로는 명의 이전 비용이 만만치 않다. 때문에 경제적으로 어려운 가정에서 선택하는 데는 애로 사항이 많다. 이런 경우 대안으로 가등기를 설정해놓는데 과연 효과가 있을까?

　결론적으로 말하자면 실질적인 효과가 있다. 가등기 설정만으로 확실한 재산권 방어 효과가 있는 것은 아니지만, 도박중독자가 부동산을 담보로 금전을 차용하려고 시도하는 단계에서 채권자가 근저당권을 설정하고 금전을 대여하는 것을 주저하게 만들 수 있다. 기본적으로 가등기의 효력은 후에 채권자가 경매를 신청하는 경우 본등기를 함으로써 경매 절차를 무산시키고 명의 이전을 할 수 있다는 것이다. 이때 채권자는 가족 간의 가등기이므로 사실상 매매계약이 아니기에 무효라는 소송 또는 사해행위 취소소송을 제기할 수 있다.

그런데 실제로는 가등기를 말소하기 위해 번거로운 법적 절차를 거쳐야 하므로 채권 회수가 어렵게 되어서 가등기가 되어 있는 물권을 담보로 해서는 채권자가 금전을 대여할 가능성을 대폭 줄여준다. 그러므로 명의 이전 비용이 부담이 된다면 반드시 가등기 설정이라도 해두어야 한다.

가족 명의를 도용해 대출을 받았다면?

도박중독자가 부모나 배우자의 인감을 위조해서 대출을 받았을 경우에는 어떻게 해야 할까? 이것이 문제가 되는 이유는 무엇보다도 '도박 빚의 대위변제 절대 금지 원칙'을 어겨야 하는 상황이 발생하기 때문이다. 이는 위의 경우에 채무 변제 의무가 명의를 도용당한 사람에게 있다는 말이다.

일반적인 경우라면 변제 의무를 면제받기 위해서 도용한 사람을 '사문서 위조'로 고발하는데, 아무리 도박중독자라도 가족을 고발하는 것은 상당한 부담이 될 수 있다. 이에 대한 대안은 다음과 같다.

- 도박중독자가 부모나 배우자의 인감을 첨부해서 가족 명의로(혹은 가족을 보증인으로 해서) 대출을 받은 것은 법적으로는 '부모 또는 배우

자의 대리인'으로서 계약을 체결한 것이 된다.
- 채권자가 채권변제와 관련해서 소를 제기하는 경우 '무권대리' 즉 "나를 대신해서 내 이름으로 대출받으라고 허락한 사실이 없다(대리권 수여 사실 부존재)."라고 항변해서 책임을 면할 수 있다.
- 이때 도박중독자가 도용에 이용한 도장이 새로 만든 도장이 아닌 평소에 사용하던 도장인 경우 민사소송법상 서류에 명의인의 진짜 도장이 찍히면 사실상 '명의인의 허락을 받고 날인한 것'이라고 추정하기 때문에 어려운 상황이 발생한다. 그러니 평소 도장 관리를 철저히 할 필요가 있다.
- 따라서 무권대리를 위해서는 적극적으로 법적 도움을 청하고 강력하게 항변하는 것이 필요하다.

가장 효과적인 방법은 도용자를 고발하는 것이지만 가족이기 때문에 현실적으로 어렵다면 '무권대리'를 적극적으로 고려해볼 수 있다.

'대포차'는 어떻게 해야 할까?

'대위변제 절대 금지 원칙'을 엄격하게 적용하기가 어려운 경우가 가끔 발생한다. 그 중 대표적인 것이 바로 대포차 문제다. 많은 도박중독자들이 도박 자금을 마련하기 위해 자신의 차를 사채업자에게 담보물로 제공하고 돈을 빌린다. 문제는 도박중독자들이 이용하는 사채업자의 상당수가 정식으로 등록된 대부업자가 아닌 경우가 많아서, 도박중독자가 빚을 갚을 때까지 기다리지 않고 담보물인 차를 대포차로 운영하는 불법업자에게 넘겨버린다는 것이다.

완전히 '세탁'되지 않은 대포차의 경우 운행중 발생한 범법 행위의 책임이 차주인인 도박중독자에게 있기 때문에 큰 문제가 된다. 자동차손해배상보장법(자배법)상 자동차의 소유자로서 명의자가 책임을 져야 하기 때문이다.

이 때문에 도박중독자가 이런 문제를 들고 나와 가족에게 차량을 찾아달라고 요구하는 경우 거절하기가 어렵다. 그렇다고 가족이 도박중독자를 대신해서 사채업자에게 돈을 갚고 차를 찾아오면 동일한 일이 반복될 수 있으므로(대부분 반복됨) 진퇴양난에 빠진다.

합리적인 방법은 채무를 변제하고 차량을 찾아오는 것인데 어쩔 수 없이 그렇게 한다고 하더라도 이자제한법에 근거해 연 30%를 초과하는 이자는 지급을 거절할 수 있다. 사채업자가 이에 응하지 않으면 법원에 이자 30%로 계산한 금액을 공탁한 후 자동차 인도 소송에서 판결을 받아 강제집행을 할 수 있다. 대신 절차상 어쩔 수 없이 6개월 상당의 시간이 소요되는 것은 감안해야 한다.

만약 사채업자가 담보물을 대포차로 팔아버린 경우라면 선택할 수 있는 유일한 방법은 차량직권말소신청을 하는 것이다. 차량의 모든 세금 및 범칙금, 과태료를 납부한 후 구청에서 차량의 모든 행정적 소지를 말소해달라는 신청을 할 수 있다. 말소가 되는 경우 이후 발생하는 세금·검사·보험·벌금에서 자유로워진다. 주의할 점은 10년 이상 된 차량만 차량직권말소신청이 가능하다. 10년 이하의 차량은 세금포탈의 가능성이 있어 구청에서 해주지 않는다.

경찰서에 도난 신고를 하는 방법도 있지만 필자의 경험상 잘 받아주지 않고 정황 설명을 한 후 도난 신고가 가능하다고 해도 나중에 '허위도난신고'로 벌금을 물게 된다. 다만 자동차가 대포차로 운행되다가 사고를 내는 등 큰 문제가 발생할 가능성을 고려한다면 한 번쯤 생각해볼 수는 있는 대안이다. 물론 도난 신고를 한다고 해서 차량을 찾을 가능성은 그리 크지 않다는 점은 고려해야 한다.

회복의 길은 도박중독자, 본인의 책임이다

도박에 중독된 것은 불행한 일이지만 외부에서 핑계를 찾으면 안 된다. 도박중독자는 가족의 신뢰를 얻기 위해 최선을 다해야 하고, 매사에 투명하고 진실해야 한다. 그러니 사소한 거짓말도 해서는 안 된다.

도박중독자가 반드시 잊어야 하는 낱말

도박중독에서 벗어나고 싶은 도박중독자는 도박을 하거나 정보를 얻었던 사이트에서 탈퇴하고, 자발적으로 출입 제한을 신청하며, 도박을 함께하던 친구에게 자신의 문제를 알리고 도움을 청해야 한다. 알코올중독자가 술과 관련된 모든 자극을 치우듯이 도박중독자도 자신의 삶에서 도박과 관련된 것들을 멀리하는 것이다. 이를 흔히 '환경 조성' 또는 '환경 개선'이라고 한다.

그런데 도박중독 치유에서 중요한 것들은 도박중독자의 외부에 있지 않고 내부에 있다. 그래서 눈에 잘 띄지 않고 "그것이 도박과 무슨 상관이 있는가?" 싶은 것들도 많다. 하지만 도박중독자를 도박중독에서 빠져나오지 못하도록 발목을 잡는 건 바로 그런 것들이다. 필자는 상담을 하면서 어떤 도박을 하든, 도박으로 돈을 얼마나 잃었든, 얼마나 오래 도박을 했든 간에 다음과 같은 말을 자주 사용하는 도박중독자가 치유되는 데 더 많은 시간이 걸리고 실수나 재발도 많이 한다는 것을 자연스레 알게 되었다. 바로 '복구' '본전' '메꾸다' '만회'와 같은 말들이다. 모두 과거의 실수나 실패를 보상한다는 의미를 갖고 있는 낱말이다.

그런데 이 낱말들의 문제는 새로운 사람으로 변화되는 것이 아니라 도박으로 망가지기 이전으로 단순히 돌아간다는 과거 회귀적인 뜻을 담고 있다는 데 있다. 도박중독 치유는 새로운 가치관과 삶의 의미를 발견해 새로운 삶을 사는 것이지 과거의 삶을 반복하는 것이 아니다. 그러니 '복구' '본전' '메꾸다' '만회'처럼 과거지향적인 낱말은 머릿속에서 몰아내야 한다. 상처는 치유하는 것이지 메우는 것이 아니니까 말이다.

'아직은'이라는 말을 넣어서 말해보자

자신의 도박 문제를 인정하지 않는 중독자가 많이 하는 말이 있다. 바로 "나는 마음만 먹으면 언제든지 도박을 끊을 수 있다."라는 말이다. 물론 이 말을 하는 도박중독자는 도박을 그만둘 생각을 하지 않으므로 바닥을 치기 전까지는 도박을 끊을 마음을 먹기가 쉽지 않다. 그런데 이 말 뒤에는 다음과 같은 말이 생략되어 있다. "나는 마음만 먹으면 언제든지 도박을 끊을 수 있다. 나는 가족을, 직장을, 건강을, 인생을 잃지 않았다."와 같은 말이다.

도박중독은 현재 자신이 어떤 상태에 있든 결국은 똑같은 상태에 이르게 된다는 데 그 무서움이 있다. 그러니 '아직은'이라는 말을 넣어서 다시 말해보자. 이렇게 말이다. "나는 아직은 가족을, 직장을, 건강을, 인생을 잃지 않았다."라고 말이다. 어떤가? 섬뜩하지 않은가? 지금이라도 방향을 바꾸지 않으면 '아직은'이 '아뿔싸'가 될 것이다. 지금 당장 방향을 돌려야 한다. 후회는 아무리 빨리해도 늦는 법이다.

도박을 그만둘 이유가 필요하다

우리가 바람직하지 않은 습관이나 행동을 변화시키고자 할 때 아무런 생각 없이 하는 것 같지만, 속을 잘 들여다보면 반드시 이유가 있다. 도박도 마찬가지다. 도박중독자에게는 도박을 그만둘 나름의 이유가 필요하다. 그런데 많은 사람들은 그것을 모른다. 도박은 당연히 해서는 안 되는 것이고, 도박을 계속하는 것 자체가 아직 정신을 못 차렸기 때문이라고만 쉽게 생각하는 것이다.

하지만 이미 여러 번 이야기한 것처럼 도박은 일시적이기는 하지만 도박중독자에게 위안이 되기도 하고, 무료한 시간을 때울 수 있도록 도와주기도 하고, 스트레스를 잠시 잊게도 하고, 허황된 꿈이나마 잠시 행복감에 젖을 수 있게도 하고, 짜릿한 기분에 흥분되게도 만든다.

그렇기 때문에 무조건 도박을 그만하도록 종용하기만 하면 반감을 사서 오히려 더 그만두기 싫어진다. 그러므로 도박중독자가 도박을 그만둘 이유를 찾도록 도와줘야 한다. 그것이 가족의 소중함이 되었든, 잃어버린 건강을 되찾으려는 것이든 간에 말이다.

도박중독자가 도박을 그만둘 이유를 발견하지 못하면 당연히 도박을 그만두고 싶어하지 않고, 결국 모든 치유적 도움은 그 효과가 반감된다. 그러니 도박중독자가 도박을 그만둘 이유를 갖도록 해야 한다.

단도박과 탈도박의 차이

흔히들 "도박을 끊는다, 단도박을 하겠다."라는 말을 한다. 이 말은 도박을 하면 중독이 되고 문제가 되니, 끊어내겠다는 결연한 의지가 담긴 말이기도 하다.

하지만 필자는 "도박을 끊는다."라는 말을 가급적 사용하지 않으려고 한다. 이 말에는 알게 모르게 내가 원하지는 않지만 부정적인 결과 때문에, 외부 환경에 의해서 강제로 할 수 없게 된다는 수동적인 의미가 담겨 있기 때문이다.

언어적인 습관이 우리의 생각을 지배해서 행동까지 영향을 미치는 경우가 많다. 그래서 도박중독 치유에서 흔히 사용하는 '단도박'이라는 말이 과연 적절한 용어인지에 대해 한번 생각해볼 필요가 있다. 도박중독은 반복적인 도박 행동으로 인해 생기는 병이니만큼 염료가 옷감에 배어 염색이 되듯이 이미 몸에 배어 익숙해져버린 상태다. 때문에 피부에 돋은 종기를 수술로 단칼에 떼어내듯이 도박중독을 한 번에 끊을 수는 없다. 이에 단도박이란 말은 적절하지 않은 용어라고 할 수 있다.

그래서 필자는 이렇게 제안한다. 단도박이 아니라 탈도박을 하자고. 도박적인 속성에 물든 몸과 마음과 습관에서 벗어나 도박으로부터 자유로운, 새로운 마음가짐으로 살기로 결심하는 것이다. 도박중독 치유에서도 도박을 끊어내는 이미지보다는 헌 도박의 옷을 벗어버리고 새로운 마음의 옷으로 갈아입는 이미지를 연상하는 것이 좋겠다.

도박을 끊는다는 것은 도박을 하지 않기로 결정하는 도박중독자의 선택권을 고려하지 않는 것이다. 방법이야 어떻든 도박을 하지 못하게만 하면 된다는 의미가 숨어 있다. 도박중독자가 도박을 안 하겠다고 선택하지 않는다면 현재 도박을 하지 않는 것은 의미가 없다. 강제성에 의해 도박을 못하게 된 것이므로 언제든 여건이 갖추어지면 다시 도박을 할 가능성이 크기 때문이다.

그러니 도박중독자가 애도 과정을 통해 더이상 도박을 하지 않기로 자발적으로 선택하도록 도와야 한다. 그러기 위해서는 "도박을 끊는다."라는 말보다는 "도박을 안 하기로 스스로 선택한다."라는 말을 의도적으로 사용하는 것이 더 효과적이다.

도박중독자가 도박을 그만두는 2가지 길

대부분의 상담자는 단순히 도박을 안 하는 기간을 계속 연장하는 것이 도박중독 치유의 궁극적 목표가 아니라는 사실을 알고 있다. 그렇더라도 도박을 계속하면서 도박중독이 치유되었다고 말할 수는 없을 것이다. 결국 도박중독 치유의 궁극적인 목표는 아닐지라도 결과적으로 치유된 모든 도박중독자는 도박을 그만둬야 한다. 도박중독자가 도박을 그만두는 경로는 보통 2가지 중 하나다.

첫 번째 경로는 속칭 '바닥 치기'를 통해 도박중독의 무서움을 몸으로 체감하게 해서 도박을 끊는 길이다. 이 경로는 탈도박이 아닌 단도박이기 때문에 도박중독자는 평생 도박을 두려워하면서 살아야 하고, 두려움이 어떤 이유에 의해서든 감소하면 다시 도박에 손댈 위험이 있다. 필자는 이러한 경우 진정한 치유가 일어났다고 보지 않는다.

두 번째 경로는 도박중독으로 인해 자신이 살아온 삶을 되돌아보며 잊었던 의미를 찾고, 삶의 가치관을 재정립하게 됨으로써 자신이 가고자 하는 길과 도박이 함께할 수 없다는 것을 깨달아 자연스레 도박을 내려놓는 길이다. 전자가 '수동적으로 도박을 끊는 것(단도박)'이라면 후자는 '능동적으로 도박을 내려놓는 것(탈도박)'이다.

상담자는 단도박이 아닌 탈도박을 목표로 해야 한다. 또한 도박중독으로 야기되는 제반 문제가 어느 정도 해결된 후에는 반드시 앞으로의 삶과 의미, 가치관에 대해 다루어야 한다.

도박을 그만두는 것이 최우선이다

상담 초반에 도박중독자의 가족은 도박 때문에 생긴 여러 가지 문제(법적·경제적·관계 등)에 대해 상담자의 조언을 간절히 구하는 것처럼 보인다. 하지만 도박중독자가 도박을 하지 않으려면 어떻게 해야 하는지의 주제로 쉽게 돌아가곤 한다.

그런데 정작 도박중독자는 상담자에게 도박을 그만두기 위한 방법을 묻지 않는다. 도박 빚을 해결하는 방법, 주변 사람들에게 알리지 않는 방법, 배우자가 자신을 버리지 않도록 점수 따는 방법 등에 대해서만 궁금해한다. 물론 도박중독자가 도박 때문에 생긴 이런저런 문제들 때문에 아프고 힘이 드는 것은 분명하다.

하지만 그 모든 문제들은 근본적인 문제가 아니다. 자신이 도박에 중독되었음을 인정하지 않고 통제력을 상실했음을 받아들이지 않기 때문에 생긴 당연한 고통일 뿐이다. 도박을 그만두는 것, 바로 탈도박을 최우선 과제로 생각하지 않는 한 이 고통은 또다시 반복될 수밖에 없다. 근본적인 문제인 도박을 그만두는 것에 성공하지 못하면 아무리 관련된 문제를 해결해도 결국은 소용없다.

오히려 진짜 근원인 도박중독을 내버려두고 도박중독 때문에 생긴 통증만 완화하겠다고 진통제를 먹고 연고만 바른다면 악몽 같은 경험이 또다시 시작된다. 도박에 중독되면서 생긴 이런저런 문제를 한꺼번에 당장 해결하고 싶겠지만 도박을 그만두는 것을 최우선 과제로 삼아야 한다. 나머지 일은 뒤로 미루고 탈도박부터 시작해야 한다. 탈도박하지 않는 이상 나머지 문제는 해결된 것처럼 보여도 정말로 해결된 것이 아니다.

  명심하자. 탈도박이 가장 중요하다.

해결책은 힘든 문제 뒤에 숨어 있다

도박중독에는 워낙 다양한 문제가 수반되기 때문에 도박중독자와 가족, 상담자까지 정신없게 만든다. 하지만 모든 문제에는 당연히 해결방법이 있게 마련이다.

  도박중독의 경과에 따라 가장 힘든 문제가 바뀔 수도 있다. 여러 가지 문제가 복합적으로 얽혀 있는 것처럼 보인다면 그 중 어떤 문제가 가장 힘들고 해결하기 어렵게 느껴지는지 스스로에게 물어보자. 가장 어렵고 힘들게 느껴지는 문제 뒤에 바로 해결책이 숨겨져 있다.

  예를 하나 살펴보자. 도박을 그만하겠다고 마음을 먹었지만 시간이 날 때마다 계속 도박 생각이 난다. 도박에 빠진 동안 직장에서 일을 소홀히 했더니 상사가 일 못한다고 대놓고 면박을 준다. 도박 자금으로 사용하려고 여러 명의 친구에게 조금씩 돈을 빌렸는데 갚을 일이 막막해서 친구들의 연락을 자꾸 피한다. 이러다가 친구 관계가 다 끊길까 봐 두려워진다. 아내가 자기 명의로 된 재산 목록을 작성하기 시작했다. 재산권을 방어하기 위해서 하는 일이라고 하지만 이러다가 갑자기 이혼 소송이라도 내려는 것은 아닌지 걱정되기 시작한다.

  이 중에서 자신을 가장 힘들게 하고 스트레스를 주는 문제는 무엇일까? 이 모든 문제가 도박으로 인해 발생한 문제이니 도박만 그만두면 해결될 것 같지만 그렇지가 않다. 배수구가 막히면 물이 내려가지 않고 막힌 곳을 뚫어야 물이 정상적으로 내려가듯이 가장 힘들다고 느껴지는 문제부터 정면 돌파해서 해결해야 다른 문제를 해결할 힘이 생긴다.

배우자에게 버림받는 것이 가장 두렵고 끔찍하다면 가족의 신뢰를 다시 쌓는 것에 총력을 기울여야 한다. 얼마 되지도 않는 돈 때문에 친구들이 자신을 떠나는 것이 가장 두렵다면 그들에게 자신의 도박 문제를 솔직하게 공개하고 도움을 청해야 한다. 도박 충동이 너무 강해서 자꾸 도박 생각이 나는 것 때문에 아무것도 손에 잡히지 않는 것이 가장 문제라면 무엇보다 먼저 도박 충동을 통제하고 여가 시간을 관리하는 법부터 배워야 한다.

자신을 가로막은 성벽이 너무 높아서 도저히 넘을 수 없을 것 같다고 우회로만 찾다가는 다시 도박에 손을 대는 우를 범하게 된다. 편하게 돌아가는 길이란 결코 없다. 자신에게 가장 힘들고 해결하기 어려운 문제, 그것이 바로 도박중독을 치유하는 지름길이자 돌파구다. 그러니 더이상 핑계 대지 말고 어떤 희생을 감수하고서라도 무조건 정면 돌파해야 한다. 이것만 돌파하면 그다음은 정말 쉽다. 이 성벽만 넘고 나면 '내가 왜 이런 걸 갖고 그렇게 고민했지?'라고 생각할 것이다. 이건 정면 승부에 성공한 모든 도박중독자들이 이구동성으로 하는 말이다.

이제는 생각을 그만두고 행동해야 할 때다

상담 현장에서는 "머리 나쁜 사람은 도박에 중독되지 않는다."라는 말을 자주 한다. 물론 역으로 모든 도박중독자가 머리가 좋다는 이론이 성립하지는 않는다. 다만 도박은 대체로 예측과 추리, 과감성과 결단력, 승부욕과 근성, 집중력 등이 총동원되는 분야이기 때문에 머리가 좋은(속된 말로 머리를 잘 굴리는) 사람들이 많이 하고, 바로 그렇기 때문에 도박에 일단 중독되면 빠져나오기가 더 어렵다. 도박으로 돈을 딸 수 없다는 사실을 인정하지 않고 돈을 딸 수 있다는 증거를 찾으려고 그 좋은 머리를 계속 사용하면서 시간을 낭비하기 때문이다.

그런 패턴에 익숙해진 도박중독자는 도박이 답이 아니라는 걸 깨달은 뒤에도 여전히 생각과 계산만 하고 있다. '상담을 받아야 할까, 말아야 할까?' '내가 도박중독자라는 것이 알려지면 어쩌지?' '지금 사귀고 있는 이성 친구에게 이 사실을 알려야 하나, 말아야 하나?' '가계부를 쓸까, 말까?' '도박 빚의 내역을 공개해야 할까, 말까?' 등 여러 생각에 빠진다.

이제는 생각을 그만해야 한다. 생각만으로는 도박중독에서 빠져나올 수 없다. 혹시라도 잘못된 선택을 할지 모르니 좀더 신중히 예상되는 결과를 따져봐야 하는가? 그건 본인이 직접 하지 않아도 된다. 어차피 경험해본 일이 아니기 때문에 아무리 생각해본다고 해도 마음먹은 대로 되지 않는다. 경험 많은 상담자와 한시라도 빨리 상의하는 것이 훨씬 현명한 방법이다. 그러니 이제 생각은 그만하자. 생각을 하면 할수록 점점 더 두려워지고 치유를 주저하게 된다. 지금은 행동해야 할 때다. 일단 치유의 길로 한 걸음 들어서고 나면 계속해서 걸어갈 용기가 생긴다. 생각은 얼마든지 바뀔 수 있지만 일단 해버린 행동은 바꾸기가 매우 어렵다는 것을 알아야 한다. 그러니 치유의 발걸음을 내딛고 생각하자. 그래도 늦지 않는다.

도박중독자가 도박을 그만두는 3단계

도박중독자가 도박을 끊는 데(필자는 "그만둔다."라는 말을 더 선호하지만)는 일정한 단계가 있다. 도박을 끊는 데 성공한 모든 도박중독자가 동일한 단계를 거치는 것은 아니지만, 상당수의 도박중독자가 비슷한 단계를 거치면서 도박중독에서 빠져나온다.

1단계
도박중독으로 인해 생긴 부정적인 결과를 해소하고 문제를 해결하기 위해 도박을 끊으려고 한다. 도박중독 때문에 가산을 탕진하고 가정에 불화가 생기면 갈등을 해소하고 경제적인 압박을 줄이기 위해 도박을 줄이거나 그만둔다.

  1단계에서 주의할 점은 부정적인 결과를 없애는 것이 목표이기 때문에 일단 목표가 달성되면 다시 강한 도박 충동과 욕구에 시달린다. 특히 재정적인 압박이 사라지면 '이제는 조금씩 해도 되지 않을까?' 하는 교만함이 고개를 드는 문제가 발생한다.

2단계

도박을 끊어야 할 자신만의 이유를 찾는다. 아직 가정이 와해되지 않고 주변에 자신을 지지하는 가족이나 친구들이 있는 도박중독자들은 화목한 가정을 꾸리기 위해, 가족을 지키기 위해 도박을 끊으려고 한다. 많은 도박중독자가 2단계에 머무르는데 2단계만으로도 강한 단도박 의지를 유지할 수 있기 때문에 상당수가 탈도박에 성공한다.

2단계에서 주의할 점은 목표를 상실하면 자포자기에 빠져 더욱 심각한 도박중독 상태에 빠질 위험성이 있다는 것이다. 예를 들어 가족을 지키기 위해 도박을 끊겠다고 결심한 도박중독자의 경우 피치 못할 이혼으로 가정이 깨지고 나면 도박을 그만둬야 할 목표를 잃어 오히려 도박에 대한 의존이 더 심해질 위험성이 있다.

3단계

도박을 끊어야 할 내면의 이유를 찾는다. 도박을 끊게 만드는 외면의 이유는 대부분 조건적conditional이므로 시간과 상황의 변화에 따라 얼마든지 변할 수 있다. 따라서 탈도박 상태를 유지할 수 있는 근본적인 제동장치가 아니다. 그래서 시간과 조건에 따라 바뀌지 않는 내면의 단도박 이유와 의미를 찾아야 한다.

예를 들어 "땀 흘리지 않고 생긴 결과를 내 것으로 하지 않겠다."라는 자신만의 가치관을 세우고 그 가치관을 지키는 것이 인생의 중요한 의미라는 것을 알아냈다면, 땀 흘리지 않고 쉽게 돈을 벌 수 있다는 도박의 신화가 이 가치관과 충돌하게 된다. 그러니 이런 가치관을 지키고자 한다면 더이상 도박을 할 수 없게 된다.

많은 도박중독자들이 도박을 끊기 위해 1단계에서 악전고투하고 많은 경우 2단계를 넘어서지 못한다. 그러나 확실한 탈도박을 하려면 반드시 3단계에 도달해야 한다. 그래야만 진정으로 회복되고 치유될 수 있다.

도박 유혹에 대처하는 3단계 전략

많은 도박중독자들이 혼자서 도박을 한다. 도박에 대한 사회의 인식이 좋지 않다 보니 드러내놓고 도박을 할 수 없어서다. 하지만 간혹 분석을 요하는 종류의 도박을 하는 도박중독자는 조용히 분석하기 위해 혼자서 도박하는 것을 선호하기도 한다.

하지만 경마·경정·경륜처럼 분석을 요하는 도박에서도 도박장에서 만나 안면을 트고 도박 친구가 되는 경우가 왕왕 있다. 최근에는 스포츠 토토처럼 분석이 필요한 도박도 불법 사이트를 통해 정보를 공유하거나 함께 어울려 베팅하는 것을 선호하는 젊은 도박중독자가 늘면서 함께 도박을 하는 도박중독자의 수가 꾸준히 늘고 있다.

주변에 함께 베팅을 하는 도박중독자가 있으면 당연히 도박을 그만두려고 해도 도박을 하고 싶다는 충동을 심하게 느낀다. 도박을 하지 않으려고 애쓰는 도박중독자에게 자꾸 도박 이야기를 하거나 정보를 주거나 혹은 달라며 조르는 경우가 많고 심하게는 같이 베팅하자고, 돈도 빌려줄 테니까 걱정 말라고 노골적으로 유혹하기도 한다. 그래서 그런 도박중독자가 주변에 있다면 무엇보다도 먼저 "나는 이제 도박을 그만할 것이고 치료도 받고 있다."라고 공개하는 것이 가장 중요하다.

하지만 그런 고백을 우습게 생각하거나 농담으로 받아들이는 도박 친구들이 꽤 많기 때문에 다음 3단계 전략을 활용해 단계적으로 대처할 필요가 있다.

1단계 _ 자신의 상태를 분명하게 이야기할 것

이제 도박을 못하게 되었다고 하면 상대방은 도박을 하고 싶은데 장애물이 생겨서 못하게 된 것으로 착각한다. 그래서 도박을 몰래 할 수 있도록 도와주거나 돈을 빌려주는 등 도박을 계속할 수 있도록 도와주려고 한다. 그러므로 도박중독자는 도박 때문에 인생이 구렁텅이로 빠져들고 있으니 이제 더이상 도박을 하지 않기로 결심했다고 자신의 의지를 분명하게 밝혀야 한다.

2단계 _ 엄살을 부릴 것

1단계에서 자신의 탈도박 의지를 분명하게 밝혔는데도, 이를 심각하게 받아들이지 않고 함께 도박을 하자고 설득하는 도박중독자가 있다면 어떻게 해야 할까? 도박 때문에 아내에게 이혼당하게 생겼다든가, 개인회생에 들어갈지도 모르는 위험한 재정 상태라든가, 회사에서 잘릴지도 모르겠다는 식으로 한숨을 쉬면서 "내 인생이 망했다."라는 엄살을 부리는 것이 효과적이다. 이는 도박을 권하는 주변 도박중독자에게 죄책감을 야기하는 방법이다.

3단계 _ 도박을 끊을 수 있도록 도와달라고 사정할 것

2단계에서 충분히 엄살을 떨었는데도 시간이 지나면 좋아질 거라든가, 통제력을 잃지 않게끔 자신이 곁에서 잘 챙겨주겠다든가, 지금 와서 네가 발을 빼면 나는 누구에게 정보를 얻느냐며 떼를 쓴다든가 하는 도박 친구가 있을 수 있다.

그럴 때는 마지막 단계인 사정하기 전략을 사용해보자. 오히려 "내 도박 스타일을 네가 잘 아니까 도박을 끊을 수 있도록 나 좀 도와달라."라고 사정하는 것이다. 거기에 덧붙여서 "너도 함께 끊자."라고 설득하면 더욱 효과적이다.

이 정도까지 하면 대개는 머쓱해하며 떨어져 나가게 마련인데 그럼에도 물불 가리지 않고 달려드는 도박중독자가 있을 수도 있다. 그야말로 막무가내인 도박중독자이고, 이런 도박중독자는 대개 도박을 끊으려는 사람보다 상태가 더 심각한 중증 중독자다.

3단계 전략까지 통하지 않는 도박중독자는 현재로서는 희망이 별로 없다. 물귀신 작전을 쓰는 도박중독자를 떼어놓으려면 전화번호부터 바꾸고 연락을 끊어 다시 안 볼 생각까지 해야 한다. 안타깝지만 내가 먼저 살아야 남도 도울 수 있는 법이다.

온라인 도박을 끊으려면 PC방부터 끊어라

필자가 도박중독 상담을 처음 시작하던 당시에는 경마나 경륜, 내국인 카지노 등 규모가 크고 비교적 잘 알려진 합법적인 사행산업을 이용하는 도박중독자가 대부분이었다.

'바다 이야기'로 야기된 성인 오락실 광풍이 한 차례 몰아치기도 했고 그동안 로또 열풍이 지나가기도 했지만 이런 기조는 그동안 꾸준히 이어졌다. 하지만 최근에는 젊은 층을 중심으로 시간과 장소의 구애를 받지 않는 온라인 도박이 점차 각광받고, 스포츠 토토를 악용하는 불법 베팅 사이트가 우후죽순 생겨나 도박중독자의 주머니를 털고 있다.

게다가 굳이 카지노를 가기 위해 강원도로 향하지 않더라도 언제나 도박을 할 수 있는 온라인 도박이 큰 문제로 대두되고 있다. 정확한 통계는 내봐야 알겠지만 경험적으로 최근에는 도박 분야에서 온라인 도박이 더 큰 비중을 차지하는 것 같다.

사람들은 인터넷과 모바일 기기는 현대사회에서 사용할 수밖에 없는 문명의 이기라서 온라인 도박의 베팅 사이트에 접속하지 않는 것이 불가능하다고 말한다. 그 말이 맞다면 술을 끊으려는 알코올중독자는 대체 어디로 가야 한다는 말인가? 어디에 가도 술집이 즐비하고 아무 데서나 술을 살 수 있는 우리나라에서 더이상 살면 안 된다는 말인가? 쉽지는 않지만 탈도박 환경을 조성하기 위해 유해 환경으로부터 자신을 보호하는 것은 기본이다.

불법 베팅 사이트는 언제 어디서나 접속이 가능하지만 단속을 피하기 위해 주소를 자주 바꾸는 데다 누구나 가입하는 것을 허용하지 않는다. 때문에 사이트에서 탈퇴하고 즐겨찾기를 지운 뒤 당분간 이용하지 않으면 사이트 주소를 찾아 다시 접속하는 것이 어려워진다. 휴대전화 번호까지 바꾼다면 바뀐 주소를 통보받을 수 없다.

집에서는 어차피 가족들의 눈이 있기 때문에 집에서까지 보란 듯이 도박에 손대는 간 큰 도박중독자는 그리 많지 않다. 하지만 PC방의 경우 익명성이 보장되고 실제로 PC방에서 도박을 하는 도박중독자가 많기 때문에 그들로부터 정보를 얻을 수도 있으며 더욱 강한 도박 충동을 느끼게 된다. 따라서 온라인 도박을 주로 하는 도박중독자라면 무엇보다도 PC방 출입을 삼가야 하며 당분간 인터넷을 멀리하는 것이 좋다.

도박중독자는 무력감과 싸울 준비를 해야 한다

치유 초기에 도박중독자에게 "지금 가장 힘든 것이 무엇인가?"라고 물어보면 열에 아홉은 "빚 독촉에 시달리는 것이다."라고 답한다. 그만큼 채권추심 압력은 합법이든 불법이든 채무자의 피를 말릴 정도로 고통스럽고 큰 스트레스다. 그래서 초기의 도박중독자들은 빚에 대한 압박을 줄이는 데 정신이 팔려, 상담을 통해 도박중독을 치유해야 한다는 데까지 생각이 미치기 어렵다. 그래서 상담자가 채무 변제나 재정 관리 계획에 대한 정보와 적절한 도움을 제공해야 하고, 치유의 힘이 돈 문제에만 집중되지 않도록 균형을 유지하는 일까지 감당해야 한다.

그런데 여러 가지 합법적인 방법을 통해 빚을 갚을 수 있고 채권추심 압박이 없어지며 돈을 빌려준 지인을 만나 이야기를 해보니 의외로 쉽게 유예해준다는 걸 경험하면, 도박중독자는 갑자기 어깨를

짓누르던 압력이 사라지면서 편안한 느낌을 받게 된다. 마음이 좀 편안해지면 그동안 밀쳐놓았던 일에 열중하거나 미안한 마음으로 가족에게 신경을 쓰는 도박중독자도 있다. 그러나 문제는 도박이 차지하고 있던 자리가 너무 커서 그 빈자리의 허전함을 메우기가 쉽지 않다는 것이다.

얼마 시간이 지나지 않았는데도 도박으로 인한 고통은 언제 그랬냐 싶게 잊게 되고 가족들이 "이 사람이 잘 먹고 잘 자고 아무 일도 없었다는 듯 잘사는 게 너무 얄미워요."라고 불평할 때쯤, 바로 그때가 도박중독자에게는 더 큰 위기가 다가오는 시기다. 그 위기의 이름은 바로 '무력감'이다.

도박을 포기하면서 자신은 다른 사람들에 비해 몇 년이나 뒤쳐졌는데 그걸 따라잡을 뾰족한 수단도 없고 희망도 없이 평생을 살아야 한다는 데서 느끼는 압도적인 무력감이다. 이 무력감을 극복하지 못하면 자꾸 마술적인 방법에 의존하고 싶어져 더 나은 인생으로 도약하려고 또다시 도박에 손을 댄다.

이 문제를 해결하기 위해서는 인생의 의미를 새롭게 찾을 수 있어야 한다. 희망의 빛을 돈이 아닌 다른 곳에서 발견할 수 있어야 더이상 도박이라는 무모한 도전을 하지 않는다. 그러니 무력감이 찾아올 때 자신의 인생을 되돌아보면서 인생의 의미를 찾는 기회로 삼아보자. 이는 도박중독에 걸리지 않은 사람들에게는 좀처럼 주어지지 않는 소중한 기회다.

도박 충동에는 단계적으로 대처하라

밥을 먹다가 굶으면 당연히 배가 고프듯이 도박에 중독된 도박중독자는 도박을 하지 않을 때 자연스럽게 일어나는 도박 충동을 피할 수가 없다. 도박중독 치유는 도박 충동이 일어나지 않게 하는 것이 아니라 도박 충동을 어떻게 다루는가를 습득하는 것이 핵심이다.

대부분의 경우 도박 충동은 이를 자극하는 특정한 요인(시간·장소·사람 등)에 의해 유발된다. 그런데 그 유발이라는 것은 파블로프의 실험에 나오는 개가 종소리를 들으면 침을 흘리듯이 완전히 자동화된 것은 아니다. 즉 내가 항상 로또 복권을 샀던 판매점을 우연히 지나가다가 발걸음을 멈추었다고 해서 또다시 로또 복권을 사고 싶어 미칠 것처럼 강한 충동을 느끼는 것은 아니라는 말이다. 속도의 차이는 있지만 대부분 도박 충동은 어느 정도의 단계를 거쳐 증가한다.

필자는 이를 크게 2단계로 나누고, 단계에 따라 대처하는 방법을 달리하도록 조언한다. 1단계는 도박 충동을 인지적인 수준에서 경험하는 단계다. '어, 내가 로또 복권을 사던 판매점이네. 사람들이 여전히 많은데?'라고 과거 도박을 했던 경험이 자연스럽게 떠오르는 단계로 심리적으로 약간의 흔들림을 느끼게 된다. '오랫동안 도박을 하지 않았으니 이제 조금씩 즐기는 것은 괜찮지 않을까?'라는 유혹을 받는 단계이기도 하다.

1단계의 도박 충동은 아직까지 감정적·신체적 수준에는 이르지 못했기 때문에 '논박'을 통해 도박을 유혹하는 사고에 정면으로 대항해야 한다. "전에도 조절할 수 있을 것 같아서 시험 삼아 도박을 했다가 재발했잖아. 다시 재발하지 않으리란 보장이 어디 있어?" 이렇게 말이다.

2단계의 도박 충동은 인지적 수준을 벗어나기 때문에 감정적·신체적으로도 도박을 하고 싶은 욕구를 강하게 느끼는 단계다. 그러므로 인지적으로 반박하는 것이 별로 소용없다. 이럴 때에는 도박 충동과 싸우지 말고 현장의 치료자들이 흔히 말하는 '충동의 파도타기'를 해야 한다. 큰 파도가 밀려올 때에는 파도와 맞서는 것이 아니라 파도에 몸을 싣고 가는 것이 오히려 안전한 것처럼, 충동이 일어나는 것을 최대한 객관적으로 관찰하는 것이다. '내가 지금 도박을 하고 싶은 충동이 드는구나. 입이 타는 것을 느낄 정도인 것을 보니 정말로 많이 하고 싶은 것 같다.'라고 말이다.

충동은 무서운 파도처럼 해변으로 밀어닥치지만 결국은 다시 빠져나간다. 그러므로 내면에서 일어나는 충동을 관찰(이때 중요한 것은 어떤 행동도 섣불리 하지 않는 것이다)하면서 버티면 충동은 서서히 가라앉게 된다. 불이 났을 때 더이상 탈 것을 주지 않으면 불이 서서히 사그라지는 것과 같은 이치다.

도박 충동에 대처하는 1단계 : 회피와 대치

도박 충동에 대처하는 기술이 부족한 치유 초반에는 어설픈 방법을 사용하다가 재발하는 것보다는 기본에 충실한 것이 좋다. 상담자들은 대체로 치유 초반에 '회피avoidance'와 '대치substitution'를 추천한다.

'회피'는 도박을 할 수 있도록 자극하는 위험한 상황을 무조건 피하는 것이며 '대치'는 도박을 대신할 수 있는 다른 활동을 적극적으로 하는 것이다. 도박에 중독되었다고 해서 항상 도박 충동이 심한 상태는 아니다. 사람마다 도박 충동이 심해지는 시간과 상황, 사람이 각기 다르다. 그것을 찾아내는 것이 회피와 대치 방법을 적용하기 위한 시작이다.

중독자마다 조금씩 다르기는 하지만 대체로 도박을 함께하던 사람을 만났을 때, 도박을 하던 장소를 방문하거나 지날 때, 도박을 하던 날 또는 시간이 될 때, 항상 특정한 기분에서 도박을 했다면 동일한 기분을 느낄 때 도박 충동이 강해지기 마련이다. 회피 방법을 사용하려면 도박을 함께하던 사람과는 인연을 끊어야 하고, 도박을 하던 장소를 자주 지나다녔다면 동선을 완전히 바꿔야 할 필요도 있다.

회피와 대치 전략의 성공 조건

사실 많은 도박중독자들이 도박을 하지 않으려고 부지불식간에 이런 전략을 사용해왔다고 말한다.

- 주말에 경마장에 가지 않으려고 친구들과 등산을 다녔어요.
- 도박 친구들을 피하려고 일부러 회사에서 야근했어요.
- 카지노에 가지 않으려고 이사까지 했어요.

그런데 열심히 노력한 회피와 대치 전략이 왜 제대로 효과를 발휘하지 못하는 것일까? 이는 회피와 대치 전략이 성공하는 데 필요한 전제 조건을 충족하지 못해서 그렇다. 쉽게 말하면 몸이 착각할 때까지 완전히 몸에 배도록 습관을 들여야 한다.

5년간 매주 일요일마다 경마를 하러 오전 10시에 집을 나섰던 도박중독자가 있다고 가정해보자. 이 도박중독자의 몸에는 꾸준히 반복된 행동 패턴이 새겨져 있기 때문에, 오전 10시만 되면 몸이 근질근질하고 어디론가 나가고 싶어지는 게 당연하다. 전날 아무리 술을 많이 마셨어도 그 시간만 되면 눈이 자동으로 번쩍 뜨인다고 하는 도박중독자도 많다. 그러니 그 시간에는 이미 산을 오르고 있도록 오전 8시에 집을 나서는 등의 행동을 상당히 오랫동안 규칙적으로 반복해야 한다. 그리고 이를 머리에 새기는 것이 아니라 몸에 새겨야 한다.

필자는 최근에 특별한 일이 없는 한 밤 9시 30분에서 10시 사이에 운동을 나가 7km 정도를 걷곤 하는데, 이제는 운동을 안 나가면 몸이 근질근질할 정도다. 이렇게 될 때까지 일 년 이상의 시간을 투자했다. 회피와 대치 전략을 몸에 새기는 것도 이와 비슷한 과정을 거쳐야 한다.

또 한 가지 중요한 점은 도박 습관을 깨기 위해서는 뇌가 착각하게 만들어야 한다는 것이다. 앞에서 살펴본 예에서 오전 10시에 혼자 집을 나와 버스를 타고 경마장에 갔고 이때 항상 10만 원 정도를 들고 갔다면, 외출 시간대를 달리하고 등산을 해도 다른 사람과 함께 버스가 아닌 지하철을 타고 이동하며 소지하는 금액도 3만 원 정도로 바꿔야 한다. 기존의 패턴을 세밀하게 파악해서 기존과는 완전히 다른 눈에 띄는 변화를 줘야 한다. 그래야 건강한 습관이 좀더 빨리 정착된다.

목적지가 경마장이 아닌 관악산으로만 바뀌었을 뿐 외출하는 시간도 10시로 동일하고, 등산도 혼자 하고, 관악산까지 버스로 이동하고, 10만 원을 소지하는 패턴까지 똑같다면 새로운 습관이 몸에 배는 것이 아무래도 힘들 수밖에 없다.

도박을 그만두고 건강한 습관을 몸에 배게 하는 '회피와 대치' 전략을 성공시키려면 다음과 같이 해야 한다.

- 건강한 습관이 머리가 아닌 몸에 밸 때까지 상당한 기간 동안 꾸준히 해야 한다.
- 소지하는 금전의 액수, 동행자 유무, 외출 시간, 외출 장소 등을 달리해서 뇌를 혼란스럽게 만들어야 한다.

도박 충동에 대처하는 2단계 : 반박과 논쟁*

1단계 방법인 회피와 대치에 어느 정도 익숙해지면 다음 단계인 '반박'과 '논쟁'으로 넘어가야 한다. 일시적으로 도박 충동을 가라앉히는 효과가 있다고 해서 회피와 대치 전략에만 계속 의지하는 것은 위험하다. 왜냐하면 회피와 대치만으로는 도박 충동이나 갈망이 완전히 사라지지 않기 때문이다. 체계적인 치료를 받지 않고 혼자서 회피와 대치에만 의존해서 도박을 끊으려는 사람들이 재발하는 이유가 바로 이 때문이다.

이들은 계속 회피와 대치 방법을 사용하기는 하지만 효과에 대한 점검도 제대로 하지 않을 뿐만 아니라 약해지기는 했지만 내면의 도박 충동이 사라지지 않았다. 그리고 도박에 대한 잘못된 기대도 교정되지 않은 채 계속 잠재되어 있기 때문에 자신이 예상치 못했던 상황에 갑자기 맞닥뜨리면 언제든 도박중독이 재발할 가능성이 있다.

그렇다면 어떻게 해야 하는가? 도박으로 얻게 될 기대나 이득을 스스로 반박하고 논쟁해야 한다. 도박 충동이 강해지면 대체로 도박을 했을 때 얻게 될 이득(경제적·정서적·사회적)이 먼저 강하게 떠오르고, 도박을 함으로써 발생할 부정적인 결과는 생각하지 못한다. 또한 사람들은 정신건강을 유지하기 위해 부정적인 생각과 감정을 무의식적으로 억압하기 때문에 부정적인 생각이 잘 떠오르지 않기 마련이다.

흔히 도박 충동이 올라오는 상황에 직면했을 때, 도박을 하도록 꼬드기는 내면의 도박 충동을 '악마'의 이미지로 떠올려서 반박하고 논쟁하는 연습을 미리미리 해두는 것이 효과적이다. 그런데 이때 도박을 하게 됨으로써 발생하게 될 부정적인 결과를 가지고 반박·논쟁하는 것이 더 효과적일까, 아니면 도박을 하지 않음으로써 나타날 수 있는 긍정적인 결과를 가지고 반박·논쟁하는 것이 더 효과적일까?

중독 정도에 따라 다르기는 하지만 도박을 하지 않기로 선택함으로써 얻게 되는 긍정적인 효과를 가지고 반박·논쟁하는 것이 대체

* 『습관성 도박 치료 프로그램』(이흥표·이재갑·김한우 공저, 한국마사회, 2005)

로 더 효과적이다. 이 방법은 부정적인 결과를 상상할 때 받게 되는 소위 '정서적 충격'이 없으며 부정적인 결과를 생각하는 데 소모되는 막대한 심리적인 에너지를 요구하지 않기 때문이다.

다만 처음에는 이것이 잘 되지 않기 때문에 일단은 도박을 함으로써 생기게 될 부정적인 결과를 갖고 논박하는 연습을 하는 것이 좋다. 도박 충동의 꼬드김을 그대로 역이용하면 된다. 논박하는 방법은 다음과 같다.

도박 충동 : 어제 꿈자리가 좋았잖아. 그걸 보면 오늘은 분명히 딸 수 있을 거야.

나 : 예전에 꿈자리가 좋았을 때 도박을 해서 몇 번이나 땄지? 한 번도 없잖아. 그놈의 꿈만 믿고 도박하러 갔다가 맨날 개털이 되었는데 그런 엉터리 꿈만 믿고 내 피 같은 돈을 또 도박에 쏠어 넣을 수는 없어. 저리 꺼져버려.

어떤가, 할 수 있겠는가? 반박과 논쟁은 결코 쉽지 않다. 자신을 무척이나 잘 알고 있는 도박 충동의 꼬드김에 맞서 싸우는 것이기 때문이다. 따라서 도박 충동의 끈질긴 유혹이 없는 안전한 상황에서도 꾸준히 연습해야만 정작 실제 상황에 직면했을 때 막힘없이 자연스럽게 사용할 수 있다. 그러니 평소에 가족이나 주변 사람의 도움을 받아서 역할 연기를 해보면 큰 도움이 된다.

도박 충동에 대처하는 것은 무공을 익히는 것과 같다. 무술 교본을 달달 외운다고 고수가 되는 것이 절대로 아니듯, 도박 충동에 반박·논쟁하는 것 또한 완전히 몸에 배서 자동적으로 튀어나올 수 있도록 연습해야 한다.

도박중독자에게는 '무대책'도 '대책'이다

도박중독의 특징 중 하나로 '무책임'을 들곤 한다. 그런데 이 무책임이라는 이름표는 주로 도박중독자의 행동 결과에 붙이는 것이기 때문에 도박중독자로서는 억울하다고 느낄 수 있다.

 도박중독자가 도박 때문에 생긴 빚을 가족들에게 말하지 않는 이유는 나중에 한꺼번에 터뜨려서 가족들을 공황 상태로 몰아가기 위해서가 아니다. 처음에는 가족들에게 상처를 주지 않고 자신이 알아서 해결하려는 의도로 시작했다가, 도저히 감당 못할 수준이 되어 어쩔 수 없이 가족들에게 알려지는 것이다. 그러니까 결과적으로 무책임한 모습을 보이는 건 맞지만 도박중독자가 처음부터 무책임하려고 의도한 것은 아니라는 말이다.

 상담 초기에 도박 빚을 갚는 문제에 예민한 도박중독자가 많다. 물론 빚 독촉에 시달려서 그 고통에서 벗어나려고 몸부림을 치는 경우도 있지만 딱히 빚 독촉을 받는 것이 아닌데도 어떻게든 도박 빚 해결에만 신경을 쓰면서 정작 도박중독 문제를 해결하는 데 소홀하기도 한다. 도박중독자가 그렇게 무책임한 사람들이라면 무엇 때문에 그렇게까지 빚을 갚기 위해 애를 쓸까?

 도박중독자는 뼛속까지 무책임한 사람이 아니다. 무책임한 사람처럼 보일 뿐 실상은 제대로 책임지는 방법을 모르는 불쌍한 사람들이다. 빚은 갚고 싶은데 재정적인 능력은 없다 보니 무리하게 책임을 지려고 하다가 다시 도박에 빠지는 것이다.

상담 초기에 지나치게 빚을 갚는 데만 몰두하는 도박중독자를 보면 상담자는 일단 놔두라고 조언한다. 빚이야 어떻게 되든 말든 도박중독 문제부터 해결하자는 것이 아니라, 무대책도 대책일 수 있다는 생각을 해보자고 한다. 앞서 말한 것처럼 능력도 안 되면서 책임을 지겠다고 무리하게 애쓰다가 오히려 도박중독이 재발하는 경우가 많으니까 말이다. 책임을 지겠다고 나섰다가 오히려 재발에 이르는 경우 나중에 왜 그랬냐고 물어보면 "어떻게든 내가 해볼 수 있는 한 최선을 다해보려고 했다."라는 답이 돌아오곤 한다. 방법이 없는데 무리하게 해결하려고 하니 가장 손쉬워 보이는 도박에 다시 손을 대는 것이다.

도박중독자에게는 무대책도 대책일 수 있다. 그러니 자신의 현재 상태를 완벽하게 파악할 때까지는 무리하게 도박 빚을 해결하려고 노력하지 말고 전문가와 상의하는 것이 훨씬 현명한 대처 방법이다.

도박중독자가 먼저 하면 좋은 것들

도박중독자가 자신의 문제를 인정하고 수용하는 것은 치유의 시작이자 가장 중요한 단계다. 하지만 자신의 문제를 인정하고 받아들인 도박중독자라고 하더라도 어떻게 도박을 그만둘 수 있는지 그 구체적인 방법을 모르기 때문에 효율성이 떨어지는 방법을 본능적으로 택하기 쉽다. 대개 도박중독자들이 먼저 선택하는 것들은 도박 빚을 갚는 것, 벌금을 내는 것, 구직 활동을 하는 것 등이다. 치유보다 이것이 더 급하다고 생각하는 도박중독자가 많다.

물론 이것도 중요한 활동이다. 하지만 자신의 힘만으로는 하기 어렵고 환경의 도움이 필요한 것들이라는 공통점이 있음을 알아야 한다. 도박 빚을 갚기 위해서는 가계 재정을 다시 짜야 하는데 그러려면 가족, 특히 배우자의 협조가 필수적이고 벌금을 내는 것도 마찬가지다. 구직 활동을 하는 것도 가계 지출에 대한 점검과 자신을 고용할 고용주를 체계적으로 찾아야 하는 문제가 있다. 즉 도박중독자 혼자서 열심히 한다고 금방 해결되는 문제가 아니다.

그동안 도박을 하면서 많은 것들이 정상 수준에서 벗어났기 때문에 혼자의 힘으로 무리하게 돌려놓으려는 시도는 자칫 도박중독자에게 좌절감을 안겨주어 모든 것을 포기하고 다시 도박에 안주하고 싶은 마음이 생길 수 있다. 도박중독자에게는 실패가 가져오는 두려움이 일반인에 비해 더 크다. 따라서 스스로의 힘으로 충분히 할 수 있고 쉽게 성공할 수 있는 것부터 먼저 시도해봐야 한다. 일과표 짜기, 계획 세워 운동하기, 가족과 시간을 보내기 등이 대표적인 활동이다. 이러한 활동들은 도박중독자의 의지만 굳건하다면 별다른 어려움 없이 시도할 수 있는 것들이다.

이처럼 자신의 힘으로 무엇인가를 성취해가는 느낌을 반복적으로 경험하면, 자존감이 높아지면서 환경의 도움이 필요한 일을 할 때 다른 사람들에게 도움을 요청할 수 있는 용기를 얻게 된다. 그러므로 도박중독자는 혼자서도 충분히 할 수 있는 일부터 성공적으로 수행하는 연습을 하는 것이 좋다.

가장 마지막 요일로 고정하자

도박에 중독된 사람은 어떤 도박을 하느냐에 따라 특징적인 행동 패턴이 조금씩 다르다. 예를 들면 불법 하우스에서 카드 게임을 즐기는 사람과 주말에 경마를 하러 가는 사람은 상당히 다른 도박 행동을 보인다. 24시간 365일 내내 도박을 할 수 없는, 말하자면 정해진 요일과 정해진 시간에만 즐길 수 있는 경마·경륜·경정과 같은 도박에 중독된 사람들은 어떨까?

도박에서 벗어나기 위해서 단칼에 마음을 결정하고 즉각적으로 금단증상과 맞서 싸울 준비를 할 수도 있다. 하지만 금단증상이 너무 심하거나 신체 증상까지 나타나는 경우에는 도박을 하는 빈도나 액수를 줄이는 등의 노력이 효과적일 수도 있다. 일단 일정 수준까지 도박을 줄이는 방법을 먼저 사용하는 것이다.

경마를 예로 들면 경마를 하는 금요일, 토요일, 일요일 3일 중에서 하루만 도박을 허용하는 날로 정하는 것이다. 이때 중요한 것은 규칙을 정할 때 '일주일에 하루는 허용'이 아니라 '금요일' '토요일' '일요일'처럼 특정한 요일로 도박을 허용하는 날을 고정하는 것이다.

이것이 대체 무슨 차이가 있을까? 도박중독은 행동중독이고 일정한 행동 패턴이 습관처럼 내재화되는 것이다. 그러니 항상 도박을 하던 요일이나 시간이 되면 알게 모르게 초조해지고 아무것도 손에 잡히지 않는다. 왜냐하면 항상 그 요일, 그 시간에는 도박을 하고 있었기 때문이다. 몸이 아는 것이다. 그래서 몸이 새로운 행동 패턴에 익숙해지도록 특정한 요일로 고정하는 것이 필요하다.

일주일에 하루만 허용한다는 포괄적인 규칙을 적용하면 몸이 어떤 날이 경마를 하는 날이고 어떤 날이 경마를 하지 않는 날인지 잘 모르기 때문에 대충 이즈음에는 경마를 하는 것으로 생각하게 된다. 그러니 경마를 하지 않겠다고 한 주말이 되어도 여전히 초조하고 불안해진다.

경마의 경우에는 금요일, 토요일, 일요일 중에서 일요일을 경마하는 날로 정하는 것이 가장 좋다. 금요일이나 토요일로 정하는 경우에는 금전적으로 손실이 나서 충동이 통제되지 않으면 다음 날 또 갈 수 있지만, 일요일에 경마를 하러 가면 다음 주 금요일이 될 때까지는 가고 싶어도 갈 수가 없으니까 말이다. 그래서 일정한 기간에만 즐길 수 있는 도박에 중독된 사람들 중에서 어느 한 날을 고정하는 것이 좋다. 그리고 도박의 빈도를 줄이고 싶으면 특정한 요일, 그것도 가장 뒤의 요일로 정하는 것이 좋다.

자발적 무장해제란 무엇인가?

'자발적 무장해제disarmament'란 도박중독자가 도박과 관련해 자신이 갖고 있는 모든 '장사 수단'을 스스로 깨끗하게 공개하는 것을 말한다. 자발적 무장해제를 할 때 도박중독자가 공개해야 하는 것들은 다음과 같다.*

- 도박을 할 당시 자신의 심리 상태
- 도박을 시작하려고 할 때의 행동 양상
- 도박을 하지 않는다고 가족을 믿게 만드는 거짓말 수단
- 도박 자금을 마련하기 위해 사용하는 방법
- 도박을 하는 때와 이유, 장소, 방법들

무장해제는 도박중독자 본인이 자신의 문제를 인정하고 변화하겠다는 의지를 표명하는 대표적인 방법이므로 상담자에게는 치유 가능성을 판단하는 중요한 기준이 되기도 한다. 따라서 도박중독자가 자발적으로 하는 무장해제가 가장 바람직하다.

그런데 연령이 높은 사람들, 특히 여성 도박중독자의 경우에는 때로 강제적인 무장해제가 필요할 때도 있다. 돈을 따는 즐거움을 맛보기 위해서, 맞추는 짜릿함을 즐기기 위해서 도박을 하는 남성 도박중독자와 달리 여성 도박중독자의 경우는 언니나 아는 선배, 옆집 친구 등 다양한 인간관계로 도박 상황이 복잡하게 얽혀 있어서 무장해제가 제대로 되지 않은 상태에서는 치료 성과를 기대하기 어렵기 때문이다.

예를 들어 동네의 불법 하우스에 동네 사람들끼리 도박하는 경우

---

* 『도박중독 심리치료(Self-Regulation Manual for Individual and Family Therapy)』(Joseph W. Ciarrocchi 지음, 김경훈 · 김태훈 · 김한우 · 안상일 · 이영찬 · 최성일 공역, 시그마프레스, 2007)

에는 도박을 하는 장소, 함께 도박하는 사람, 채무 관계, 도박하러 가기 위한 변명과 거짓말 등을 무장해제하지 않은 상태에서 도박중독자만 치료를 하는 경우라면 성공률이 급격하게 떨어지고 재발 가능성도 커지게 마련이다. 따라서 초반에 강력한 무장해제를 실시해 도박중독자를 유해 요소로부터 격리하는 것이 필요하다.

치유 초기에 원인을 찾는 것이 왜 해로운가?

대부분의 가족이 가장 궁금해하는 것 중 하나가 "이 사람이 왜 도박에 중독되었는가?"라는 것처럼 치유의 길에 들어선 도박중독자가 내심 궁금해하는 것 중 하나도 자신이 도박에 빠진 이유다.

정신없이 도박을 할 때에는 몰랐다가 어느덧 정신을 차리고 나서 생각해보면 잃은 돈을 복구하고 빚을 갚기 위해서 도박에 혈안이 되었던 것은 맞다. 하지만 그렇다고 그 이유만으로 도박에 집착했던 것 같지는 않기 때문이다.

또한 도박중독을 치유하겠다고 결심했으니 "왜 도박에 빠졌는가?"를 알아내면 좀더 쉽게 앞으로 도박을 하지 않을 수 있겠다는 생각이 들기 때문에 스스로 열심히 찾아보기도 하고 상담자에게 묻기도 하는 등 도박에 빠진 원인 찾기에 골몰하곤 한다. 이는 상담자와 함께하는 도박중독 치유 과정 중 재발 예방 부분에서 다루는 내용이다. 그런데 도박중독의 원인 찾기를 치유 초기에 하는 것은 조금 위험할 수도 있다.

치유 초기에 도박중독의 원인 찾기가 해로운 것은 어떤 방식으로든 원인을 찾는 과정에서 도박 충동이 자극되기 때문이다. 언제 처음 도박을 시작했는지, 처음에 도박을 하러 갔을 때 기분이 어땠는지, 얼마를 잃었는지, 언제부터 베팅 액수가 제한되지 않고 고삐가 풀린 것처럼 마구 추격 매수를 했는지 등을 생각할수록 도박과 관련된 기억과 감정 등이 쏟아져 나오고, 이것이 도박 충동을 자극한다. 도박 충동이 제대로 통제되지 않은 상태에서 도박 자극과 관련된 기억과 감정 등에 자꾸 접촉하는 것은 아직 뇌관이 제거되지 않은 폭탄을 만지작거리는 것과 같다.

치유 초기에는 도박 충동을 다루기 위한 기술도 부족하고, 도박 충동이 자극되는 상황에 대한 정보도 부족하다. 그러므로 될 수 있는 한 도박 충동이 자극될 수 있는 상황을 피하는 것이 좋다. 도박중독의 원인을 찾는다고 호신술 도장을 다닌 지 일주일밖에 안 되는 초심자가 자신이 왜 과거에 불량배에게 두들겨 맞았는지 알아보려고 제 발로 불량배를 찾아가는 일만큼은 없어야 한다.

도박중독에서 벗어나려면 핑계를 대지 마라

도박중독에서 회복된 사람들이 이구동성으로 하는 말이 있다. 도박중독에서 벗어나게 된 전환점이 바로 핑계를 대지 않은 이후부터라는 것이다. 그전까지는 도박중독의 이유를 자꾸 외부에서 찾았다고 한다.

- 아버지가 젊었을 때 한때 도박에 미쳤다고 하니 나도 아버지를 닮아서 그런가 보다. 피는 못 속이는 거지.
- 회사 동료가 경마장에 놀러 가자고 꼬시지만 않았어도 내가 요 모양 요 꼴이 되지는 않았을 텐데.
- 내가 처음 도박이 재발했을 때 아내가 따뜻하게 받아주고 용서해주기만 했어도 계속 도박에 빠지지는 않았을 텐데.
- 내 직업이 출퇴근이 자유로운 영업직이 아니었다면.
- 부모님이 도박 빚을 한 번만 더 갚아주셨어도.
- 국가가 경마장을 운영하지만 않았어도.
- 스포츠 토토 판매점이 우리 집 앞에만 없었어도.

어디서 많이 들어본 소리 같은가? 물론 이런저런 이유로 당신이 도박에 중독될 가능성이 커지기는 했을 것이다. 하지만 당신보다 더 위험한 조건임에도 도박에 중독되지 않는 사람이 분명 있고, 도박에 빠져들었다가도 한결 수월하게 빠져나오는 사람도 있다. 그런데 당신은 왜 도박에 중독되어서 이 고통을 겪고 있는 걸까? 설사 도박에 중독된 이유를 외부에서 찾아낸다고 해도 뭐가 달라지기는 할까?

도박에 중독된 이유를 외부에서 찾는다면 무수히 많은 이유가 있을 것이다. 하지만 정작 자신이 도박에 중독된 진짜 이유를 찾을 수도 없거니와 설사 찾는다고 해도 당신이 도박중독에서 빠져 나오는 데는 아무런 도움이 되지 않는다.

더이상 핑계 대지 말자. 서운할 수도 있고 억울할 수도 있다. 하지만 원래 세상이란 그런 것이다. 세상은 공평하지 않다. 왜 하필 나냐고 울분을 토해봤자 아무것도 달라지지 않는다. 도박을 선택한 자신의 책임을 인정하고 받아들이자. 그리고 현실을 직시하고 이 늪에서 어떻게 빠져나가야 할지만 생각하자. 누가 나를 이 늪에 떠밀었는지는 그만 생각하자. 그건 일단 이 늪을 탈출하고 난 다음에 생각해도 늦지 않다. 그리고 늪에서 빠져나간 뒤에는 누가 나를 떠밀었는지는 더이상 중요하지 않을 것이다.

신뢰를 회복하기 위해 어떤 노력을 했는가?

도박중독자는 잃은 돈에 대한 아쉬움과 집착에서 벗어나면 상대적으로 한결 가벼운 마음으로 치료에 임한다. 숨겨둔 빚을 모두 공개하고, 상담을 시작하고, 그동안 미뤄두었던 일을 챙기고, 소홀했던 주변 사람들과의 관계를 회복하려고 노력한다. 그러면서 금단증상이 심하지 않은 도박중독자는 의외로 빨리 안정된 모습을 되찾기도 한다.

이처럼 빨리 좋아지는 도박중독자는 가족들이 자신의 치유 노력을 알아주지 않는다며 섭섭함을 토로하곤 한다. 나름 열심히 노력하는데 왜 항상 볼멘소리나 하고 도박을 한다고 의심이나 하는지 모르겠다면서 불만스러워한다. 그렇게 생각한다면 하나 묻겠다. 도박을 자제하고 있는 것을 제외한다면 가족의 신뢰를 회복하기 위해 어떤 노력을 기울였는지 말이다.

재정 관리 능력을 배양하고 현금의 흐름을 투명하게 보여주려고 가계부나 현금 출납부를 쓰고 있는가? 가족의 의심병을 고치기 위해

집 밖으로 나갈 때 누구를 만나서 무엇을 할 예정이고 언제 귀가할 것인지, 가족이 물어보기도 전에 꼬박꼬박 이야기하고 있는가? 나태해진 자신을 추스르고 도박에 빠졌던 시간을 보충하기 위해 취미나 운동, 학습을 위한 노력을 기울이고 있는가? 그것도 아니면 그동안 상처받은 가족들에게 조금이라도 보탬이 되고자 집안일을 시키지 않아도 자발적으로 하고 있는가?

도박중독자는 문득문득 치밀어 오르는 도박 충동의 유혹과 맞서 싸우는 것만으로도 버겁다고 항변할지 모르지만 도박을 하지 않는 것은 가족 입장에서는 당연한 일이고 정작 눈에 보이지도 않는다. 의심병에서 벗어날 때까지는 도박을 하고 있다고 의심하는 것이 오히려 자연스러운 일이다.

그러니 눈에 보이지 않는 단도박이 아닌 변화의 조짐을 눈에 보이는 행동으로 기대할 수밖에 없다. 그런데도 위에서 나열한 노력들이 없다면 가족이 무엇을 보고 '도박중독자가 정신을 차렸다.'라고 생각할 수 있을까? 어림없는 소리다. "나도 힘들다."라는 하소연은 상담자에게 할 수 있다. 그 고통을 함께 나누고 해결책을 찾는 것이 바로 상담자가 하는 일이다. 가족은 믿고 있던 당신에게 뒤통수를 연거푸 얻어맞고 영혼까지 깊은 상처를 입은 사람들이다. 그들에게는 변화의 징표가 필요하다. 그러니 가족들이 원하는 것을 그들에게 보여주자.

물론 쉽지 않은 일이다. 도박 충동과 싸우는 것도 만만치 않다. 하지만 이 노력도 그 싸움만큼 중요하다. 그러니 노력해야 한다. 그런 노력들이 신뢰의 기반을 다지는 것이다.

가족의 신뢰를 어떻게 되찾아야 하는가?

바로 앞에서 "단순히 도박을 하지 않기 위해 도박 충동과 싸우는 것만으로는 부족하다."라는 이야기를 했다. 그렇다면 도박중독자가 어떻게 가족의 신뢰를 쌓아야 하는지에 대해 함께 살펴보자.

가족의 신뢰를 쌓기 위한 가장 중요한 원칙은 '투명성'이다. 도박은 물론이고 도박과 관련이 없는 부분에 대해서도 완전히 투명해야 한다. 흔히 도박중독자들은 도박과 관련이 있는 부분만 투명하면 된다고 생각하지만 결코 그렇지 않다. 가족들에게 도박과 상관없는 영역이란 사실상 존재하지 않기 때문이다. 또한 똑같은 사안에 대해서도 가족이 기대하는 투명성의 기준과 도박중독자의 기준이 서로 다르기 때문에 어느 정도까지 투명해야 하는지 그 정도를 조정할 필요가 있다.

예를 들어 재정 관리 능력이 없는 도박중독자가 통장 관리를 임시로 가족에게 맡겼을 때를 가정해보자. 도박중독자의 입장에서는 가족들이 입출금 내역을 언제든지 확인할 수 있기 때문에 자기는 충분히 투명하게 행동했다고 생각한다. 하지만 가족들은 도박중독자가 출금한 돈을 어디에 썼는지 스스로 알려주어야 비로소 투명하다고 생각한다. 그러므로 도박중독자가 쓴 돈의 내역이 명확하지 않고 도박중독자의 말을 입증할 수 있는 구체적인 증거가 없다면 전혀 투명하다고 여기지 않는다. 그래서 도박중독자에게 가계부나 현금 출납부를 쓰라고 하는 것이다.

이처럼 투명성에 대해 가족이 기대하는 수준과 도박중독자가 생각하는 투명성의 수준이 일치하지 않기 때문에 도박중독자는 신뢰를 쌓기 위해 자신의 기준을 고집하지 말고 무조건 가족의 기대 수준에 맞추는 것이 좋다. 그리고 무엇보다 가족의 기대 수준에 대해 나름대로 결정하거나 마음대로 행동하지 말고 반드시 직접 물어봐야 한다.

낮 시간에 무엇을 했는지 스스로 보고하는 것이 아니라 도박을 할 것이라고 가족이 의심하는 시간대를 물어서 그게 밤 시간이라면 귀가가 늦어지는 일이 생길 때 늦어지는 이유와 예상되는 귀가 시간까지 가족에게 미리 알리는 것이다.

또한 가족들도 자신의 의심병 치유법을 정확하게 알지 못하므로 가족에게 직접 물어봐도 투명성에 대한 구체적인 기대 수준을 제시하지 못하는 경우를 가정하고, 시행착오를 통해 서서히 합의점에 이른다고 생각해야 한다.

도박중독자가 가족의 신뢰를 쌓기 위해 어떻게 해야 하는지 간단히 요약하면 다음과 같다.

1. 신뢰를 쌓기 위해서는 투명성이 가장 중요하다.
2. 투명성은 도박뿐만 아니라 도박과 상관이 없는 영역에서도 유지해야 한다.
3. 같은 영역이라고 해도 가족과 도박중독자가 기대하는 투명성의 수준이 다를 것이라고 가정해야 한다.
4. 혼자서 대충 생각하지 말고 투명함의 기준과 기대 수준을 가족에게 구체적으로 물어봐야 한다.

5. 정작 가족도 투명성에 대한 기대 수준을 제시하지 못할 수 있기 때문에 초반에는 시행착오를 각오해야 한다.

사소한 거짓말이 더 해로운 이유

"선의의 거짓말."이라는 말이 있다. 상대방을 기망하거나 어떤 손해를 끼칠 악의적인 의도가 없는, 때로는 상대방의 기분을 좋게 만들기 위해 부정적인 정보를 감추는 소극적인 거짓말을 일컫는 말이다. 사람들은 이런 사소한 거짓말에 비교적 관대한 편이다. 그래서 거짓말이라는 걸 알면서도 기분 좋게 넘어가기도 한다.

하지만 이런 사소한 거짓말이 의도가 있는 악의적인 거짓말보다 도박중독 치유에는 훨씬 더 해롭다. 사소한 거짓말이 악의적인 거짓말보다 찾아내기 어렵고 눈에 잘 띄지 않기 때문이다.

사소한 거짓말은 진실의 경계선에 걸쳐 있기 때문에 진실과 거짓을 구분하는 눈을 흐리게 만든다. 그리고 그 경계가 불분명할 때 사람들은 진실이라고 생각하기보다는 모두 거짓이라고 생각하는 경향이 더 강하다. 그게 더 간편하기 때문이다. 그래서 결국은 아무것도 믿지 않는다.

사소한 거짓말이 더 해로운 또 다른 이유는 인간관계에서 중요한 신뢰를 악의적인 거짓말보다 훨씬 쉽게 무너뜨리기 때문이다. 악의적인 거짓말은 빈도수도 적지만 일단 알게 된다고 해도 눈에 띄기 때문에 오히려 면죄부를 받을 가능성이 크다. '오죽했으면 저런 거짓말까지 했을까?' '그럴 만한 이유가 있겠지.'라고 말이다.

하지만 사소한 거짓말은 그렇지 않다. 얼핏 보면 파괴력은 약해 보이지만 거짓말을 할 만한 이유를 찾기가 쉽지 않다. '기껏해야 장난일 뿐인데.' '이 정도 거짓말은 괜찮겠지. 아마 이해해줄 거야.'라고 생각하는 건 거짓말을 하는 사람의 순진한 기대일 뿐이다.

실제로 거짓말을 들은 피해자는 다음과 같이 생각한다. '이런 사소한 것까지 거짓말을 하는 사람이니 중요한 일에는 얼마나 거짓말을 많이 할까? 이렇게 믿을 수 없는 사람이니 앞으로 더욱 조심해야겠군.'

"바늘 도둑이 소 도둑 된다."라는 말은 비단 도둑질에만 적용되는 것이 아니다. 사람들은 거짓말도 똑같이 생각한다. 그러니 사소한 거짓말부터 하지 않도록 처음부터 각별히 신경 쓸 필요가 있다.

도박중독자에게 필요한 건 실천이다

자의든 타의든 도박을 그만두겠다고 결심한 도박중독자가 치유 과정 초기에 잘 빠지는 함정이 있다. 약속을 남발하는 것이다. 도박은 어차피 할 수 없는 상태이고 또 지금은 지긋지긋하다고 생각해서 안 할 수도 있다. 하지만 가족들의 입장에서 볼 때는 도박을 안 하는 것은 무척 당연한 일이므로 상처받은 가족들에게 점수를 딸 요량으로 이런저런 약속을 하는 것이다. 그 과정에서 담배를 끊거나, 술을 줄이거나, 정기적으로 운동을 하겠다거나, 집안일을 돕겠다는 등의 약속이 등장한다.

　가족들이 그런 노력을 보여달라고 강요한 것도 아닌데(강요하는 것도 사실 문제지만) 단도박 의지를 보여주겠노라며 스스로와 약속하는 것은 좋다. 하지만 가족과 지인들에게 공공연히 약속을 하는 것은 오히려 독이 될 수도 있다는 사실을 알아야 한다. 도박중독 때문에 의지력이 약해진 상태에서는 아무리 단순해 보이는 행동 변화도 뜻하는 대로 이루는 것이 쉽지 않기 때문이다. 도박까지 못하는데 친구들과 만나서 회포를 푸는 술자리의 횟수를 갑자기 줄이는 게, 도박을 그만둔 지금 유일하게 자신의 마음을 달래주던 담배까지 끊는다는 게 과연 생각만큼 쉬울까?

　결과적으로 상당수의 도박중독자가 얼마 버티지 못하고 약속을 어기는데 이런 약속 위반은 가족들에게 더 큰 실망감을 주고 도박중독자의 단도박 의지까지 의심하게 만든다. 그래서 갈등이 더 심해진다. 지금 필요한 것은 지킬 수 있을지조차 불확실한 공약 남발이 아니다. 정말 가족들에게 신뢰를 주고 싶고 자신의 변화 의지를 보여주고 싶다면 약속보다는 실천으로 보여줘야 한다. 도박중독자에게 필요한 것은 약속이 아니라 실천이다.

매사에 투명함을 유지하는 것이 어렵다면?

앞에서 거짓말을 하지 않는 것보다 더 중요한 건 투명성을 지속하는 것이라고 이야기했다. 그런데 어디서부터 어디까지 투명해야 하는 것인지 구별하기가 쉽지 않다고 어려움을 호소하는 도박중독자가 많다. 원칙적으로는 모든 면에서 투명함을 유지해야 하지만 그것이 말처럼 쉽지는 않다. 선의의 거짓말도 일체 하지 않으려면 상당히 의식적인 노력을 기울여야 하는데, 그 일 자체가 너무 힘들 수도 있기 때문이다.

그럴 때는 최소한 아래의 경우만큼은 거짓말을 하지 않고 완벽하게 투명함을 유지하도록 노력하는 것이 중요하다. 이것은 가족이 도박중독자에게 궁금해하고 많이 물어보는 내용이기도 하다.

도박과 관련 있는 돈이나 거취와 같은 질문이든, 얼핏 보기에 도박과 아무런 상관없어 보이는 것에 대한 질문이든, 따지지 말고 가족이 물어보는 것만큼은 솔직하게 대답하겠다고 다짐하고 실천해야 한다. 질문을 받은 상황에서 그것이 도박과 관련된 것인지 아닌지를 따지는 건 무의미한 일이다. 가족들도 사실 잘 모르고 질문하는 것일 수도 있기 때문이다. 가족이 인식을 하고 있든 모르고 있든 가족이 물어보는 사항은 이미 최소한 어느 정도 중요성이 있는 것이니 절대로 가족을 속이거나 둘러대려고 하지 말고 무조건 솔직하게 대답해야 한다.

설사 도박이나 치유와 아무런 상관이 없는 질문이라고 해도 가족이 자신에 대한 신뢰를 쌓는 데 도움이 되므로 이것저것 가릴 필요가 전혀 없고 그럴 때도 아니다. 가족이 물어보는 것에서만큼은 투명하게 대답해야 한다.

불법 도박을 하는 도박중독자를 어떻게 하는가?

세상에는 도박을 완전히 금지한 나라도 있고 도박을 허용하는 나라도 있다. 미국의 경우에는 주마다 정책이 다르다. 우리나라도 도박에 대한 정책이 하나로 통일되지 못하고 합법 도박과 불법 도박이 모두 존재한다.

합법적인 도박은 그나마 도박을 할 수 있는 시간이나 장소의 제약이 있어서 자발적으로 출입 정지 신청을 하면 이용하지 못할 수도 있다. 하지만 불법 도박은 그런 제약이 거의 없기 때문에 단도박을 위한 환경 조성을 하는 데도 애로 사항이 많다. 그렇다면 불법 도박을 하는 도박중독자는 단도박 환경 조성을 어떻게 해야 할까?

쉽지는 않겠지만 가족들이 도박 장소를 알 수 있는 경우라면 주저하지 말고 그때마다 신고를 해야 한다. 보통 시골 작은 마을에서는 동네 사람들끼리 모여서 도박을 하기 때문에 상대적으로 도박하는 장소를 찾기 쉽다.

그리고 성인 오락실의 경우에도 도박중독자에게 휴대전화 문자메시지로 연락을 하기 때문에 그 정보를 바탕으로 역추적하거나 뒤를 밟아서 신고할 수 있다. 사실 신고를 한다고 해도 불법 도박 업주들은 단속을 교묘하게 피하거나 벌금만 내고 새로운 곳에 다시 도박장을 만들기 때문에 근본적인 해결 방법은 아니다.

하지만 가족들이 계속 신고를 하면 불법 도박 업자들이 도박중독자에게 정보를 주지 않거나 더이상 연락을 하지 않는다. 도박중독자의 돈을 뜯어내려고 하다가 사업을 접을 위험을 계속 감수할 수는 없기 때문이다. 그러니 가족들은 도박중독자를 위해서라도 불법 도박을 방관하지 말고 적극적으로 신고하는 것이 좋다.

도박중독 치유는 자전거 타기를 배우는 것과 비슷하다

필자는 상담을 할 때 도박중독자와 그 가족에게 기왕 상담을 시작했으니 도움이 된다고 생각하든, 별로 도움이 되지 않는다고 생각하든 일단 상담을 꾸준히 받으러 나오라고 당부한다. 그 이유는 도박중독 치유가 자전거 타기를 배우는 것과 비슷하기 때문이다.

자전거를 중심을 잃지 않고 어느 정도 타려면, 어쩌다 한 번씩 연습하는 정도로는 어림없다. 한 달에 한 번씩 연습하면 과연 자전거를 탈 수 있을까? 진도가 잘 나가지 않으니 재미가 없고 금방 그만두면 결국에는 처음부터 다시 배워야 한다.

하지만 처음에는 힘들고 재미없더라도 매일 한 시간씩이라도 열심히 연습하면 누가 잡아주지 않아도 혼자 탈 수 있게 된다. 그 정도가 되면 피치 못할 사정이 생겨서 잠시 자전거 타기를 미뤄두어도 나중에 다시 시작할 때 처음부터 배울 필요가 없다. 이미 몸에 체화되었기 때문이다. 도박중독 치유의 원리도 이와 같다.

처음에는 뭐가 뭔지 잘 모르겠고, 도박을 그만두고 싶은 마음과 계속하고 싶은 마음이 충돌해 머릿속이 복잡한 데다가 금단증상 때문에 초조하고 일도 손에 잡히지 않는다. 그러니 '상담을 받는 것이 과연 답일까?'라는 회의감이 드는 것도 무리가 아니다. 하지만 치유가 어느 정도 궤도에 올라 웬만한 유혹 상황에 적절히 대처할 수 있고 자신감이 붙기 전까지는 꾸준히 상담을 받아야 한다.

그러니 몸이 허해질 때마다 응급실을 찾아 링거를 맞듯이 상담을 띄엄띄엄 받으면 안 된다. 그러면 평생 제대로 된 치유와 회복을 경험할 기회를 놓치게 된다. 위기를 기회라고 생각하고 오히려 더 적극적으로 달려들어 초반에 뿌리를 뽑을 각오로 상담에 전념해야 한다. 필자의 경험상 그런 사람들은 반드시 치유의 기쁨을 맛본다.

도박이 주는 이득을 인정하고 수용하라

도박중독 치유가 어려운 이유는 도박중독자들이 도박이 주는 이득을 마음으로 인정하고 받아들이지 않기 때문이다. 이는 어찌 보면 당연한 것이다. 도박 때문에 피해를 입은 가족들이 '도박은 반드시 끊어내야 할 악의 축'이라고 생각하니 엄청난 비난을 받을 것이 뻔하기 때문에 도박에도 이득이 있다는 진실을 대외적으로 공표할 수도 없고 도박중독자 스스로도 도박을 끊어야 한다는 쪽으로만 생각을 집중하기 때문이다. 하지만 도박중독을 제대로 치유하려면 최소한 단기적으로는 도박에도 이득이 있다는 점을 인정하고 받아들여야 한다.

무엇보다 도박은 그 어떤 것으로도 대체하기 어려운 짜릿함과 스릴, 흥분을 가져다준다. 이러한 흥분을 대체할 수 있는 다른 대안이 있다면 도박에서 벗어나는 것이 좀더 쉬워질 수 있겠지만 현실적으로는 거의 불가능한 일이다. 또한 도박은 스트레스를 회피할 수 있는 강력한 도구이며 무료한 시간을 보낼 수 있도록 도와주는 역할도 한다. 이처럼 도박이 단기적으로는 도박중독자에게 분명히 이득이 있다는 사실을 인정하고 수용해야만 진정으로 도박을 마음에서 내려놓을 준비를 할 수 있다. 도박의 부정적 결과에만 초점을 맞추고 도박으로 돈을 딸 수 없는 이유만 강조해서는 반쪽짜리 치유에 그치고 만다.

단도박을 기념하고 축하하라

단도박 상태를 유지하는 것은 상당히 어려운 일이다. 알코올중독이나 마약중독처럼 금단증상이 뚜렷한 물질중독이 아니라고 해도 도박 행동을 자제하는 것은 결코 쉬운 일이 아니다. 오히려 특별한 금단증상이 없다는 점이 도박을 쉽게 생각하는 덫으로 작용해서 탈도박하는 것이 더 힘들기도 하다.

모든 중독이 그렇지만 탈도박은 몇 달하고 말 것이 아니라 평생을 지속해야 하는 인고의 과정이다. 그러므로 도박중독자 스스로도 탈도박 상태를 유지하기 위한 '강화물incentive'이 필요하다. 필자가 도박중독자에게 많이 조언하는 방법은 2가지다.

첫 번째는 '목표 날짜 달력'이다. 건설 현장에서 흔히 볼 수 있는 '무사고 며칠' 안내판을 상상하면 된다. 문구점에 가면 탁상 달력처럼 생긴 날짜판이 있다. 조금 큰 것은 999일까지 표시할 수 있고 스프링

형태라서 하루 단위로 넘길 수도 있다. 일과를 마치고 잠자리에 들기 전에 하루를 넘기면서 얼마나 단도박 상태를 유지했는지 시각적으로 확인하는 것은 앞으로의 의지를 다지는 데 도움이 된다. 도박을 하고 싶은 유혹을 느낄 때 그동안 참아온 시간들이 아까워서라도 이를 악물고 참는 것이다. 너무 단순한 것처럼 보이지만 원래 자기 계발 도구는 단순할수록 효과적인 법이다.

두 번째는 '기념일로 자기 보상하기'다. 우선 기념일을 정한다. 100일이 될 수도 있고 1년이 될 수도 있다. 그다음에 저금통을 하나 마련해서 나름대로의 방법으로 돈을 모은다. 동전을 모을 수도 있고 하루에 천 원씩 모을 수도 있다. 다만 도박과는 전혀 상관이 없는 돈이어야 한다. 기념일이 되면 그 돈으로 기념식을 한다. 가족들과 외식을 할 수도 있고 맛있는 케이크를 사다가 작은 기념식을 할 수도 있다. 또는 그동안 도박을 참은 자신을 위해 사고 싶었던 물건을 선물로 사주며 칭찬을 할 수도 있다. 혹은 그 돈으로 불우이웃돕기 성금을 낼 수도 있다. 뭔가 의미가 있는 나름의 아이디어를 생각해보기 바란다. 단도박 상태를 유지하는 데 긍정적인 보상은 중요하고 또 필요하다. 비록 내재적 동기를 직접 고취시키는 것이 아니라고 해도 말이다.

첫 번째 방법인 목표 날짜 달력 방법과 두 번째 방법인 기념일로 자기 보상하기 방법을 결합해서 사용하면 더욱 효과가 커질 것이다. 단도박 동기를 강화하는 데도 효과적이지만 여러 가지로 의미 있는 작업이었다고 평가하는 도박중독자가 많았기 때문에 이를 적극적으로 추천한다.

도박중독자에게는 플러스 사고가 필요하다

'플러스 사고'는 의도적으로 긍정적인 사고를 함으로써 몸과 마음을 긍정적인 방향으로 일치시켜 변화를 유발하는 사고 방식이다. 도박중독자에게는 플러스 사고 방식이 꼭 필요하다. 도박중독자들이 도박을 하는 과정에서도 그렇고 치료를 받으면서도 마이너스 사고에 사로잡혀 있는 경우가 많기 때문이다.

상담할 때 도박중독자들은 도박을 계속하게 되면 자신과 가족이 어떤 피해를 입을지에만 초점을 맞춰 생각한다. 이런 마이너스 사고는 자칫 자신이 현재 마이너스 상태에 있고 도박을 끊어야 제로(원점) 상태로 돌아갈 수 있다는 생각으로 이어진다. 그런데 이러한 마이너스 사고는 치유 동기를 낮추기 때문에 별로 좋지 않다. '열심히 노력해봐야 본전이다.'라는 생각이 마음속에 이미 자리 잡고 있기 때문이다.

우리가 승진이나 봉급 인상, 상사의 칭찬 등 긍정적인 강화물을 기대하면 더 힘을 내서 열심히 일할 수 있듯이 모든 변화에는 긍정적인 보상을 기대하는 플러스 사고가 도움이 된다. 따라서 도박을 계속했을 때 생길 수 있는 문제를 늘 염두에 두는 마이너스 사고보다는 도박을 그만두었을 때 궁극적으로 얻을 수 있는 유익을 생각하는 플러스 사고가 도박을 하지 않겠다고 결심하고 노력하는 데 더 바람직하고 효과적이다.

명현현상을 두려워하지 말자

'명현현상'이란 우리의 몸이 좋은 영양소를 섭취하게 되면 생체 기능이 조절됨에 따라 몸 안의 독소가 배출되는 과정에서 나타나는 현상이다. 그 과정에서 일시적으로 몸 상태가 안 좋은 것처럼 느껴지는 것을 한의학에서 주로 일컫는 말이다.

잠시 눈앞이 캄캄해지고 어지러운 느낌을 받는 등의 증상을 경험할 수 있다. 도박중독 치유에서도 이러한 명현현상과 비슷한 일이 일어날 수 있다.

그동안 쉬지 않고 열심히 하던 도박을 갑자기 중단하고 나면 잘되던 주의 집중이 생각만큼 안 되거나 짜증이 늘고 잠자리도 불편해져서 뒤척이는 등 여러 가지 금단증상이나 문제가 갑자기 나타날 수 있다. 때로는 갑작스럽게 도박 충동이 강해질 수도 있어서 '내가 제대로 치유받고 있는 것인가?'라는 의문이 생기기도 한다.

하지만 이는 모두 명현현상의 일종이다. 제대로 된 치유의 길로 들어섰기 때문에 도박에 익숙해진 몸과 마음이 저항하는 것이다. 오히려 명현현상이 일어나지 않는다면 그게 더 문제다. 그러므로 지금까지 해오던 대로 꾸준히 치료를 받아야 한다.

치유의 원칙과 기준을 일관되게, 그리고 지속적으로 지켜간다면 명현현상은 곧 사라지고 진정한 회복의 길로 들어서게 된다. 그러므로 명현현상을 두려워할 이유가 없다.

다시는 도박을 안 할 거냐고 묻는 가족

어느 정도 단도박 상태를 안정되게 유지하는 도박중독자가 곤혹스러워하는 가족들의 질문이 있다. 바로 "당신, 앞으로 도박 안 할 거지?"라는 질문이다.

치유 과정에서 뭐든지 거짓말하지 않고 솔직하게 말하는 것이 중요하다는 것을 안 도박중독자는 이 질문에 흔쾌히 답하지 못한다. 왜냐하면 지금은 도박 생각도 별로 안 나고 도박을 할 마음도 없지만 앞으로의 일은 자신도 알 수 없기 때문이다. 즉 자신도 모르는 미래의 일을 장담하는 것 자체가 거짓말이 될 수 있다고 생각하는 것이다. 그래서 일반인이라면 그리 어렵지 않게 답할 수 있는 이런 질문에도 머뭇거리게 되고 그런 머뭇거림이 가족들을 더욱 불안하게 만든다. 그렇다면 가족은 이러한 사실을 몰라서 질문을 하는 걸까?

아니다. 가족들도 잘 알고 있다. 도박중독이라는 것이 평생 안심할 수 없는 문제라는 걸 왜 모를까…. 그런데도 가족들이 도박중독자에게 이런 질문을 하는 이유는 사실을 알기 위해서가 아니라 또 다른 이유가 있기 때문이다.

생각해보자. "당신은 언제나 내 편을 들어줄 거지?"라고 묻는 아내에게 그건 사안에 따라 다르니 아내의 마음을 달래주려고 무조건 "그렇다."라고 대답하는 건 사실상 거짓말을 하는 것이라고 여겨서 "그거야 상황에 따라 다르지."라고 답하는 어리석은 남편이 있을까? 그런 남편은 아마 없을 것이다. 왜냐하면 아내가 요구한 것은 사실이 아니기 때문이다. 이와 마찬가지로 가족들이 원하는 건 바로 도박중독자의 굳센 각오와 결연한 자세다.

가족들은 도박중독자가 포기하지 않고 도박중독과 열심히 싸울 자세와 각오가 되어 있느냐고 묻는 것이다. 그 싸움에서 승리할 것인지 패배할 것인지는 아무도 모른다. 또 그걸 미리 알면 뭐할까? 그러므로 "다시 도박을 안 하기 위해 모든 노력을 다 기울일 거야."라고 대답한다면 충분하다. 그게 바로 가족이 원하는 답이다.

잠자리 거부를 못 받아들이는 도박중독자

도박중독과 관련된 상담을 진행하면서 의외로 이 문제를 고민하는 도박중독자가 많다는 것을 알게 되었다. 도박과 관련된 부분에서는 갈등이 어느 정도 완화되었는데도 부부 간의 성생활 문제에서는 생각의 차이가 꽤 크기 때문에 대립하는 경우가 많다.

남편이 더이상 도박을 생각하지 못하도록 눈 딱 감고 원하는 대로 해주라는 조언을 하는 상담자도 있다지만, 그게 어디 마음먹은 대로 되는 일도 아니고 참으로 쉽지 않은 문제다.

남성 도박중독자는 대부분 도박 문제 해결과 잠자리는 별개의 문제라고 생각한다. 자신이 도박을 했더라도 부부 사이의 잠자리는 도박과 상관이 없다고 생각하는 경향이 있다. 게다가 자신이 정신을 차리고 상담도 열심히 받고 있는 이상, 배우자의 잠자리 거부가 자신에게 벌을 주기 위해서라는 이유 이상을 떠올리지 못한다.

이와 달리 아내는 남편과 다시 잠자리를 하기 위해서는 친밀감과 신뢰가 밑바탕에 깔려야 한다고 본다. 때문에 신뢰를 무너뜨린 도박중독자와 잠자리를 하는 것 자체가 본능적으로 불가능하다. 몸과 마음이 모두 열리지 않는 것이다. 따라서 아주 체계적인 접근이 필요하고 손 잡기나 팔짱 끼기와 같은 기본적인 스킨십부터 다시 점검해야 한다. 실제로 도박중독자 가정의 부부 상담을 해보면 잠자리는 둘째 치고 손을 잡거나 팔짱을 끼는 등 기본적인 친밀감을 표시하는 행동이 이미 오래전에 사라진 부부가 많다.

배우자는 도박중독자를 자신도 모르게 피하는 것에 대한 죄책감을 상담에서 다루어야 하고, 도박중독자는 이런 생각의 차이를 먼저 이해해야 한다. 그래도 여전히 불만스러운 도박중독자에게는 유명한 부부치료자인 미셸 와이너-데이비스가 한 말을 들려주고자 한다.

"당신이 도박중독자라면 당신 배우자에게 끝까지 인내하는 자세를 취해야 한다. 당신의 도박 문제를 알게 되었을 때 그것이 상대방에게 얼마나 충격적이었을지 당신은 절대로 다 알 수가 없다. 당신이 배우자의 아픔을 이해하든지 못하든지, 어쨌거나 배우자가 당신이 준 상처를 회복하려면 아주 오랜 기간이 걸릴 수 있다는 것을 받아들여야 한다.

당신이 상처를 주었다는 사실에 대해 가슴 아파하고 있다는 것을 배우자에게 전하라. 행동으로, 얼굴 표정으로, 그리고 눈빛으로 당신이 후회하고 있음을 보여라. 비록 '미안하다.'라는 말 한마디로 고통이 없어지는 것은 아니지만 그것은 회복의 과정에서 반드시 필요하다."

시댁에 자녀를 데려가지 못하게 하는 배우자

남편이 도박중독자인 경우 자녀를 시댁에 데려가지 못하게 하는 아내가 많다. 도박중독자가 치료를 거부했다면 모르겠지만 순순히 치료에 응해온 도박중독자의 입장에서는 받아들이기 어려운 일이고, 배우자가 자신을 벌주려고 하는 것이 아닌가 원망스러울 수도 있다.

언뜻 불합리하고 불공정해 보이는 아내의 이러한 처사에 대해 도박중독자가 먼저 헤아려야 할 부분이 있다. 자녀를 시댁에 데려가지 못하게 하는 배우자의 행동에는 도박중독자를 벌주려고 하는 의도도 분명 있다. 도박에 빠져 있을 때 아내와 자녀에게 신경도 쓰지 않았으면서 막상 정신이 돌아와 뒤늦게 어른들에 대한 도리를 다 하겠다고 나서는 도박중독자가 꼴 보기 싫고 밉기 때문에 제동을 거는 것이다.

특히 도박중독자가 치료를 받기 시작했지만 가시적인 성과가 없다면 아직 도박중독자를 신뢰할 수 없기 때문에 치료에 박차를 가하라는 의미에서 경각심을 불러일으키기 위해 자녀를 데려가지 말라고 딴죽을 걸기도 한다. 그래서 단순히 도박을 하지 않는 것만으로는 부족하다. 배우자의 마음을 달래고 어루만지기 위해 가시적인 행동도 열심히 해야 한다. 하지만 이 이유가 전부는 아니다.

자세히 살펴보면 시댁에 자녀를 데려가지 못하도록 강경하게 나오는 배우자일수록 시댁 식구들과 사이가 좋지 않다. 그 중에서도 특히 시부모님에 대한 원망이 많은 것을 알 수 있다. 이는 도박중독에 어떻게 대처해야 하는지 모르는 시부모가 며느리에게 지나치게 의존하거나 윽박질러서 과중한 스트레스를 가하기 때문이다.

며느리의 입장에서는 정작 문제가 발생했을 때에는 뒷짐을 지고 물러나서 자신이 도박 문제의 피해를 모두 감당하도록 수수방관한 시댁 식구들이 그래도 손주는 보겠다고 데려오라는 꼴이 미운 것이다. 이러한 시댁의 요구를 뻔뻔스럽다고 생각하는 아내들이 많다.

따라서 도박중독자는 자녀를 본가로 데려가겠다고 떼를 쓰거나 배우자를 윽박지르기만 할 것이 아니라, 상처받은 배우자의 마음을 위로하는 데 집중하고 배우자의 분노가 가라앉을 때까지 당분간 기다려달라고 본가의 식구들을 설득하는 것이 더 효과적인 방법이다.

회복의 길에
가족의 도움은 절대적이다

가족들은 도박중독자와 함께 상담하러 가는 날을 가족 이벤트로 활용하거나 탈도박을 축하하는 날로 정하는 것이 좋다. 도박중독자의 단도박 노력을 칭찬하면서 동시에 경제적·정서적으로 독립하려는 노력도 함께 기울여야 한다.

사공이 많으면 어떻게 되는가?

사공이 많으면 배가 산으로 가게 마련이다. 왜냐하면 사공들이 제각기 원하는 방향으로 배를 몰고 가려고 하니, 정작 배가 가야 하는 방향과는 상관없는 산으로 올라가버리는 것이다.

도박중독 치유에서 과연 사공은 누구일까? 도박중독자에게 영향을 미칠 수 있는 모든 사람이 사공이 될 수 있다. 가깝게는 배우자·부모·형제·자녀이고 친한 지인이 사공이 될 수도 있다. 그렇다면 도박중독이라는 배는 누가 몰아야 하는 걸까?

그 답은 도박중독이 누구의 문제인가를 살펴보면 알 수 있다. 도박중독은 일차적으로 도박중독자를 중심으로 한 현 가정의 문제다. 도박중독자가 결혼을 해서 가정을 이루었다면 도박중독자와 배우자, 자녀로 이루어진 가정의 문제일 수 있다. 또한 도박중독자가 미혼이라면 도박중독자와 부모님, 분가하지 않은 형제자매로 이루어진 가정의 문제일 것이다.

그러니 현 가정에 속하지 않은 사람은 일단 뒤로 물러서는 것이 도박중독 문제를 해결하는 데 도움이 된다. 본인이 도박중독의 전문가가 아니라면 더더욱 그렇게 해야 한다. 돕지 않는 것이 오히려 도박중독자를 돕는 일일 수 있다. 도박중독에 대해 정확히 알지 못하는 상태에서 돕는다고 나서면 아무래도 효과가 불확실한 민간 처방에 의존할 가능성이 커진다. 그러니 도박중독자와 그 가정을 돕고 싶다면 마음으로만 응원하고 치유는 전문가와 전문기관에 맡기는 것이 현명한 행동이다.

치료를 거부하는 도박중독자는 어떻게 해야 하나?

병에 대한 인식이 없는 것이 도박중독의 전형적인 특징이다. 그러므로 도박중독자가 스스로 치료를 받겠다고 치료기관을 찾는 경우는 사실상 매우 드물다. 게다가 도박중독이라는 병이 강제로 치료할 수 있는 병도 아니기 때문에 현장의 상담자는 어려움이 더욱 클 수밖에 없다.

그런데 간혹 가족의 강요나 이혼 협박에 의해 치료를 받으러 억지로 나오기는 하지만, 자신은 전혀 문제가 없다는 생각을 포기하지 않는 도박중독자가 가족을 안심시키려고 치료를 악용하기도 한다. 가족들은 치료의 내용은 잘 몰라도 어쨌거나 도박중독자가 꾸준히 전문치료기관에서 상담을 받고 있으니 치료가 되고 있을 거라고 안심한다. 하지만 실제로는 치료 효과가 거의 없다. 오히려 상담자가 도박중독자의 알리바이를 위해 이용당할 가능성이 있다.

이런 도박중독자는 대개 바쁘다는 핑계를 대면서 상담 시간을 자주 연기하거나 예약 시간에 늦는 일이 많고 과제 또한 게을리한다. 상담 시간에는 도박에 대한 이야기를 피하려고 계속 화제를 돌리며(주로 부부 갈등에 대한 이야기나 자신의 과거 이야기를 꺼내면서 상담자의 주의를 돌린다), 도박 경험과 충동에 대해 상담자가 이야기를 꺼내면 매우 단호한 태도로 도박 충동과 경험 유무를 부인한다. 이런 도박중독자를 위해 동기강화상담이 도움이 되는 것으로 알려져 있다. 하지만 실제로 현장에서 적용을 해보면 소위 '바닥을 치지 않은' 도박중독자에게는 효과가 제한적이다. 이처럼 자신의 문제를 끝까지 인정하지 않는 도박중독자를 상담자와 가족들은 어떻게 해야 할까?

먼저 현재 상담이 상담자와 도박중독자 모두에게 도움이 되지 않고 있다는 사실을 직면시키고 스스로 자제할 수 있다는 신념이 있는 것은 아닌지 확인한다. 그러고 나서 그것이 사실이라면 일시적으로라도 상담을 멈춰야 한다. 이때 도박중독 치유에는 자가치료를 비롯한 다양한 접근 방법이 있으며 도박중독자의 선택을 존중한다는 상담자와 가족의 의사가 분명하게 전달되어야 한다. 상담자와 가족이 도박중독자를 내쫓는 분위기가 만들어지면 나중에 재발을 하더라도 자신이 책임지는 것이 아니라 상담자와 가족의 탓으로 돌릴 수 있기 때문이다.

가족은 이런 접근의 필요성에 대해 충분히 이해하고 있어야 하며 무엇보다도 중요한 것은 가족은 계속 상담을 받아야 한다는 점이다. 이것은 도박중독자가 언제든 상담에 복귀할 수 있도록 심리적 끈을 연결해두는 장치일 뿐만 아니라, 도박중독자가 바닥을 치고 스스로에 대해 숙고하는 기간에 가족들이 충분히 상담을 받아서 재발에 대비할 수 있는 효과가 있다. 그리고 도박중독자와 가족에게 분산되었던 상담자의 치유 역량을 가족의 정서적 고통과 아픔에 집중할 수 있다는 장점도 있다. 상담자의 치유 노력을 받아들이는 것을 거부하는 도박중독자와 달리 가족들은 훨씬 상담하기가 용이하며 효과도 좋다.

결론을 이야기하자면 치료의 필요성을 끝까지 느끼지 못하는 도박중독자는 스스로의 선택에 따라 잠시 놓아줄 필요도 있다. 그리고 '거리 두기'와 '선 긋기'를 할 수 있도록 가족을 단련시키는 것도 하나의 방법이다. 그것이 훨씬 효율적일 수도 있다.

폭력을 가하는 도박중독자는 어떻게 해야 하나?

많지는 않지만 가족에게 언어적·신체적 폭력을 가하는 도박중독자도 있다. 대개는 도박 문제가 있기 이전부터 이런 문제가 존재하는 경우가 많다. 하지만 간혹 도박중독이 심해지면서 도박 빚에 대한 압박을 너무 심하게 받거나 도박 자금을 마련하려는 욕구가 지나치게 강해지면, 돈을 손에 넣기 위해 가족에게 언어적·신체적 폭력을 가하기도 한다.

그런데 사안의 경중을 굳이 따지자면 폭력 문제는 도박 문제보다 훨씬 더 심각한 문제다. 도박 문제보다 먼저 해결해야 할 시급한 문제라는 의미다. 일단 폭력이 발생하면 언제든 재발할 가능성이 크고, 도박으로 인해 발생한 문제와 결합되면 그 가능성은 더욱 커진다. 따라서 도박 문제에 앞서 발생한 폭력 문제는 법적인 도움을 포함한 모든 수단을 강구해서라도 가장 먼저 해결해야 한다. 가족의 신체적·정신적 안전을 확보하지 않은 상태에서 도박중독자의 도박중독 문제를 다룰 수는 없다. 안전 확보가 가장 중요하다.

도박중독 사실을 가족에게 알리지 말라고 한다면?

도박중독은 담배를 끊는 것과 비슷하다. 따라서 자신의 도박 문제를 주변 사람들에게 많이 알리면 알릴수록 더 빨리 치유되는 경향이 있다. 그런데 자신과 별로 관계가 없는 타인에게는 도박 이야기를 할 수도 있다고 생각하지만 유독 가족에게 이야기하는 것만큼은 절대로 허용하지 않거나 이를 언급만 해도 길길이 뛰는 도박중독자가 있다.

동네에 소문이 나면 이사하면 되고 회사 사람들이 알게 되면 회사를 그만두면 되지만, 가족들이 알게 되면 도박중독 사실이 평생 자신을 따라다닌다고 믿는 것이다. 가족들 앞에서 얼굴을 들 수가 없다는 핑계를 대면서 말이다.

　가족이 도박중독 사실을 알게 되는 것이 도박중독자가 걱정하는 것만큼 심각한 결과를 가져오는 경우가 실제로는 별로 없다. 하지만 도박 문제를 터부시하는 우리 문화의 특성상 가족에게 감추고 싶은 도박중독자의 마음을 어느 정도 이해는 할 수 있다.

　문제는 자신의 도박중독 사실을 다른 가족에게 알리지 말라고 배우자를 협박하거나 사정하는 것이다. 도박중독자의 말을 따르자니 공범의 역할을 하게 되어서 치유에 해가 될 것이고, 그렇다고 도박중독자의 말을 무시하고 가족에게 알리자니 이제야 마음잡고 치료받으려는 도박중독자가 홧김에 엇나가지는 않을까 두렵다. 그야말로 이러지도, 저러지도 못하는 상황이라고 할 수 있다. 그때는 이렇게 말하면 된다.

"내가 일부러 소문을 내거나 고자질할 생각은 없어. 하지만 누가 나에게 당신의 도박 문제에 대해 물어보면 나는 사실 그대로 이야기를 할 거야. 나는 거짓말을 하기 싫고 그 거짓말이 당신에게 도움이 되지도 않으니까. 그러니 내가 진실을 이야기하는 것이 싫으면 내가 도박에 대한 질문을 받지 않도록 당신이 책임지고 해결해야 해."

　이는 일부러 동네방네 소문을 내지도 않겠지만 그렇다고 거짓말을 해서 도박중독자의 공범 역할도 하지 않겠다는 배우자의 의지를 분명하게 표명하는 말이다. 게다가 가족들이 배우자에게 도박 문제를 물어보지 않게 하려면 스스로 뭔가 조치를 취해야 하니, 그 과정이 도박중독자에게 치료적인 압박이 되고 자신의 도박 행동 결과를 스스로 책임지게 만들라는 도박중독 치유의 제1원칙에도 부합한다.

가족이 빚을 대신 갚아주면 왜 안 되는가?

도박중독 전문기관에 상담을 받으러 온 가족들은 대부분 몇 차례의 재발을 거치면서 도박중독자에게 돈을 주는 것(도박 빚을 대신 갚는 대위변제이건, 도박 자금을 마련해주는 것이건)이 전혀 효과가 없다는 걸 이미 체험했다. 그러므로 "돈을 주지 말라."는 조언을 굳이 할 필요가 없다. 하지만 도박중독자의 도박 사실을 알게 된 지 얼마 안 된 가족의 경우에는 "한 번만 기회를 달라."라고 말하는 도박중독자의 간청을 뿌리치는 것이 쉽지 않다. 또한 '빚을 갚아주면 정말 정신을 차리고 도박을 그만두지 않을까?' 하는 기대를 하게 마련이다.

현실적으로 도박중독자에게 돈을 주는 것은 마약 중독자에게 마약을 쥐어주는 것과 같다. 그러므로 도박중독자가 아무리 그 돈을 치유에 도움이 되는 방향으로 쓰겠다고 의지를 굳건히 다져도 자신의 행동에 대한 통제가 되지 않는 도박중독의 특성상 도박중독자가 애초에 마음먹은 대로 그 돈을 사용하는 경우는 거의 없다고 봐도 된다.

'대위변제를 할 때 도박중독자를 거치지 않고 채권자를 직접 만나 빚을 갚으면 되는 거 아닌가?'라고 생각할 수도 있을 것이다. 하지만 대부분의 도박중독자가 빚의 내역을 모두 공개하지 않으므로 가족들의 의도대로 모든 빚을 갚는 것은 불가능하다. 게다가 가족이 대신 빚을 갚아주면 안 되는 근본적인 이유는 따로 있다. 그건 도박중독 치유의 제1원칙을 어기게 되기 때문이다. 가족이 도박중독자의 빚을 대신 갚으면 도박중독자가 자신의 행동 결과를 책임질 기회를 가족들이 빼앗는 결과를 초래해서 도박중독자의 무책임이 심화되고 결과적으로 도박중독 문제가 악화된다.

그래서 도박중독 치유와 관련된 연구 결과와 문헌에서는 가족들이 가장 주의해야 할 행동으로 '도박 빚을 대신 갚는 것'을 꼽는다. 그러니 앞서 이야기한 것처럼 도박 빚을 대신 갚아주는 것을 마약중독자의 손에 마약을 쥐어주는 것만큼이나 심각하게 생각해야 한다.

도박중독 치료의 제1원칙을 절대로 잊지 말자

도박중독을 치유하는 방법에는 여러 가지가 있지만 사실상 모든 치유의 기초를 이루는 제1원칙은 다음과 같다.

"도박중독자가 도박의 결과를 스스로 책임지도록 해야 한다."

너무나 당연한 것이라고 생각할 수도 있다. 하지만 도박에 중독되면 '상습적으로 거짓말하는 것'과 '책임을 지지 않고 뻔뻔해지는 것'이 도박중독자의 가장 큰 특징이라는 점에서 결코 만만치 않은 문제임을 짐작할 수 있다. 게다가 도박중독자가 책임을 지지 않는 것은 개인만의 문제가 아니라 여러 번의 재발을 거치면서 가족들이 자신도 모르게 공범의 역할을 한 영향도 있기 때문에 보기보다 쉬운 문제가 아니다. 따라서 도박중독자가 "도박의 결과를 스스로 책임지도록 한다."라는 말에는 더이상 가족이 도박중독자의 공범 역할을 하지 않겠다는 의지의 실천부터 수반되어야 한다.

예를 들어 도박중독자가 밤새도록 포커판에서 도박을 하다가 출근 시간이 지나도록 귀가를 하지 않은 것을 가족들이 분명히 알고 있다. 이때 오늘 출근하지 않은 도박중독자의 행방을 물어보는 전화가 회사에서 걸려오면 "아파서 누워있으니 오늘은 어쩔 수 없이 결근을 해야겠다."라고 둘러댄다. 이것이 바로 공범 역할이다. 그렇게 말하는 순간 결근한 책임은 도박중독자만이 아니라 가족도 함께 져야 할 책임으로 바뀐다. 어떤 불이익을 당하게 되더라도 진실만을 말하고 도박중독자가 도박을 하게 된 결과를 스스로 책임지도록 해야 한다. 그러므로 "어젯밤 도박하러 나가서 아직 집에도 들어오지 않았다."라고 정직하게 말하는 것이 옳다.

도박중독자는 강력하게 반발할 것이다. 하지만 그것은 자신의 도박 행동 결과를 스스로 책임지지 않으려는 당연한 저항이다. 저항에 맞서 이 원칙을 철저하게 고수할 때 비로소 도박중독자는 자신의 도박 행동이 불러오는 결과와 자신의 인생을 돌아볼 기회를 갖게 되는 것이다.

그러니 어떤 어려움이 있더라도 도박중독자가 도박의 결과를 스스로 책임질 수 있도록 변명이나 거짓말을 대신해주는 행동을 당장 그만둬야 한다. 모든 도박중독 치유는 제1원칙을 철저하게 지키는 것에서부터 시작한다.

진실만이 답이다

도박중독 치유에서 가장 중요한 공략 대상이 '거짓말'이다. 흔히들 도박중독의 주된 특징으로 이야기하는 '금단증상'과 '내성'은 그 정도가 두드러지지 않거나 금전 문제와 연결되어 있을 뿐이다(그렇다고 중요하지 않다는 것은 아니다). 하지만 거짓말은 도박중독자에게 심리적 타격을 줄 뿐만 아니라 거짓말 자체가 양심의 문제이기 때문에 금단증상과 내성에 비할 바 없이 중요하다.

현장에서 상담을 하는 전문가들이 중요하게 생각하는 무책임의 문제도 꼼꼼히 따지고 보면, 결국은 거짓말 문제와 깊은 관련이 있다는 것을 알 수 있다. 상습적인 거짓말로 양심이 무뎌져서 무책임한 것이니 말이다. 많은 도박중독자들이 가족의 의도와 마음을 상상해서 거짓말을 하고는 선의의 거짓말이라고 포장한다.

"아내의 마음이 아플까 봐 도박을 끊었다고 거짓말을 했어요." "조금이라도 내 힘으로 갚으면 위안을 얻을까 봐 숨겨둔 빚이 없다고 부모님께 거짓말했어요."라면서 말이다.

하지만 담긴 그릇이 화려하다고 독극물이 성수가 되지 않듯이 거짓말은 거짓말일 뿐이다. 게다가 상대방을 다치게 하며 자신의 심장에 꽂히는 부메랑과 같다. 선의의 거짓말은 결코 해결 방법이 아니다. 오로지 진실만이 해답이다. 그래서 도박을 하고 있든, 하지 않고 있든 간에 도박중독 치유의 핵심은 '죽어도 정직하자.'라는 마음을 먹고 정직을 고수하는 것이다. 자신과 세상에 정직할 수만 있다면 그 도박중독자는 결국 치유된다. 정직하지 않은 도박중독자는 제아무리 빚을 다 갚아도, 제아무리 많은 돈을 벌어도, 제아무리 다정한 가장이 되어도 반드시 도박중독이 재발하게 되어 있다. 그러니 정직하자. 죽어도 정직해야 비로소 살 수 있다.

도박중독 치료는 무료다

자신이 심각한 우울증에 걸렸다는 걸 알게 된다면 어떻게 할 것인지 생각해보자. 대부분의 사람들은 정신건강의학과를 방문할 테고, 아니면 믿을 만한 심리학자나 상담자를 찾아가 해결 방법을 함께 찾아볼 것이다.

　정신건강의학과를 찾아가면 대개는 보험 청구를 할 수 있는 약을 처방받을 것이고, 심리학자를 찾아가면 대부분 보험 청구를 할 수 없는 비급여 심리평가나 심리치료를 받을 것이다. 어쨌거나 둘 다 비용을 지불한다. 이처럼 정신과적인 혹은 심리적인 문제로 치료를 받게 되면 금액의 많고 적음을 떠나 비용이 발생한다. 그렇다면 도박중독의 경우는 어떨까?

　"세상에 공짜는 없다."라는 건전한 믿음을 갖고 있는 많은 사람들은 도박중독 치료도 비용이 발생한다고 생각할 것이다. 그러나 우리나라에서만큼은 도박중독 치료 비용이 전액 무료다. 비용이 전혀 발생하지 않는 것은 아니지만 도박중독 치료를 제공하는 모든 기관(사행산업통합감독위원회와 같은 국가 기관, 사행산업체에서 운영하는 전문치료기관 및 이들과 연계된 모든 센터)은 모든 서비스를 무료로 제공한다. 서비스를 제공하는 데 제약(예를 들어 병원 입원 치료를 3개월에 한정한다든가)을 둘 수는 있지만 도박중독자와 그 가족에게 비용을 청구하는 기관은 절대로 없다.

반대로 도박중독자와 그 가족에게 비용을 청구하는 치료기관이 있다면 그 기관은 도박중독만을 전문으로 치료하는 기관이 아니다. 도박중독에 대한 전문적인 서비스를 제공하는 '병원'이라면, 앞에서 이야기한 어느 기관과 반드시 연계되어 있고 그 기관을 통해 지원을 받으면 별도의 비용이 거의 발생하지 않기 때문이다. 우리나라에서 도박중독 치료는 무료라는 점을 명심하자. 그러니 개인이 일체 비용을 부담할 필요가 없다.

가족 흔들기에 반응하지 말자

도박중독은 도박을 하고 싶은 충동과 도박으로 돈을 딸 수 있다는 착각 때문에 도박을 멈추지 못하는 병이다. 그 중 핵심 문제는 자신의 삶에 대한 통제력을 상실하는 것이다. 도박 행동에 대한 통제력 상실에서 시작하지만 증세가 심해지면 도박뿐만 아니라 삶의 다른 영역에서도 통제력을 잃고 매사에 의도적으로 대응하지 못한 채 충동적으로만 반응한다.

이 사실을 깨닫게 된 도박중독자는 점점 잃어가는 통제력을 회복하기 위한 행동을 하는데 대표적인 것이 '가족 흔들기'다. 치유가 시작되면 가족들은 배운 대로 도박 행동의 결과를 도박중독자가 스스로 책임지게끔 의도적으로 뒤로 물러난다. 그리고 도박중독자와 물리적·심리적 거리를 유지하게 된다. 상당수의 도박중독자가 이러한 가족의 행동에 대해 격렬하게 저항하는데 이는 가족에 대한 통제력을 잃게 된다는 두려움이 엄습하기 때문이다.

이때 많은 도박중독자가 다시 도박에 손대는 실수를 한다. 그다음에는 실수를 고백하고 "다시는 도박을 하지 않겠다."라며 가족을 회유한다. 가족들은 이에 동요하지 말고 기존에 배운대로 도박중독자가 자신의 문제를 들여다보고 성찰할 수 있도록 거리를 계속 유지해야 한다. 도박중독자의 실수에 절망하고 도박중독자의 회유에 일일이 반응하면 도박중독자는 다시금 도박에 손을 댄 이유와 재발 방지를 위한 고민을 하기보다는 가족을 회유하는 방법(각서 쓰기, 앞으로는 진짜 잘하겠다는 휴대전화 문자메시지 남발 등)으로 어떤 것이 효과적일지만 고민하기 때문이다.

도박중독자가 도박에서 벗어나기 위해 모든 것을 투명하게 유지하고 매사에 책임감 있게 행동하는 것에 대해서는 긍정적인 강화를 할 필요가 있다. 반면에 도박에 다시 손을 대거나, 빚을 내거나, 거짓말을 하는 등 가족을 흔들 목적으로 하는 행동에 대해서는 무반응으로 일관해야 한다. 그러므로 도박중독자가 가족 흔들기를 하면 치료의 효과가 나타나는 것이라고 생각하고 더욱 일관된 자세를 유지하자.

도박중독자에게 치료를 설득하는 방법

아무리 가족들이 도박중독 문제를 해결하기 위해 동분서주해도 치유의 열쇠는 결국 도박중독자가 쥐고 있다. 따라서 도박중독자가 치유의 길에 들어서는 것이 관건인데 문제는 "자신이 도박에 중독되었다는 인식이 없는 도박중독자를 가족들이 어떻게 설득하는가?"이다.

도박중독자는 도박중독이 병이라고 막연하게 생각할 뿐 자신이 그 병에 걸렸다는 것은 인정하지 않으려 한다. 그래서 도박중독자를 설득할 때 '중독' '정신병' '병원' '치료'와 같은 용어를 사용하면 거부감만 유발한다. 이보다는 좀더 순화된 표현을 사용하는 것이 효과적이다. 예를 들어 '도박중독'보다는 '도박 문제', '치료'보다는 '상담'과 같은 용어를 사용하는 것이다. 도박중독자를 설득하는 이유가 도박중독자를 치유의 길로 들어서게 하는 것이지, 도박중독자라는 낙인을 찍는 것이 아니라는 점을 기억하자.

그럼에도 도박중독자가 전문기관을 방문하는 것을 극구 꺼리는 경우에는 현재 어떤 상태인지 살펴보기 위해 일단 평가만이라도 받아보자고 설득할 수도 있다. 아무리 도박중독에 대한 인식이 부족한 도박중독자라도 뭔가 잘못되고 있다는 정도는 느끼고 있을 것이다. 그러므로 자신이 어떤 상태인지 정도는 알고 싶어할 수 있다.

이때 결과가 어떻게 나오든 간에 선택은 도박중독자의 몫이라는 걸 확실히 해두어야 한다. 상담을 받겠다고 결정하든, 아무것도 필요없다고 거부하든 모든 결정은 도박중독자 스스로 내려야 한다. 도박중독자가 자율적으로 선택할 수 없다면 어떤 방법을 사용하든지 치유 효과는 반감된다. 또한 도박중독자가 스스로 선택해야 나중에 문제가 생겼을 때 가족을 탓하는 것을 방지할 수 있다.

내가 너 때문에 치료받는 거야!

"내가 상담을 받는 것은 오로지 너 때문에 상담받는 것이다."라고 미리 선을 긋는 도박중독자가 있다. 여기에서 '너'라는 것은 배우자가 될 수도 있고 성인이 된 자녀가 될 수도 있다. 도박중독자가 이런 말을 하지 못하도록 가족은 처음부터 확실히 선을 그어야 한다.

"당신이 원하지 않고 필요 없다고 판단되면 받지 마. 그리고 나 때문에 받는다고 이야기하지 마." 너무 냉정하게 들릴지라도 이렇게 말해야 한다.

도박중독자가 자신은 원하지 않는데 단지 가족 때문에 상담을 받는다고 말하는 것을 허용하면 안 되는 이유가 있다. 이 말이 도박중독자 스스로 문제를 해결하려는 책임감을 갖지 못하도록 방해하기 때문이다. 이 말을 입버릇처럼 하는 도박중독자는 상담이 실패하는 경우(실제로 이런 마음가짐으로는 대부분 실패할 수밖에 없다) 그 책임을 자신에게 돌리지 않고 상담자나 가족 등 외부 환경에 돌리게 된다.

도박을 하지 않겠다는 결심을 하지 않고, 자신과 가족의 인생과 행복을 위한 노력을 하지 않으려는 도박중독자는 어떤 방법을 쓰더라도 좋아지지 않는다. 그러므로 가족들은 도박중독자가 가족을 위해서 받는 상담이라고 주장하면 "그럴 필요 없다."라고 단호하게 말해야 한다.

도박중독자 스스로 도박을 끊을 수 있다면?

가족들이 치료를 권유할 때 많은 도박중독자가 "혼자서 도박을 끊을 수 있다."라면서 거부한다. 지금까지는 끊을 생각이 없었지만 이제는 굳은 마음을 먹었기 때문에 혼자서도 충분히 도박을 끊을 수 있다면서 말이다. 언뜻 들으면 그럴 듯하게 들리기도 한다. 지금까지는 끊으려는 마음을 먹은 적이 없으니 아무런 노력도 기울이지 않았을 테고, 이제 정신을 차리고 끊겠다는 마음을 단단히 먹는다면 어렵지 않게 끊을 수 있을 것 같기도 하니까 말이다. 게다가 혼자서 도박을 끊는 것이 전혀 불가능한 것도 아니므로 가족들이 도박중독자의 말을 믿고 싶어하는 것도 이해가 안 되는 것은 아니다.

하지만 도박중독자가 혼자 도박을 끊겠다고 말하는 이유가 정말 도박을 끊기 위해서라면 모르겠는데, 때로는 그저 가족의 강요에 마지못해서 내뱉는 말일 수도 있다. 치료받기는 싫고 도박을 끊을 생각도 전혀 없기 때문에 혼자서 도박을 끊겠다고 말하는 것이다. 그래서 혼자서 도박을 끊겠다고 말하는 도박중독자에게 일단은 이렇게 물어야 한다.

"좋아, 도박을 끊겠다는 마음을 먹었다니 나도 정말 기쁘네. 그럼 이제 어떤 방법으로 도박을 끊을 건지 한번 이야기해보자."

도박은 마음만 먹으면 끊을 수 있는 병이 아니다. 혼자서 도박을 끊기 어려운 이유는 제대로 된 치료 방법을 모르기 때문이다. 또한 어렵게 시간을 내서 전문기관에서 상담을 받는 것도 도박을 제대로 끊을 수 있는 방법을 함께 찾아보기 위해서다.

만약 앞의 질문에 대한 답변이 시원찮다면 도박중독자는 아직 도박을 끊을 생각이 없거나 있더라도 구체적인 방법을 모르는 것이다. 그러므로 혼자 시행착오를 겪으면서 힘들게 고생하지 말고 전문기관의 도움을 받자고 설득해야 한다.

경험상 도박을 혼자 끊겠다면서 구체적인 방법을 이야기하지 못하는 도박중독자가 실제로 도박을 끊는 경우를 필자는 한 번도 본 적이 없다. 그러니 혼자서 도박을 끊기 위해 무엇을 할 것인지 구체적인 방법부터 물어보자.

도박중독자가 도박만 허락해달라고 한다면?

상담자에게 순순히 털어놓든, 끝까지 감추든 간에(가족에게는 절대로 말하지 못한다) 도박중독자가 마지막까지 포기하지 못하는 생각이 있다. '지금은 도박을 자제할 능력이 없지만 상담을 받아서 통제력을 회복하면 용돈 범위 내에서 도박을 조금씩 즐기겠다.'라는 생각이다. 가족들이 들으면 기절초풍할 일이다. 도박중독자가 이런 생각을 할 정도로 도박은 재미있기 때문에 도박중독자가 도박을 쉽게 포기하기 어렵다.

그래서 어떤 도박중독자는 "가사 분담이든, 재정 관리든, 종교 생활이든, 가정 대소사를 관리하는 것이든 배우자나 부모님이 시키는 대로 다 할 테니 도박만 허락을 해주면 안 되겠어?"라고 사정하기도 한다. 물론 이전처럼 제멋대로 하겠다는 것이 아니라 모든 것을 완전히 공개하고 가족이 정해준 한도 내에서만 도박을 하겠다는 것이다.

그러나 도박에 중독된 도박중독자라면 도박을 완전히 끊는 것보다 적절히 통제하면서 즐기는 것이 훨씬 더 어렵기 때문에 당연히 허락해서는 안 된다. 무엇보다도 가족들에게 그 말을 자연스럽게 꺼낼 수 있는 도박중독자가 도박을 통제할 수 있는 자제력을 갖추고 있을 리는 만무하다.

어쨌거나 그런 말이 가족들에게 어느 정도 충격적으로 받아들여지는지 도박중독자에게 알려주는 것만으로도 어느 정도 치료적 의미가 있다. 그런 의미에서 조금 과격하기는 하지만 예전에 필자의 내담자가 도박중독자인 남편에게 했던 말을 각색 없이 그대로 옮겨보면 다음과 같다.

"내가 집안일도 완벽하게 잘하고, 아이들도 더할 나위 없이 잘 돌보고, 시댁에서도 칭찬받는 며느리 역할을 해서 당신이 아무런 걱정 없이 밖에서 일할 수 있게 해줄게. 대신 당신의 허락하에 일주일에 한 번씩 애인을 만나 잠자리만 하게 해달라면 당신은 기분이 어떨 것 같아? 그게 방금 당신이 한 말에 대해서 내가 느끼는 감정이야."

도박중독자의 가족에게 도박이란 너무나 끔찍한 것이다. 아예 안 하면 좋지만 조절하면서 즐길 수 있다면 더욱 좋은, 해도 그만이고 안 해도 그만인 것이 절대로 아니라는 것을 도박중독자들은 알아야 한다.

도박 대신 술이 늘었는데 괜찮을까?

앞에서 도박 충동이 다른 중독 문제로 옮겨갈 수 있다는 이야기를 했던 것을 떠올려보자. 술이나 담배를 전혀 하지 않는 도박중독자들도 있지만 상당수의 도박중독자는 술과 담배도 많이 한다. 원래부터 술과 담배를 즐겼던 사람도 있고 도박에 빠지면서 그 양과 빈도가 늘어난 사람도 있다. 필자는 술과 담배를 많이 하는 도박중독자를 상담할 때, 특히 술 문제를 꼭 짚고 넘어간다. 그 이유는 다음과 같다.

술은 풍선효과가 매우 강하게 나타나는 물질이다. 도박중독 치유를 할 때 단도박 상태를 유지하면 도박 충동이 풍선효과로 인해 관련된 중독으로 이동하는데 술과 담배가 직접적인 영향을 받는다. 특히 술은 우리 사회에서 상당히 관대하게 받아들여지는 물질이기 때문에 술을 마시는 빈도나 주량이 급격히 늘어나기도 한다. 그래서 평소 술을 마시는 도박중독자가 도박을 그만두고 나서 술을 마시는 빈도나 주량이 늘어나지 않는지 유심히 관찰할 필요가 있다. 단도박 상태를 유지할 때는 될 수 있으면 일정한 규칙을 정해서 술을 마시는 것이 좋다.

또 다른 이유는 술이 도박과 연계되어 있는 경우가 많기 때문이다. 도박으로 돈을 따면 기분 좋아서 한 잔, 잃으면 속상해서 한 잔 마시는 도박중독자가 많고 이런 경험이 쌓이면서 도박이 술을, 다시 술이 도박을 부르는 경우가 많다. 현장에서 상담을 할 때 단도박 상태를 잘 유지하던 도박중독자가 술이 한 잔 들어가면 도박 충동을 강하게 느끼거나 충동을 억누르지 못하고 술김에 도박에 다시 손을 대는 경우를 자주 보았다. 따라서 술을 마시는 도박중독자라면 술 문제도 꼭 함께 다루어야 한다.

상담자와 합의하에 상담을 종결했는지 확인하자

도박중독자는 자신에게 문제가 있다는 것을 인정하지 않는 특징이 있기 때문에 치유가 어렵다. 바꿔 말하면 도박중독자가 자발적으로 단도박 모임에 나가거나 전문기관에서 상담을 받기 시작하면 이미 치유가 시작된 것이나 다름없다. 도박중독뿐 아니라 모든 중독의 공통점이기도 한 '문제 부정' 또는 '부인'은 임상가들이 반드시 극복해야 하는 문제이기도 하고, 치유 과정에서 넘어야 할 중요한 관문이기도 하다.

따라서 막상 치유가 시작되면 도박중독자나 상담자 모두 마음을 놓는 경우가 많다. 하지만 변화가 시작되었다고 해서 항상 순방향으로만 진행하라는 법은 없다. 여러 가지 요인에 의해 퇴보하거나 속도가 늦춰질 가능성은 얼마든지 있다. 특히 치유가 순조로워서 단도박 상태를 비교적 쉽게 유지하고 도박 때문에 발생한 여러 가지 문제에 수월하게 대응하게 되면 그때는 자만심과 싸우는 것이 핵심 문제로 떠오른다.

단도박 모임에 나가면서 자신감이 붙고 상담에도 익숙해져서 웬만한 도박 충동에도 끄떡없거나 도박 충동 자체를 느끼지 못하는 수준이 되면, '이제는 혼자서도 충분히 도박을 통제할 수 있지 않을까?'라는 자만심이 고개를 들게 된다. 그러면 단도박 모임과 상담에 지각하거나 사적인 일을 핑계로 한두 번 빠지다가 어느 순간 말도 없이 안 나오게 된다.

물론 단도박 모임의 협심자나 상담자가 어느 정도 챙기기는 하지만 연락이 되지 않는 일이 반복되면 연결 고리가 완전히 끊어질 수 있다. 그러면 제대로 준비되지 않은 상태에서 도박중독자가 다시금 사각지대에 놓이는 것이다.

가족의 중요성이 이 시점에서 부각되는데 상담에 빠진 것 자체를 문제 삼지 말고 상담자와 충분히 상의해서 합의하에 상담을 종결한 것인지를 물어봐야 한다. 그렇지 않다면 상담을 그만두더라도 반드시 상담자와 합의해서 공식적으로 종결하도록 도박중독자를 설득해야 한다.

공식적으로 합의해서 상담을 종결하지 않으면 이미 연결 고리가 끊겼기 때문에 혹시 재발하더라도 도박중독자가 상담을 재개하기가 매우 어렵다. 또한 대부분의 경우 완전히 치유되지 않은 상태에서 임의로 중단한 것이기 때문에 도박중독자 스스로 도박 충동을 통제할 수 있는 수준이 아닌 경우가 많다. 소위 '불완전한 회복' 상태에서 치유를 중단하게 되는 것이다. 그러니 사정이 있어서 상담을 그만 받게 되었더라도 반드시 상담자와 상의한 후 합의하에 종결할 수 있도록 점검하는 것이 중요하다. 이는 성공적인 치유를 위해 가족이 꼭 챙겨야 하는 부분이다.

가족들이 끝까지 노력해야 하는 이유

많은 도박중독자의 가족들이 도박중독자가 치료를 받아도 '재발하지 않을까?' 하는 불안감을 떨쳐버리지 못한다. 도박중독자 때문에 생긴 빚보다도 과연 나을 수 있을지에 대한 불안 때문에 더 힘들다고 호소하기도 한다.

도박중독이라는 문제가 워낙 실수와 재발이 많은 병이고 도박은 절대로 끊지 못한다고 믿는 사회의 속설 때문에, 그렇지 않아도 불안한 가족들의 마음은 더욱 불안해질 수밖에 없다. 이처럼 재발도 많고 정신 차리기가 어려운 도박중독을 치유하기 위해 가족들이 끝까지 노력해야 하는 이유는 과연 무엇일까? 단순히 가족이기 때문에 어쩔 수 없이 노력해야 하는 것일까?

도박 문제를 너무 늦게 알아서 이미 도박중독자와 헤어진 상태에서 상담을 받게 된 가족들이 이구동성으로 하는 말이 위 질문에 대한 답이 되지 않을까 싶다.

그들은 도박중독 전문가도 아닌 주변 사람들의 말만 믿고, 도박중독에 대해 제대로 배워볼 마음도 먹지 못한 상태에서 너무 빨리 희망의 끈을 놓아버린 것이 가장 후회스럽다고 말한다. "조금만 더 용기를 냈더라면, 조금만 더 부지런히 알아봤더라면, 조금만 더 버텼더라면 이런 후회는 하지 않았을 텐데…."라고 한다.

그렇다. 후회하지 않기 위해서 끝까지 다시 한 번 도박중독자에게 기회를 줘야 한다. 그리고 지극히 이기적일 수 있는 그런 이유로 시작된 노력이 누군가에게는 삶의 희망을 다시 한 번 꽃피우는 계기가 될 수도 있다. 그래서 필자는 종종 도박중독자의 가족들에게 마지막으로 단 한 번만 더 기회를 주고 함께 노력해보자고, 그래서 후회를 남기지 말자고 말한다.

도박중독 치료는 과정에 초점을 맞추자

도박에 중독되면 결과 중심으로 생각하게 된다. 그동안 가족들에게 얼마나 큰 상처를 주었든, 얼마나 많은 재정적인 피해를 입혔든 간에 한 번만 크게 돈을 따면 지금까지의 피해를 전부 보상할 수 있다고 착각하는 것이다. 그렇기 때문에 도박중독 치료에서는 '결과만 좋으면 다 좋다.'라는 식의 생각에서 벗어나도록 돕는 것이 매우 중요하다.

예를 들어 불법 하우스에서 불법 포커 게임을 하는 도박중독자가 있다고 가정해보자. 만약 가족이 "불법 도박을 하면 범법자가 될 수 있는데 어쩌려고 그러느냐. 법에 걸리니까 하지 마라."라고 말한다면 도박중독자는 이 말을 어떻게 받아들일까? '가족이 법에 걸리는 것을 걱정하니까 걸리지 않도록 조심해야겠군.'이라고 생각하는 도박중독자가 많을 것이다. 도박을 그만둔다는 생각 따윈 하지 않는다. 도박중독자에게는 결과만이 중요하므로 걸리지만 않으면 되는 것이다.

그렇다면 어떻게 이야기를 해야 할까? 결과가 아닌 과정에 초점을 맞춰서 이야기해야 한다. 이런 식으로 말이다.

"나는 당신이 양심에 거리끼는 행동을 하는 게 싫어. 아이들에게 떳떳하지 못한 아빠가 되는 것도 싫고. 그래서 당신이 도박으로 얼마를 벌어오든 간에 땀 흘리지 않고 쉽게 돈을 벌 수 있다는 그런 생각이 배어 있는 그 돈이 싫어. 단 한 푼도 받지 않을 거야. 그래도 당신이 끝까지 도박을 하겠다면 그 돈은 오로지 당신을 위해 쓰도록 해!"

상담자뿐만 아니라 가족들도 과정이 나쁘면 결과가 어떠하든지 결국은 문제가 된다는 관점에서 도박중독을 바라볼 필요가 있다. 그리고 주변 사람들이 그런 관점을 가져야 도박중독자도 다른 시각으로 도박을 바라볼 수 있다.

도박중독자를 밀지 말고 끌어당기자

필자가 도박중독자를 상담할 때 항상 염두에 두는 마음가짐이 하나 있다. 바로 "밀지 말고 끌어당기는 기분으로 상담을 하자."라는 것이다. 다른 분야의 상담에 비해 도박중독 상담은 알게 모르게 지시적으로 진행되는 경우가 많다. 채무 변제 문제, 가족 간 갈등 문제, 단도박을 위한 환경 조성 문제, 불법 도박을 포함한 법적 문제 등 산적한 문제가 많기 때문에 상담 초기에는 공감과 경청만으로 상담을 진행할 수가 없다.

핵심적인 문제를 다루기 위해서는 도박 문제에 집중하는 것을 방해하는 장애물을 빨리 치우는 것이 필요할 때가 많다. 그러므로 아무래도 직접적인 조언을 많이 하게 되고 때로는 지시도 하게 된다. 그러다 보니 치유에 대한 동기와 의지가 없는 것으로 유명한 도박중독자들을 자꾸 밀어붙이게 된다. 이를 보완하기 위해 자발적인 동기를 끌어낼 수 있는 동기강화상담을 하지만 한계가 있다. 그래서 도박중독자를 상담하는 상담자는 이 점을 항상 염두에 두고 내담자를 살살 끌어당긴다는 느낌으로 상담하는 것이 중요하다.

도박중독자가 치료에 얼마나 개입하는지는 스스로에게 달려 있고 그 책임도 본인에게 있다는 것을 분명하게 확인시켜주고 정서적인 거리를 적절히 유도해야 한다. 동시에 필요할 때 언제든 이야기만 하면 도와줄 수 있다는 든든함을 느끼게 해서 자신도 모르게 상담에 적극적으로 들어올 수 있도록 끌어당겨야 한다.

필자는 도박중독자를 살살 끌어당기는 방법 중 하나로 '친구되기'를 즐겨 사용한다. 도박중독자가 상담자를 어려운 사람이자 자신에게 치료를 제공하는 공식적인 사람으로 규정하는 이상, 치료적인 효과는 상당히 더디게 나타날 수밖에 없다. 오히려 친구처럼, 때로는 형이나 든든한 동생처럼 믿고 의지할 수 있도록 대하는 것이 의외의 효과가 있다는 것을 자주 경험했다.

가족들도 마찬가지다. 왜 좀더 적극적으로 상담을 받으려고 하지 않는지, 왜 자신의 문제를 빨리 인정하지 않는지, 생활 습관의 변화는 왜 이렇게 느리게 나타나는지 초조한 나머지, 도박중독자를 밀어붙여봤자 거부감만 키우고 결국은 도박중독자를 떠나게 만든다. 오히려 가족들의 행복과 미소, 품을 그리워하게 만들도록 도박중독자를 살살 끌어당겨야 진정한 마음의 변화가 시작된다. 도박중독자는 악의 근원이 아니라 함께 살아가야 할 가족이니 말이다.

여전히 돈을 딸 수 있다고 생각한다면?

가족들의 강요로 치료를 받는 도박중독자 중에서 도박으로 돈을 딸 수 있다는 착각에 계속 집착하는 사람들이 있다. 도박 빚을 갚기 위해서나 도박으로 잃은 돈이 아까워서 도박만이 희망이라고 생각하는 사람도 있지만, 정말로 도박으로 돈을 딸 수 있고 감정 조절만 잘하면 자신의 기술로 돈을 딸 수 있다고 믿는 도박중독자도 있다.

'치료를 잘 받고 있으니 이제는 다른 생각하지 않고 도박으로 돈을 딸 수 있다는 허망한 착각에서 벗어났겠지.' 하고 가족들은 안심하는데, 정작 도박중독자가 도박으로 돈을 딸 수 있다는 생각에는 변함이 없다고, 돈이 부족해서 못 따는 것뿐이라고 이야기하면 가족들의 억장이 무너지게 마련이다. 그래서 '이 인간은 도저히 치료가 안 되는구나.'라는 생각에 도박중독자의 치유를 포기하거나 헤어지겠다는 극단적인 결심을 하는 가족들도 있다.

하지만 여전히 정신을 못 차렸다고 절망하기 전에 가족이 충격을 받을 것임을 알고 있는데도 진실만이 희망이라는 상담자의 말을 믿고 자발적 무장해제를 하려는 도박중독자의 솔직함에도 어느 정도 점수를 줄 필요가 있다.

가족들이 불같이 화를 낼 것이 뻔한데도 도박중독자가 솔직하게 생각을 털어놓는 이유가 과연 뭘까? 이는 신뢰 회복을 위해서는 더 이상 자신의 참된 모습을 숨겨서는 안 된다는 깨달음을 얻었기 때문이다. 또한 자신을 더이상 기만하지 않겠다는 도박중독자의 의지를 표현하는 것이다. 그러니 자신의 모든 것을 솔직하게 털어놓은 도박중독자의 긍정적인 변화에 초점을 맞추는 발상의 전환이 필요하다.

가족들은 당분간 의심을 인정하자

도박중독자가 상담도 열심히 받고 도박 빚을 갚는다고 이런저런 방법도 알아보고 그동안 소홀했던 일까지 열심히 하는데, 정작 가족들은 도박중독자가 조금만 늦어도 '도박을 하는 것이 아닌가?'라는 의심이 들어서 자책하기도 한다.

하지만 도박중독이 그렇게 쉽게 치유되는 병도 아니고 도박중독자가 도박 충동을 조절할 수 있을 만큼 회복되는 데도 상당한 시간이 걸리는 만큼, 도박중독자에 대한 의심이 쉽게 가시지 않는 것은 어찌 보면 당연한 일이다.

마음속에 도박중독자에 대한 의심이 생기는 것을 인정하고 받아들이자. 불필요한 죄책감과 가책 때문에 마음의 병이 생겨서는 안 된다. 오히려 의심이 드는 자신의 나약한 마음을 인정하고 나면 극복하기가 쉬워진다. '지금 상황에서는 의심이 생기는 것이 당연하지. 혹시나 이 사람이 다시 도박을 시작했을지도 몰라. 하지만 그건 내가 통제할 수 있는 일이 아니니까 이런 의심이 드는 마음을 인정하고 받아들이자.'라고 마음먹는 것이다. 의심이 드는 마음을 인정하는 것은 도박중독자가 도박 충동이 일어나는 것을 인정하고 수용하는 것과 유사하다.

의심을 해서는 안 된다고 자신을 몰아붙이는 것이 중요한 것이 아니다. 의심이 일어나는 마음을 그대로 지켜보고 행동으로만 옮기지 않도록 노력하는 것이 중요하다. 도박중독자의 행방을 확인하는 전화를 하거나 도박을 하고 다니는 것은 아니냐고 도박중독자를 추궁하거나 계좌 내역을 몰래 조회하는 등의 행동을 하지 않도록 노력해야 한다.

도박중독자가 도박 충동과 맞서 싸우는 일이 무익한 것처럼 의심과 맞서 싸우는 것은 불필요한 에너지를 소진시키는 일이다. 그러니 의심이 드는 마음을 인정하고, 확인하려는 행동으로 옮기지 않는 데 그 에너지를 사용하자.

의심병에 걸렸다고 이야기하자

도박중독자가 문제를 인식하고 치료를 시작한다고 하더라도 치유 초기에 중점이 되는 것은 도박중독자의 도박 문제다. 때문에 가족의 의심병은 상대적으로 치료 선상에서 뒤로 밀려나기 쉽다. 그러므로 차라리 다음과 같이 이야기하는 것이 불필요한 분란을 조장하지 않고 도박중독자가 도박중독 치유에만 집중할 수 있게 해준다.

"나도 당신에게 이러고 싶지 않지만 내가 의심병에 걸려서 나도 자신을 어떻게 통제할 수가 없어. 그러니 미안하지만 내가 이 의심병을 고치는 동안 당신이 나를 좀 이해해줬으면 좋겠어. 나도 열심히 노력할 테니까."

도박 사실을 아는 사람들을 계속 피할 때

도박중독자는 도박 사실을 아는 이들과의 접촉을 피하려고 한다. 그나마 동네 사람이라면 자신과 별 관계가 없는 남이니까 대놓고 외출하기 곤란한 정도의 불편함만 감수하면 되지만, 친척들의 경우는 피할 수 없는 각종 경조사 때문에 무조건 피하기가 어렵다.

도박중독자가 자신의 도박 사실을 아는 사람들을 만나는 것을 피하는 이유와 그 해결 방안을 살펴보면 다음과 같다.

첫째, 자신이 도박중독자라는 사실을 아는 사람들이 자신을 욕하거나 왕따로 만드는 것을 두려워해서다. 하지만 도박중독자로 인해 경제적으로 막대한 피해를 입은 사람이 아니라면 도박중독자가 우려하는 일은 일어나지 않는다. 대체로 사람들은 자신이 피해자가 아닌 이상 다른 사람들의 불행에 별로 관심이 없다. 도박중독자와 잘 아는 사람이라면 오히려 여러모로 도움을 받을 가능성이 더 크다. 어차피 도박중독자가 이런 사실을 직접 체험하지 않는 이상 생각을 말로 바꾸기는 쉽지 않다. 하지만 입장을 바꿔 생각해보도록 이야기를 자꾸 해주면 도움이 된다.

둘째, 부끄럽고 민망해서 피하기도 한다. 일종의 무조건적인 회피로 그저 만나고 싶지 않은 것이다. 이럴 때에는 무조건 피하기만 한다고 문제가 해결되는 것은 아니라는 점을 짚어주고 비교적 부담이 적은 모임부터 함께 나가자고 유도하는 것이 좋다. 피하는 시간이 길어질수록 나중에 더 어색하고 힘들 수 있다는 점을 도박중독자에게 설명하는 것도 도움이 된다.

셋째, 드물기는 하지만 도박중독자에게서 흔히 나타나는 책임지지 않으려는 성향이 대인관계에도 영향을 미치기 때문에 사람들을 피하기도 한다. 이런 경우 경조사 참석이 도박중독자의 의무 내지는 책임이라는 점을 부각시키는 것이 좋다. 이때 의사를 관철하려고 무리하게 강요하지 말고 의견만 전달하고 선택은 본인이 하도록 맡기는 것이 중요하다. 본인이 선택한 것이 아니라면 결국은 자신에게 참석을 강요한 가족을 탓하게 될 테니 말이다.

도박이 싫다고 이야기하라

도박을 중단하지 않고 계속 하고 싶어하는 도박중독자가 가족에게 흔히 하는 말이 있다. "내가 바람을 피우는 것도 아니고 술 마시고 폭력을 휘두르는 것도 아니잖아. 도박 좀 하면 어때?"라는 말이다. 이 말을 들으면 가족들은 "도박은 돈을 잃게 만들잖아. 그게 더 가족들을 힘들게 만들어."라고 말하는데, 이렇게 도박을 끊어야 하는 당위성을 강조하는 말로 받아치는 것은 거의 효과가 없다. 왜냐하면 도박중독자가 도박을 다른 행동과 비교해서 이야기할 때에는 아직 도박을 포기할 생각이 없다는 뜻이기 때문이다. 도박중독자는 그저 도박을 하기 위한 나름의 논리를 만들어낼 뿐이다. 따라서 도박이 가정폭력이나 외도보다 더 나쁜 점을 논리적으로 설득하려는 시도는 대개 실패하고 만다.

잘 생각해보자. 도박중독자가 도박만 하지 않는다면 바람을 피우거나 술 마시고 폭력을 휘두르는 것을 허락할 건가? 도박이든, 바람을 피우는 것이든, 가정 폭력이든 모두 가정의 행복을 깨는 행동들이고 모두 해서는 안 되는 것들이다.

이럴 때는 "바람을 피우는 것도, 술 마시고 폭력을 휘두르는 것도, 도박을 하는 것도 모두 싫어. 그 중에서도 당신이 도박을 하는 것이 제일 싫어."라고 감정을 담아 이야기를 해야 한다. 특히 다음과 같은 말을 덧붙여주는 것이 좋다.

"나는 정말로 그러고 싶지 않은데 당신이 계속 도박을 하면 당신을 미워할 수밖에 없어. 부탁이야. 내가 당신을 미워하지 않고 사랑할 수 있도록 도와줘."

도박중독자와 떨어져 사는 가족을 위한 초기 대처 방법

많지는 않지만 여건상 도박중독자와 가족이 함께 살지 않는 경우가 있다. 함께 살아도 도박중독자에 대한 신뢰가 없어서 전전긍긍하는데, 도박중독자를 눈으로 확인할 수 없는 상황은 견디기가 더 쉽지 않다.

떨어져 있으면 도박중독자에 대한 의심뿐만 아니라 분노와 원망의 감정이 가족을 사로잡기 때문에 매우 힘이 든다. 특히 치유 초기에 가족의 심적 고통이 극에 달한다.

이를 위해 가족이 취할 수 있는 초기 대처 방법 몇 가지를 정리해 보았다.

되도록 도박중독자에게 연락하지 말 것
목소리를 듣는다고 감정이 가라앉고 마음이 편해지는 것은 아니다. 오히려 역효과가 나는 경우가 많다. 그러므로 일상적인 주제로 이야기를 한다 해도 쉽게 감정이 격앙될 것 같고 언쟁이 벌어질 것 같으면 차라리 연락을 하지 않는 편이 낫다.

꼭 연락을 해야 할 때에는 이메일을 이용할 것
이메일은 비언어적 요소가 포함되어 있지 않으므로 효과적인 소통 수단은 아니다. 하지만 일상적인 사안에 대해 상의를 하기 위해 제한적으로 사용하는 것은 괜찮다.

대신 이메일을 사용할 때에는 감정적인 문구가 포함되지는 않았는지 수차례 점검하고 보내야 한다.

전화 통화를 할 때에는 1인칭으로 대화할 것
꼭 전화 통화를 해야 하는 일이 있을 때에는 의식적으로 '나'를 주어로 해서 대화하는 것이 좋다. 상대방을 지칭하는 2인칭을 사용하면 의도야 어떻든 도박중독자를 비난하거나 공격하는 것처럼 오해할 수 있어 싸움이 일어나기 쉽다.

혼자 있는 시간을 줄일 것
그렇다고 도박중독자와 아무런 연락이 없는 상태에서 멍하니 혼자 있는 시간이 늘어나면 과거에 있었던 나쁜 일을 저도 모르게 곱씹어 앞으로 일어날 일까지 부정적으로 상상하게 된다. 따라서 혼자 있는 시간을 줄이고 몸과 마음이 바쁘도록 일과를 조정하는 것이 필요하다.

의도적으로 과거보다 미래에 생각의 초점을 맞출 것
가족들은 자신이 한 일이 아닌데도 고통을 당했기 때문에 과거에 집착하는 경우가 많다. 하지만 과거를 생각하는 것은 도박중독 치유에 도움이 되지 않는다. 오히려 적절한 대처를 하지 못하도록 보호자와 그 가족을 옭아맨다. 과거에 당한 고통과 괴로움은 상담에서 다루어야 한다. 그러니 될 수 있는 한 희망적인 미래를 상상하도록 노력해야 한다.

상담일을 가족 이벤트로 활용하자

예전에 도박중독에 대해 사람들이 잘 모를 때는 가족과 직장을 모두 잃고 그야말로 인생의 밑바닥에서 재기하고자 하는 사람들이 대부분 상담을 받으러 왔다. 반면에 요즘에는 홍보도 많이 되고 도박중독에 대한 인식이 많이 개선되어 가족의 지원을 받으면서 상담을 받는 도박중독자가 많아졌다.

그래서 평일에는 일을 하고 주말에 상담을 받으러 오는 사람들이 많다. 그런데 아무리 도박 문제를 해결하려고 오는 것이라고 하더라도 남들 다 놀러가거나 편히 쉬는 주말에 치료기관을 방문해서 주기적으로 상담하는 것이 그렇게 유쾌한 경험일 리가 없다. 괜히 아침부터 마음이 가라앉고 때로는 심각해지기도 할 것이다. 그래서 필자는 주말에 상담하는 사람들에게 상담일을 가족 이벤트로 활용하라고 적극 권하는 편이다.

오전에 상담을 마치고 가족과 외식을 할 수도 있을 테고, 오랜만에 배우자와 함께 영화 한 편을 볼 수도 있다. 그러면 상담을 받으러 오는 발걸음이 한결 가벼워진다.

게다가 가족과 함께하는 시간은 그동안 도박에 빠져 등한시했던 가족에게 미안했던 마음을 갚는 의미도 있기 때문에 일거양득의 효과가 있다. 진지한 것도 좋지만 때로는 이런 기분 전환이 도박중독 치유에 큰 도움이 되기도 한다.

도박중독 부부치료에서 중요한 '외재화'

부부 상담을 진행할 때 부부 갈등의 원인을 어느 한쪽 배우자가 제공한 것이 어느 정도 분명한 경우(예를 들면 도박이나 불륜 등)가 그렇지 않은 경우에 비해 대체로 치료에 어려움이 더 많다. 물론 도박이나 불륜이 부부 갈등의 원인이냐, 아니면 결과냐 하는 문제는 그리 간단히 평가할 수 있는 것이 아니기에 일단 여기에서는 논외로 하자.

도박중독 부부치료의 경우에 도박중독자의 배우자는 부부치료에 임하는 자세가 남다르다. 도박으로 인해 가정이 파탄 상태에 이르렀다고 믿기 때문에 도박중독자에 대한 배신감과 분노로 자신의 감정을 제대로 추스르지 못하는 경우가 허다하다. 그 중 가장 큰 문제는 도박중독자와 도박 문제를 분리해서 보지 못한다는 것이다. 즉 도박중독이라는 병에 걸린 도박중독자, 도박 충동에 의해 조종당하는 도박중독자라는 생각을 하지 못하고 '도박중독자=문제'라는 공식을 그대로 대입하려고 하기 때문에 치료적인 개입에 자신도 모르게 저항하거나 협조하지 않으려고 한다. 그래서 도박중독 부부치료에서는 '외재화 externalization'가 매우 중요하다.

심리치료 및 상담에서 외재화란 간략하게 설명하자면 '문제를 대상으로부터 분리해서 바라보는 것'을 말한다. 즉 도박중독자와 도박중독을 분리하고 도박중독을 도박중독자와 힘을 합쳐 해결해야 할 문제로 간주하는 것이다. 도박중독을 공동의 적으로 설정하고 배우자와 연합 전선을 펴는 외재화를 할 때 도움이 되는 기술은 바로 '이미지'를 이용하는 기술이다.

예를 들어 도박중독이나 도박 충동의 이미지로 마귀나 괴물 등을 떠올리고 도박중독자를 도박 충동에 의해 조종당하는 꼭두각시로 형상화함으로써 불필요한 부정적 감정의 낭비를 줄이고 치유 역량을 도박중독 문제에만 집중할 수 있게 하는 것이다. 물론 외재화가 말처럼 쉽지는 않다. 그러므로 전문가와 함께 적절한 외재화 기술을 습득하고 꾸준히 연습해야 한다.

도박중독자의 가족은 왜 칭찬에 인색한가?

도박을 하지 않고 참는 것만으로도 상당히 힘든 일인데 도박중독자는 가족의 인정과 용서를 받기 위해 집안일을 돕거나 대소사에 신경을 쓰는 등의 갖은 노력을 기울인다. 하지만 가족들은 무심하게도 그런 도박중독자의 행동에 별 관심이 없어 보인다. 왜 그럴까?

물론 도박중독자가 도박을 그만두고 참거나 집안일을 돕는 행동 등이 가족들 입장에서는 그리 특별할 것이 없고 어찌 보면 당연하기 때문에, 도박중독자가 특별한 노력을 기울인다고 생각하지 못해서 그럴 수도 있다. 하지만 도박에 빠지기 이전에는 가족들에게 전혀 신경을 쓰지 않던 도박중독자가 회복되는 과정에서 새로 태어난 사람처럼 가족을 아끼고 가족을 위해 무언가를 하려고 노력하면 눈에 띄지 않을 리가 없다. 그런데도 대부분의 가족들은 무심하고 칭찬에 인색한 편이다.

이는 가족들도 칭찬을 하고 싶지만 혹시라도 도박중독자가 교만해져서 변화하려는 긍정적인 노력을 멈추거나 만에 하나 '다시 도박에 손을 대지 않을까?' 하는 강한 두려움이 아직도 마음속 깊이 자리하고 있기 때문이다.

필자는 도박중독자들에게 이렇게 부탁하고 싶다. 가족들이 두려움에서 벗어나 마음껏 칭찬할 수 있을 때까지 조금만 참고 오히려 한 번 더 노력하라고 말이다. 사람의 마음이 바뀌는 것은 그리 쉽지 않다. 하지만 일단 한 번 제대로 바뀌기만 하면 그 변화는 터진 둑과 같다.

진정한 독립을 해야 한다

진정한 독립이란 과연 무엇일까? 도박중독자의 품을 떠나 홀로 서는 것만이 진정한 독립은 아니다. 오히려 도박중독자와 상관없이 "자신의 삶이 행복한가?"라는 질문에 "그렇다."라고 대답할 수 있는 것이 진정한 독립이다. 진정한 독립을 위해서는 경제적 자립과 정서적 독립, 이 2가지 과제를 모두 달성해야 한다.

맞벌이 가정이라면 외벌이 가정에 비해 좀더 형편이 나을 수 있지만 그렇다고 해도 도박중독자가 벌어오는 생활비를 기대하지 않고 경제적으로 자립하는 것은 결코 쉬운 일이 아니다. 최소한 수입이 반토막 난다는 말이니 상당한 수준의 긴축 재정을 감당해야 하기 때문이다.

특히 전적으로 도박중독자의 수입에만 의존하던 외벌이 가정이라면 문제는 더욱 심각하다. 당장 기본적인 생계부터 위협받을 수도 있다.

어찌되었든 도박중독자의 수입이 전혀 없는 상황을 가정하고 생존할 수 있는 자립 수단을 확보하는 것이 가장 시급하게 해결해야 할 문제다. 도박중독자가 도박을 그만두지 않는다면 집으로 들어오는 수입이 끊기는 것은 시간문제이기 때문이다.

진정한 독립을 위해서는 경제적 자립뿐만 아니라 정서적으로도 독립할 수 있어야 한다. 자신의 인생이 도박중독자와 단단히 연결되어 있고 떼려야 뗄 수 없다는 속박된 느낌, 도박중독자가 잘못되면 자신도 큰일 난다는 위기감, 도박중독자가 고통받을 때 나만 행복할 수 없다는 부적절한 죄책감 등이 모두 정서적 독립을 방해하는 감정들이다. 그런데 정작 이런 감정들은 도박중독자의 치유를 방해한다. 도박중독자의 입장에서 고통받는 가족들을 도울 수 있는 유일한 방법이 도박으로 돈을 따는 거라고 착각하게 만들기 때문이다.

그래서 정서적 독립을 통해 도박중독자가 가족들을 부러워하게 만들어야 한다. 그러기 위해서는 도박중독자가 없는 삶이 행복할 수 있는지에 대해 생각해볼 필요가 있고 자기 계발이나 여가 활동을 통해 살아 있다는 느낌, 행복감, 충만감을 경험할 필요가 있다. 도박중독자와 단단히 묶인 느낌이 공동 운명체라는 절실한 감정이 생기도록 도와줄 수는 있어도 도박중독자와 자신을 치유하지는 못한다는 것을 명심하자.

지금은 각자의 성을 돌볼 때다

도박중독자가 꽁꽁 숨겨두었던 도박 빚이 밖으로 드러나면 충격을 받은 가족들이 해결 방안을 찾아 여기저기 수소문한다. 또한 도박중독을 치유하는 전문기관을 찾거나 단도박 모임에 참석하기도 한다.

도박중독자는 미안한 마음에 가족들이 시키는 대로 상담도 받고 그동안 뒷전이었던 일도 열심히 하며 집안일을 돕거나 아이들과 시간을 보내려고 애쓰기도 한다.

가족들은 나름대로 분노를 억누르지만 문제가 이렇게까지 악화될 때까지 알아차리지 못한 가족 성원을 비난하거나 도박중독자가 다시 도박에 손을 대지 않는지 감시하느라 마음을 졸이기도 한다. 또한 마음에 들지 않는 부분을 고치라고 강압적으로 지적하면서 도박중독자와의 관계가 악화되기도 한다. 이 모든 갈등은 도박중독자와 가족 모두 도박중독과 도박중독이 야기하는 결과에 어떻게 대처해야 할지 잘 모르기 때문에 벌어지는 일이다.

우리는 각자의 성으로 이루어진 도시국가와 같다. 대개는 가족이라는 인근 성과 다리로 연결되어 있다. 이 다리를 통해 평상시에는 교역을 하기도 하고 전쟁시에는 지원군을 보내기도 한다. 그런데 문제는 도박에 중독된 사람의 성은 제구실을 할 수 없을 만큼 무너져서 그 성과 연결된 다른 성까지 위태로워진다는 것이다. 그러므로 지금은 도박중독자의 성과 연결된 모든 다리를 끊고 자신만의 성을 돌볼 때다. 구멍이 난 성벽을 찾아서 메우고, 부서진 성문에 보강재를 튼튼히 덧대는 등 그동안 소홀했던 자신의 성을 살펴봐야 한다. 그동안 연락이 뜸했던 지인들도 만나고 취미 생활도 새로 시작하고 재정 계획을 세우기 위해 가계부를 쓰기 시작하는 등 자신의 성을 올바로 세우는 일을 시작해야 한다.

도박중독자도 마찬가지다. 일이 터질 때마다 무책임하게 가족에게 의존하고 주저앉던 버릇을 과감히 내려놓고 도박 때문에 발생한 채무가 얼마인지 정확하게 알아보고 그 돈을 어떻게 합리적으로 갚을 것인지 전문가와 상의해야 한다. 또한 지인들에게 빌린 돈은 일일이 당사자를 직접 만나서 양해를 구하고 도박 충동이 올라오면 어떻게 대처할지 계획을 세워서 연습하며, 도박을 대치할 취미 생활 계획을 세우는 등 시간 관리를 해야 한다.

각자의 성이 튼튼해지면 그때 가서 다리를 다시 연결해도 절대 늦지 않다. 자신의 성을 돌보는 것은 관계를 끊는 것이 아니라, 더 나은 관계를 맺기 위한 준비 과정이기 때문이다.

희생이 아닌 수용이 필요하다

경제적 문제로 뒤통수를 맞기 전까지 도박과 도박중독에 대해 전혀 알지 못했던 가족들이 주변 사람들로부터 가장 많이 듣는 대처 방법은 사실 2가지 밖에 없다. 헤어지는 것과 참고 사는 것이다.

주변 사람들도 가족들만큼이나 도박중독에 대해 모르는 건 마찬가지인데 가족들 입장에서 무턱대고 헤어지는 것이 결코 쉬운 일이 아니다. 차라리 속는 셈 치고 빚을 갚아주거나 도박중독자의 말을 믿어보는 것이 오히려 해볼 만한 도박이라는 생각이 들 수 있다.

특히 시댁이나 친정 따질 것 없이 두 사람이 힘을 합쳐 이 문제를 해결하라고 어른들이 종용하는 경우에 많은 배우자들이 이 문제를 해결하려 하지만 도박 문제를 제대로 해결하기 위해 이 상황을 수용accept하는 것과 자신을 희생sacrifice하는 것이 전혀 다르다는 사실을 알아야 한다.

수용이란 도박중독의 문제가 도박중독자로부터 비롯되었고 그 문제를 해결할 일차적인 책임도 도박중독자에게 있으므로, 이 문제를 제대로 해결하기 위해서는 치유의 원칙을 일관되게 지키면서 도박중독자 역시 그 원칙을 잘 지킬 수 있도록 돕는 것이 자신의 역할임을 인정하고 받아들이는 것을 말한다.

희생은 수용과 달리 가정을 깨지 않기 위해 할 수 있는 모든 힘을 기울이는 데만 초점을 맞추는 것이다. 도박중독이 이 모든 문제의 근원이라는 깨달음이 없기 때문에 그저 가정을 깨지 않기 위해, 이 창피한 일이 주변 사람들에게 알려지지 않기 위해, 도박중독자가 직장에서 잘리는 일이 없도록, 필요하다면 도박중독자의 공범이 되거나 변명과 거짓말을 하거나 빚을 대신 갚는 것에 이르기까지 자신이 뒤집어쓸 수 있다는 각오를 하는 것이다. 그러나 희생은 이 모든 것의 원인인 도박중독 문제를 해결하는 데 전혀 도움이 되지 않고 문제를 악화시키기만 한다.

수용은 희생이 아니다. 수용은 치유의 원칙을 지켜 도박중독 문제를 해결하는 것이지만 희생은 그저 자신을 던져 가정을 지키겠다는 의지의 표현일 뿐이다. 수용 없는 희생은 또 다른 불행을 불러온다.

희생이라는 단어를 잊어라. 도박중독을 해결하기 위해서는 희생이 아닌 수용이 필요하다.

가족들은 자신에게 집중하자

다행히 도박중독자가 도박 문제의 심각성을 깨닫고 본격적인 치유의 길로 들어서면 많은 가족들은 도박중독자에게 힘을 실어주고자 애를 쓴다. 많은 상담자들이 도박중독자의 노력을 응원하는 의미에서라도 의도적으로 칭찬을 하도록 가족에게 권고한다.

그런데 아무리 칭찬을 하려고 해도 칭찬할 만한 부분이 하나도 보이지 않고 단점만 눈에 잘 뜨인다고 토로하는 가족들이 꽤 많다. 많은 가족들은 도박중독자가 도박만 그만둔다면 그밖의 것들은 다 참을 수 있다고 생각하는데, 이들은 쌓인 감정이 많아서 내면의 불편감을 스스로 조절할 수 없는 상태인데도 도박 문제가 워낙 시급하기 때문에 그렇게 생각하는 것뿐이다. 그래서 칭찬을 하려고 해도 정작 장점이 좀처럼 눈에 뜨이지 않는다.

이럴 때는 도박중독자의 장점을 찾으려고 노력하는 것 자체가 별로 의미가 없다. 이런 경우는 도박중독자의 장단점을 찾아내는 것보다 자신의 내면에 집중해서 마음속 고통부터 치유하는 것이 먼저다. 내면의 배신감, 죄책감, 분노, 좌절감 등을 제대로 다루지 못한 상태에서 도박중독자의 장단점만 찾으려고 하면 괜히 도박중독자와 관계 갈등만 심해진다.

그러니 아무리 노력을 해도 도박중독자의 장점이 보이지 않고 단점만 눈에 뜨인다면 억지로 장점을 찾으려고 애쓰지 말고 자신의 정서적 문제부터 해결해야 한다.

모든 다중 관계는 언제나 해롭다

심리치료나 상담을 하는 임상가들에게 특히 강조되는 윤리 규정이 있다. 바로 다중 관계에 대한 것이다. 아주 간략한 예를 들어본다면 "상담자는 내담자와 이성 관계를 맺지 말아야 한다."라는 규정이 있다. 이는 '상담자-내담자' 관계에 이성 관계가 더해지기 때문에 치료적 경계를 침범하게 되어 내담자에게 해를 입힐 수 있으므로 상담 윤리상 금하는 것이다.

그런데 필자는 개인적으로 심리치료나 상담뿐만 아니라 모든 면에서 다중 관계는 해로울 수 있다고 생각한다. 특히 모든 대인관계 갈등과 대부분의 심리적 문제가 이런 다중 관계 때문에 발생한다고까지 생각하는 편이다. 뒤집어서 말하면 애초부터 다중 관계를 맺지 않거나 이미 맺고 있는 다중 관계를 정리해서 하나의 관계만 남기는 것만으로도 상당히 많은 문제가 자연스럽게 해결될 수 있다.

도박중독 문제만 해도 도박중독자와 배우자, 도박중독자와 원가족의 문제는 엄밀히 말하면 도박 혹은 도박으로 파생된 문제 때문에 생기는 것이 아니다. 주로 다중 관계 때문에 생기는 것이다. 아내와 남편의 관계만 유지할 수 있으면 좋으련만 아내가 도박중독자인 남편의 빚을 대신 갚아줌으로써 '채권자-채무자' 관계가 추가된다. 또는 도박중독자 남편이 저지른 일을 아내가 돌아다니면서 일일이 변명하거나 거짓말로 감춤으로써 '엄마-아들' 관계와 유사한 관계가 추가된다.

물론 대부분의 '건강한 사람들'이 '별다른 문제가 없는 상태'에서 맺은 다중 관계는 안정된 평형 상태를 유지하므로 일시적으로는 괜찮아 보인다. 하지만 다중 관계는 변화에 취약하기에 조금만 흔들려도 균형이 깨지고 갈등을 유발하기 쉽다.

"공과 사를 구분하라."라는 말도 다중 관계를 경계하는 말이다. 너무 각박하게 들릴지 모르겠지만 다중 관계를 맺는 순간 얇은 얼음판 위에 올라선 것과 다름없다고 보면 된다. 그러니 동료와는 일만 함께 하고, 친구와는 우정만 나누고, 연인과는 사랑만 하는 것이 좋다.

거리 두기가 어렵다고 생각하는 사람일수록 다중 관계를 맺지 않도록 노력하고 기존의 다중 관계도 빨리 정리하는 것이 좋다. 그리고 이중 관계도 다중 관계이니 하나의 관계에만 국한하도록 노력해 보자.

회복에 도움이 되면
무엇이라도 해야 한다

도박을 대신할 여가 활동을 찾는 것은 도박중독의 치유를 위해서 굉장히 중요하다. 삶의 다른 영역에 해가 되지 않고 쉽게 즐길 수 있는 취미가 좋다. 여가 활동에도 균형은 필요하므로 긍정 중독이 되지 않도록 유의해야 한다.

도박중독자가 목표로 해야 하는 여가 활동

도박을 대신할 여가 활동을 선택할 때는 선택 기준을 엄격하게 적용해 적절한 것을 골라야 한다. 하지만 그에 못지않게 일단 선택한 여가 활동을 어떻게 즐기느냐도 도박중독자에게는 중요한 일이다. 왜냐하면 도박을 대치할 정도의 여가 활동이라면 평생 즐길 수 있는 수준은 되어야 하기 때문이다.

　성공적으로 여가 활동을 하게 된 도박중독자라면 대체로 다음과 같은 단계를 거치는 편이다.

1단계 _ 도박을 대체할 수 있다면 일단 해보는 단계

도박을 하지 않는 것이 가장 중요하기 때문에 재미를 따지기보다는 도박을 하던 시간에 도박 장소를 피할 수 있는 취미나 여가 활동을 찾아서 시도해보게 된다. 예를 들어 경마를 하지 않으려고 경마일에 낚시를 하러 가는 경우다.

이 단계에서는 낚시가 재미있어서 하는 것이 아니다. 그저 경마를 잊기 위해 낚시를 하는 것이다. 이 단계에만 머무른다면 취미 자체가 괴롭기 때문에 도박 충동을 불러올 수 있다. 그러므로 반드시 다음 2단계로 넘어가야 한다.

2단계 _ 도박과 상관없이 취미 자체의 재미를 깨닫는 단계

대부분의 취미는 익숙해져서 본연의 재미를 느끼기까지는 어느 정도의 시간과 노력을 요한다. 도박을 하지 않으려고 의무감에서 시작한 취미의 초반 지루함을 견뎌내고 어느 정도 내공이 쌓이면 도박과 상관없이 즐거움을 느껴 지속적으로 하게 된다.

예를 들어 경마를 하지 않기 위해 낚시를 시작했지만 매주 낚시를 가다 보니 물고기에 대한 지식도 쌓이고 어느 저수지가 좋은지도 알게 되는 데다 가끔 월척을 낚기도 하면서 소위 손맛을 알게 된다. 그러다 보면 경마를 하지 않는 날에도 시간을 내서 낚시를 하게 된다.

3단계 _ 취미를 다른 사람과 공유하고 평가받고 싶어하는 단계

2단계에 안정적으로 이르렀다면 도박에 대한 대체 활동으로 충분히 기능할 수 있다. 하지만 3단계로 넘어가면 진정한 여가 활동을 즐길 수 있다. 3단계로 넘어가면 자신의 취미를 타인이 평가해주기를 바라거나 자신의 노하우를 다른 사람에게 알려주고 싶어진다.

예를 들면 낚시 대회에 정기적으로 나가거나 낚시 강좌를 열어서 초보 낚시꾼에게 낚시 기술을 가르치는 단계가 된다. 이는 일종의 성취감까지 느끼는 단계로 취미의 깊이가 더해진다. 어찌 보면 소비하는 취미가 아니라 생산하는 취미의 단계에까지 이르는 것이다.

이처럼 여가 활동에 3단계를 살펴보았다. 기왕에 여가 활동을 해야 한다면 단순히 '도박을 그만하기 위해 남는 시간을 어떻게 보낼 것인가?'라는 것만 고민하지 말고, 인생을 풍요롭고 즐겁게 살기 위해 취미를 선택하는 것이 좋다.

탈도박 초기에는 쉬운 활동부터 하자

도박중독자는 기본적으로 자신의 도박 문제에 대한 인식이 별로 없는 것으로 알려져 있다. 하지만 문제의 심각성을 의외로 쉽게 받아들이고 변화하기 위해 노력하는 도박중독자도 꽤 많다. 그런데 그런 도박중독자들은 활력이 넘치고 의욕도 강해서 심사숙고하지 않은 채 상당한 시간과 비용과 노력이 요구되는 꽤 힘든 활동을 덜컥 결정하기도 한다.

예를 들면 영어회화 새벽반 수강을 하겠다고 주 5일 동안 새벽 6시에 집을 나선다든가, 퇴근 후 매일 2시간씩 운동을 하겠다고 큰돈을 들여 헬스클럽 회원권을 끊거나, 심지어는 자신의 나약한 의지를 다지겠다면서 새벽 3시 30분에 일어나 신문을 배달하겠다는 도박중독자도 있다.

　물론 도박을 그만두고 새로운 인생을 설계하겠다는 변화에 대한 갈망은 높이 평가한다. 하지만 금단증상 정도와 상관없이 탈도박 초기에는 충동성이 매우 높다는 사실을 알아야 한다. 즉 도박을 그만두고 무엇인가를 하겠다는 결정의 이면에는 도박 때문에 한껏 높아진 충동성이 아직 가라앉지 않아, 욕심만 앞서서 무리한 결정을 할 가능성이 크다는 것이다.

　도박중독에 대한 치유가 진행되면서 충동성도 서서히 가라앉기 때문에 충동적으로 결정한 활동은 결국 헛수고가 되는 경우가 많다. 그렇게 되면 회복 의지가 꺾이기 때문에 좋지 않은 데다, 무엇보다도 가족들의 기대를 무너뜨리고 신뢰를 저버리는 결과를 낳으므로 해롭다. 그러니 탈도박 초기에는 오히려 일상생활에 무리가 가지 않는 범위 내에서 적은 시간과 비용으로 손쉽게 할 수 있는 것부터 시도해서 적응하는 것이 좋다.

　운동을 한다면 저녁 식사 이후에 30분씩 가벼운 산책을 3개월 정도 해보거나, 영어 공부를 하겠다면 일단 인터넷 강의를 2개월만 들어보고 학원 수강을 결정할 수 있다. 취미 활동을 선택할 때에도 큰돈이 들어가지 않는 조기 축구회나 탁구 동호회에 가입해서 시작하는 것이 좋다. 탈도박은 마라톤이다. 전력 질주해서 초반에 기운을 빼지 않도록 모쪼록 체력 안배를 잘해야 한다.

적절한 취미 활동의 출발점

경쟁심이 강하고 지는 것을 싫어하는 도박중독자가 처음부터 요가나 명상처럼 정적인 취미 활동으로 시작하는 것은 상당한 무리가 따른다. 도박이 한쪽 끝에 있다면 요가나 명상과 같은 정적인 활동은 도박의 반대쪽 끝에 있다. 요가나 명상에 재미를 느끼지 못하고 지루하다고 느껴서 중간에 포기하는 도박중독자도 많다.

따라서 그 중간 단계의 취미부터 시작하면 좋다. 자기 자신과 경쟁하는 취미 활동을 하는 것이다. 목표를 정하고 달성해 스스로 성취감을 느낄 수 있는 취미가 하나의 대안일 수 있다.

예를 들어 혼자서 걷기 운동을 한다면 정해진 시간 동안 걷는 거리를 조금씩 늘리는 목표를 세우거나 일주일에 이틀 나가는 것부터 시작해서 일주일 중 5일을 운동하는 목표를 세운다. 혹은 500m 걷기 목표를 우선 달성하는 식으로 시작해볼 수 있다.

자신과 경쟁하는 취미에 익숙해진 다음에 삶의 질과 만족도를 높이는 정적인 취미를 하나씩 추가하는 것이 좋다. 이것이 도박중독자에게는 무리가 덜 가고 흥미도 잃지 않고 지속할 수 있는 방법이다.

취미 활동은 반드시 가족과 함께하자

도박중독자에게 여가를 보낼 수 있는 취미가 있다는 것은 더없이 소중하다. 물론 도박만큼 재미나는 것이 없기 때문에 도박을 대치할 취미 활동이 없을지도 모른다.

　도박을 하는 시간 만큼은 세상사의 시름도 잊게 하고 스트레스에서 벗어나 지루한 시간을 재미있게 만들어주는, 때로는 일확천금의 환상적인 꿈도 꾸게 만드는 도박을 더이상 할 수 없다는 것은 도박중독자에게는 말할 수 없는 상실감을 가져다준다. 따라서 그 빈자리를 채울 수 있는 취미가 반드시 필요하다.

　그런데 취미 활동의 필요성에 대해서는 모두 공감하면서도 정작 가족들이 도박중독자의 취미 활동 만들기에 매우 소극적인 경우가 많다. 특히 스스로 좀 알아보라고 하면서 '나 몰라라' 하는 경우가 많다. 도박중독자에게 필요한 것은 취미 활동 그 자체뿐만 아니라 가족과 함께하는 즐거움, 그리고 가족에게 버림받지 않고 여전히 가족 성원의 일부로 받아들여지고 있다는 안도감이다.

　우리가 "영화 재밌는 거 나왔던데 혼자 가서 보고 와."라고 하지 않고 "볼 만한 영화 나왔던데 오랜만에 함께 볼까? 예매 좀 해줄래?"라고 하듯이 도박중독자의 취미를 찾아줄 때에도 혼자 알아서 하라고만 하지 말고 배우자나 가족이 함께할 수 있는 취미 활동을 권하는 것이 좋다. 예를 들면 함께 자전거 타기, 공연이나 영화 함께 보기, 주말 농장 가꾸기 등을 먼저 제안해도 좋고 도박중독자가 의견을 냈을 때 적극적으로 호응해도 좋다. 취미 활동은 도박중독자에게 벌주려고 찾는 것이 아니다. 그러니 온 가족이 함께 즐길 수 있는 취미 활동을 찾아보도록 하자.

도박중독 치유는 균형이 중요하다.

도박은 기본적으로 상당한 매력이 있다. 그야말로 엄청나게 재미있다. 도박만큼 짜릿하고 재미있는 것을 찾기는 매우 어렵다. 그래서 도박을 못하게 하려고 도박을 대체할 수 있는 것에만 의지하는 치료 방법은 성공하기 어렵다.

그렇다고 하더라도 마냥 손 놓고 있을 수만은 없다. 치유 과정에서 도박중독자가 도박을 하지 않기로 결정하면 도박을 하지 않는 시간과 심리적인 공허함을 일시적으로나마 채워줄 수 있는 무엇인가가 필요하기 때문이다.

그래서 도박중독을 치유할 때, 특히 초기에는 도박을 대체할 수 있는 취미를 만들어야 한다. 도박에 손대기 전에 즐겼던 취미가 있다면 그것을 다시 시작해보는 것도 좋고, 없다면 새로운 마음가짐으로 취미 활동을 탐색할 수도 있다. 상담자들이 많이 추천하고 실제로도 효과적인 방법은 운동 습관을 들이는 것이다.

그런데 이때 가족들이 간과해서는 안 되는 점이 있다. 바로 '긍정중독'의 문제다. 도박중독이 부정적인 중독이라고 한다면 이를 대신할 수 있는 활동들은 얼핏 긍정적으로 보인다. 하지만 이 또한 정도가 지나치면 2가지 문제가 나타날 수 있다.

첫째, 취미 활동 자체가 야기할 수 있는 부정적인 결과다. 예전에 필자가 상담했던 한 내담자는 도박을 대체하기 위한 활동으로 달리기를 선택했다. 그런데 달리기에 너무 빠진 나머지 하루에 6시간씩 뛰는 바람에 무릎 관절이 상해 치료를 받은 적이 있다. 따라서 아무리 긍정적인 활동이라도 항상 적절한 수준에서 즐겨야 한다.

둘째, 본질적으로는 아무리 긍정적인 활동이라도 역시 중독되면 도박중독 치유에 집중하지 못하게 된다. 긍정적인 활동을 하고 있기 때문에 도박중독이라는 부정적인 활동을 생각할 필요가 없다고 자신에게 면죄부를 주기 때문이다. 따라서 도박중독 치유에서는 항상 '균형'을 고려해야 한다. 도박중독 치유는 지나치게 부정적인 극단으로 쏠린 것을 중간으로 돌려 균형을 찾는 것이지, 반대편 극단으로 이동하는 것이 아니다.

도박중독자를 위한 취미 선택 기준

도박중독자가 도박을 그만두겠다고 결심했을 때 도박을 완전히 대체할 수는 없다. 하지만 단기적으로는 그 공허감을 메우고 장기적으로는 행복감을 느끼기 위한 노력의 일환으로 자신에게 맞는 취미 활동을 하는 것은 아주 중요하다.

도박에 빠진 후로 이전에 즐기던 취미도 내려놨고 새로운 취미를 가져보려고 해도 어떤 것을 해봐야 할지 마땅한 것을 찾을 수 없어서 고민하는 도박중독자가 많다. 그래서 도박중독자가 좋은 취미를 선택하는 데 도움이 되는 8가지 기준을 한번 정리해보았다.

머리보다 몸을 쓰는 취미가 더 좋다
도박중독자는 게으르다는 오해를 받을 만큼 도박은 몸보다는 머리를 많이 쓰는 활동이다. 그러므로 이와 반대인 머리보다는 몸을 많이 쓰는 취미가 좋다. 단적으로 비교하자면 독서보다는 운동이 도박중독자에게 더 좋다.

혼자 하는 것보다 함께하는 취미가 더 좋다
도박은 대개 혼자 하는 활동이다. 물론 포커나 화투처럼 다른 도박중독자와 함께하는 도박도 있지만 엄밀히 말하면 그런 도박도 철저히 자신과의 싸움이다. 그래서 혼자만의 세상에서 벗어날 수 있는 취미가 좋다. 예를 들면 혼자 하는 등산보다는 조기 축구회에서 다른 사람들과 함께 축구를 즐기는 것이 더 낫다. 함께 여가를 즐기는 사람들은 도박중독자가 도박의 유혹을 강하게 느낄 때, 유혹에 맞설 수 있는 힘이 되어주기도 하니 일석이조다.

동적인 취미보다는 정적인 취미가 더 좋다
대부분의 도박은 속도가 빠르고 결과가 단숨에 결정되는 활동이다. 그러니 도박중독자에게 웬만한 취미는 무척 답답하고 지루하게 느껴진다. 그렇더라도 도박중독자에게는 도박의 속성과 반대되는 정적인 취미가 유익하다. 자동차로 드라이브를 하는 것보다는 낚시나 명상처럼 내면을 들여다보거나 자신과 대화할 수 있는 정적인 취미가 더 좋다.

정적인 취미가 도박중독 치유에 도움이 되는 이유는 도박중독으로 발생한 스트레스를 해소해주고, 그 자체가 도박 충동을 억제하는 효과적인 방법이기 때문이다. 도박을 하면 호흡이 빨라지고 신체가 각성되면서 쉽게 긴장하게 된다. 그러므로 정적인 취미 활동을 하면 호흡이 느려져서 도박 충동을 통제하는 데 도움이 된다.

소비하는 것보다는 생산하는 취미가 더 좋다
도박은 기본적으로 엄청난 돈과 시간을 낭비하는 활동이다. 이는 모든 것을 압도할 만큼 돈과 시간을 집중적으로 소비하게끔 요구한다. 이런 강박적인 소비 패턴에서 벗어나려면 식물을 재배하거나 무엇인가 만드는 생산적인 취미가 좋다.

이기적인 것보다는 이타적인 취미가 더 좋다
도박은 철저히 자신만을 위하는 이기적인 활동으로 다른 사람에게 재정적인 피해와 상처를 준다. 따라서 가능한 한 다른 사람을 위해 자신의 시간과 재능을 사용하는 봉사 활동과 같은 취미가 좋다. 특히 봉사 활동은 도박중독자 자신도 누군가에게 도움이 될 수 있다는 깨달음을 주기 때문에 낮은 자존감을 높여주는 데 효과적이다.

쉽게 할 수 있는 취미가 더 좋다
도박을 끊고 스카이다이빙을 취미로 삼아 도전하겠다는 욕심은 바람직한 자세라고 할 수 없다. 나중에는 모르겠지만 일단은 일상에서 쉽게 할 수 있는 취미 활동을 선택하는 것이 지속적으로 즐기기에도 좋다.

즐거운 취미가 더 좋다

도박만큼 재미있는 취미를 찾기가 어렵겠지만 최대한 재미있는 것, 활동하면서 즐거움을 느낄 수 있는 것을 찾는 것이 중요하다. 즐겁지 않다면 아무리 신체와 정신건강에 좋은 활동이라 하더라도 오래 유지할 수가 없다. 오히려 도박 생각만 간절하게 만들 뿐이다.

해가 되지 않는 취미가 더 좋다

도박을 하지 않으려고 또는 잊으려고 술을 취하도록 마시는 것은 취미가 될 수 없다. 이처럼 해로운 것을 하지 않으려고 다른 해로운 것을 취미 활동이라고 합리화해서는 안 된다. 질적 차이만 있을 뿐 해로운 것은 어디까지나 해로운 것이니 말이다.

재발하더라도 딛고
일어서는 것이 중요하다

도박에 다시 손을 대는 것은 재발의 원인이 아니라 결과이므로 어느 순간부터 삶의 균형을 잃고 표류하는 느낌이 든다면 주의해야 한다. 특히 단도박 상태를 1년 이상 유지했다면 자만심과 싸울 준비를 해야 한다.

솔직하게 이야기하는 것이 중요하다

무조건 솔직하게 이야기하는 것의 장점은 무엇일까? 자신과 타협할 일을 만들지 않는 것 자체가 가장 큰 장점이다. 도박중독자라면 대개 동의하겠지만 도박을 하다 보면 자신과 타협하고 자기합리화를 하는 일이 비일비재하게 발생한다. 그리고 아무리 정교하게 계획해도 그런 타협은 결국 들통 나고 만다. 그래서 모든 것을 가족에게 털어놓은 뒤 차라리 속이 편하다고 고백하는 도박중독자가 많다. 그만큼 도박 충동의 먹이가 되는 거짓말은 그 자체로도 사람의 마음을 옥죄는 족쇄와 같은 역할을 하기 때문이다.

　그런데 모든 것을 솔직하게 이야기하는 사람은 음모를 꾸미려는 다른 사람에게도 별 매력이 없는 데다, 스스로를 속이거나 포장할 필요가 없으니 언제나 떳떳하고 당당하다. 그래서 도박을 할 기회가 좀처럼 주어지지 않아서 도박중독 재발을 자연스럽게 예방한다. 항상 감추고 음모를 꾸미는 데서부터 재발은 시작된다. 그러므로 무조건 솔직하게 이야기하면 마음도 편해지고 재발을 예방하는 효과도 있다.

도박 생각이 나지 않으면 도박중독이 치유된 걸까?

도박중독자를 상담하다 보면 "이제는 도박 생각이 나지 않기 때문에 더이상 치료를 받을 필요가 없다."라고 주장하는 경우가 간혹 있다. 그동안 목감기가 심해서 병원에 다녔는데 더이상 목이 아프지 않으니 이제는 병원에 다닐 필요가 없다는 논리와 비슷하기 때문에 얼핏 들으면 맞는 말 같기도 하다.

　그런데 과연 그럴까? 더이상 도박 생각이 나지 않으면 도박중독이 치유된 걸까? 사실은 도박 생각이 계속 나는데도 상담을 받기 싫어서 도박 생각이 나지 않는다고 거짓말하는 도박중독자가 있을 것이다. 이를 제외하고 정말로 도박 생각이 나지 않는 도박중독자만 생각해보자. 왜 도박 생각이 나지 않을까?

　도박 빚을 갚는 데만 온통 신경을 쓰다 보니 도박 생각을 할 겨를

이 없을 수도 있고, 도박 충동이 잠시 가라앉아서 일시적으로 도박 생각이 나지 않을 수도 있다. 그렇다면 도박 생각이 나지 않는 도박중독자는 앞으로도 도박에 대한 걱정을 할 필요가 없는 걸까?

그렇지는 않다. 치유 초반에 도박 생각이 나지 않는다고 말하는 도박중독자가 훨씬 더 위험한 상태일 수 있다. 해안에 쓰나미가 몰려올 때 일시적으로 바닷물이 빠져서 바닥이 드러나기도 한다. 그러나 곧 커다란 쓰나미가 해안을 덮친다. 도박 충동도 이와 같다. 도박 생각이 나지 않으면 도박 충동과 싸울 필요가 없다는 사실에 감사해야 한다. 동시에 언젠가 몰려올 도박 충동을 어떻게 이겨낼지 자신을 연마하는 기회로 삼아야 한다.

우리가 암에 걸렸을 때 수술로 종양을 잘 제거했다고 해서 이제는 더이상 재발을 걱정할 필요가 없다고 말하는 의사는 없다. 앞으로도 재발하거나 전이되지 않는지 주기적으로 검사하면서 평소 건강에도 신경을 써야 한다고 주의를 줄 것이다. 즉 암을 언제나 생각하고 재발에 대비해야 하는 것이다.

도박중독으로 막대한 재정적 손실과 도박 빚까지 생기고 가족을 비롯한 주변 사람과 관계 갈등까지 경험했다면, 이러한 결과를 초래한 도박 문제에 대해 도박중독자는 계속 인지하고 있어야 한다. 밤낮으로 도박 문제만 생각하면서 스트레스를 받을 필요까지는 없어도 자신의 문제가 무엇인지, 그것을 해결하기 위해서 무엇을 해야 하는지는 잘 알고 있어야 한다.

도박 생각이 나지 않으니 이제는 더이상 도박중독 치료를 받을 필요가 없다고 자신만만해하는 도박중독자에게 낙관적인 미래는 없다. 도박 생각이 나지 않는 지금이야말로 심기일전해서 도박중독과 싸울 기술을 익힐 시간임을 명심해야 할 것이다.

도박중독 치유에서 재발은 피할 수 없는가?

결론부터 말하자면 "재발은 없어야 한다. 그러나 실수는 있을 수 있고 때로는 꼭 있어야 할 필요도 있다."라고 정리할 수 있다. 모든 중독 분야가 다 그렇지만 도박중독 치유에서도 재발은 어찌 보면 가장 중요한 주제라고 할 수 있다. 열심히 치료받았는데 재발해버린다면 그동안의 고생이 물거품이 되니 말이다.

앞에서 도박중독 치유는 '완치'가 없고 '관리'만 있다고 이야기했다. 하지만 이는 항상 조심해야 하는 마음가짐을 강조하기 위한 것이고 실제 현장에서는 재발 예방을 위한 기술을 완전히 습득하고 몸에 익혔다면 치료를 종결하는 시점을 함께 고민할 수 있다. 하지만 이에 앞서 우리가 꼭 알아야 할 것은 '재발'과 '실수'를 구분하는 것이다.

'재발relapse'은 도박중독 문제가 치유되기 이전인 원점으로 돌아가는 것을 말한다. 도박 충동에 굴복해서 다시 도박을 시작하고 삶의 의미와 가족의 소중함을 잊어버리고 치유 과정에서 습득한 여러 가지 기술을 전혀 사용하지 못하는 상태로 돌아가는 것이다.

'실수lapse 또는 slip'는 도박에 다시 한 번 손대는 것을 말한다. 물론 도박에 다시 손대는 이유에는 여러 가지가 있다. 하지만 도박중독자는 도박을 하지 않기 위해 다양한 기술을 습득한 것을 여전히 기억하고 있고, 이를 적절히 활용하지 못한 것에 대한 죄책감과 불안감을 느끼는 상태다. 많은 가족과 도박중독자들은 실수를 재발로 착각하고 금세 절망에 빠진다. 그리고 치료를 중단하면서 결국 재발의 길에 접어들기도 한다.

하지만 현장의 전문가들은 실수를 절호의 기회로 여긴다. 치료 과정에서 발견하지 못했던 재발 위험 요소를 찾아내므로 실수를 하게 되면 자신을 학대하거나 분노하지 말고 최대한 빨리 치유 현장으로 돌아오라고 주문한다. 망각이 시작되기 이전에 왜 실수를 하게 되었는지를 도박중독자와 함께 살펴봐야 하기 때문이다.

도박중독은 평생 재발을 걱정해야 하는 병일지도 모른다. 하지만 "넘어진 김에 쉬어간다."라는 속담을 기억하면서 다시 마음을 다잡는 기회로 활용한다면 결코 두려워만 할 상황도 아니다.

필자는 개인적인 실수를 경험한 도박중독자가 한 번의 실수도 없이 치유 과정을 마치고 상담을 종결하는 사람들에 비해 재발하는 비율이 현저하게 낮았던 것으로 기억한다. 그들은 그만큼 단련이 된 것이다. 노지에서 자란 식물이 비닐하우스에서 자란 식물보다 생명력이 더 강하다는 사실을 떠올려보면 이해하기가 쉬울 것이다.

실수한 도박중독자는 어떻게 해야 하는가?

실수가 재발이 아니라고는 해도 도박중독자와 가족 모두에게 가슴 철렁한 경험임은 틀림없다. 실수를 재발로 착각한 가족들이 더이상 도박중독자를 참아줄 수 없다며 도박중독자를 포기하기도 하고 도박중독자 역시 더이상 희망이 없다고 생각해 자포자기에 빠지기도 한다. 그래서 한 번의 실수라고 해서 가볍게 넘겨서는 안 된다. 실수를 제때 해결하지 않으면 결국은 재발로 이어지게 마련이다.

많은 임상가들은 도박중독자가 도박에 다시 손을 대는 것을 재발이라고 생각하지 않는다. 도박에 다시 손을 대기에 앞서 이미 재발은 시작된 것이고, 그 결과가 다시 도박에 손을 대는 것이라고 말한다. 그러니 실수는 이미 재발의 길에 가깝게 접어든 것으로 간주해야 한다. 그렇다면 실수를 한 도박중독자는 어떻게 해야 할까?

많은 도박중독자가 치료자와 가족에게 알리지 않고 스스로 해결하겠다고 잘못 생각해서 재발의 길을 걷는다. 그렇게 해서는 안 된다. 이유야 어찌 됐든 일단 도박에 손댄 것을 인지하는 즉시 가족과 상담자에게 모든 것을 사실대로 알려야 한다.

물론 쉽게 용기가 나지 않을 것이다. 자신을 믿어준 가족과 치료자를 또다시 실망시켰다는 자책감에 너무나 마음이 괴롭고 착잡할 것이다. 하지만 그래도 한 점 숨김없이 말해야 한다. 진실의 힘을 믿어야 한다. 모든 것을 고백하지 않으면 자기합리화 기제가 즉시 작동하기 시작한다. '잃은 돈의 액수가 그리 많지 않으니 이 금액만 잘 메우면 아무도 모를 거야.' '술김에 실수한 건데 굳이 가족들에게 말해서 또다시 충격을 받게 하고 싶지 않아.' '요새 스트레스를 너무 많이 받아서 실수한 것 뿐이야. 다시는 안 할 수 있어.' 등 그럴 듯한 자기합리화로 자신을 변명한다. 그러나 자기합리화는 자신의 마음이 아닌 도박 충동이 만들어낸 거짓말이다. 또다시 도박중독자를 절망의 구렁텅이로 끌어들이려는 악마의 속삭임에 불과하다.

철벽같이 튼튼한 줄 알았던 마음이라는 벽에 이미 작은 구멍이 뚫렸다. 이 구멍을 즉시 보수하지 않으면 점점 커져서 나중에는 그 무엇으로도 막을 수 없어진다. 그러니 실수를 하면 공개했을 때의 결과를 고민하지 말고, 즉시 가족과 상담자에게 알려야 한다. 그래야 실수가 재발로 악화되는 것을 막을 수 있다.

도박에 다시 손을 대는 것은 재발의 결과다

단순히 도박을 하지 않는 것(단도박 상태를 유지하는 것)보다 삶의 변화를 통한 탈도박이 치유에 훨씬 더 중요하다는 이야기를 앞에서 했다. 이 이야기도 재발에 대한 것이지만 역시 탈도박과 관련이 있는 내용이다.

도박중독에서 빠져나온 도박중독자라 하더라도 누구든지 재발을 두려워한다. 그래서 도박장 근처에는 아예 가지도 않거나 도박을 할 수 있는 상황 자체를 피하기도 한다. 이는 혹시라도 도박에 다시 손을 댈 가능성을 줄이기 위해서다.

이러한 행동 자체는 바람직하지만 혹시라도 도박에 다시 손을 대는 것이 재발의 원인이라고 생각하는 것은 아닌지 생각해볼 필요가 있다. 왜냐하면 도박에 다시 손을 대는 순간부터 재발이 시작되는 것이 아니라, 도박에 손을 대는 것이 재발의 종지부를 찍는 것이기 때문이다.

실제로 도박중독자의 재발 과정을 함께 살펴보면 도박에 손을 대기 훨씬 전부터 삶이 퇴보하기 시작하고 도박을 하던 당시 삶의 패턴으로 돌아가는 것을 알 수 있다. 도박은 안 하고 있지만 가족이나 일에 흥미를 잃고, 생활에 즐거움도 없으며, 이유 없이 짜증이 쉽게 나거나 집중이 되지 않고 초조한 감정이 들기도 한다. 남보다 뒤처진 상태에서 '이렇게 살아서 뭐하나.' 하는 생각이 들기도 하고 다 포기해버리고 싶기도 한다. 이미 재발이 시작된 것이다.

필자는 상담과 치유 과정을 무사히 마치고 종결하는 시점에서도 건강한 삶의 길에서 이탈해 곁길로 빠지는 것 같은 느낌이 드는 그 순간에 곧장 찾아오라고 신신당부한다. 차가 도로에서 이탈하면 당장 사고가 나지 않을지라도 목적지에는 결코 도달할 수 없기 때문이다. 그러니 이전과 달리 자신의 삶이 뭔가 마음에 들지 않고 정상적으로 돌아가지 않는다는 생각이 들 때, 바로 그때를 놓쳐서는 안 된다. 거기에서부터 재발이 시작된다. 그 빈틈을 곧장 틀어막지 않으면 반드시 재발한다.

도박을 안 하고 있다고 안심하면 안 된다. 도박중독으로 한 번 무너진 둑은 다시 쌓아올려졌다 하더라도 이전보다 훨씬 쉽게 무너질 수 있기 때문이다. 그러니 재발의 위험 신호는 도박에 다시 손을 댔느냐가 아니라, 내 삶이 가고 있는 길과 향하고 있는 방향을 보고 판단해야 한다. 도박에 다시 손을 대는 것은 재발의 원인이 아니라 결과다.

변명하는 도박중독자는 반드시 재발한다

가족에 의해 반강제로 끌려 오든 바닥을 치고 전문적인 치료기관을 스스로 찾든, 상담 과정에서 도박에 대한 이야기를 하지 않으려는 도박중독자가 있다.

- 과거에 도박을 했던 이야기를 하면 괴로워서 견딜 수가 없습니다.
- 지난 이야기는 하고 싶지 않으니 앞으로에 대한 이야기만 하면 안 될까요?
- 도박 때문에 오기는 했지만 근본적인 문제는 도박이 아닙니다. 가정 불화 때문이에요. 그 이야기를 하고 싶어요.

이는 도박중독자를 상담하는 치료자들이 많이 들을 수 있는 '변명'이다. 필자가 굳이 변명이라고 하는 이유는 이 말의 이면에는 '나는 도박중독자가 아니다.'라는 자기방어 기제가 작동하고 있기 때문이다. 가방만 메고 학교에 다닐 뿐 공부는 하지 않는 것과 마찬가지로 스스로에게 문제가 있다는 인식이 부족하기 때문에 도박중독 치료 효과가 별로 없다.

도박중독은 자신에게 도박 문제가 있다는 자기 인식과 도박 문제를 스스로의 힘으로는 해결하기가 어려우므로 전문적인 도움을 받아야겠다는 자기 개방, 그리고 더이상 도박에 매인 인생은 살기 싫다는 절박감이 한데 어우러질 때 가장 빠른 치료 효과를 볼 수 있다.

도박에 대해 말하지 않으려는 도박중독자는 치료의 가장 기본이

되는 도박 문제에 대한 자기 인식이 부족해서 치료를 받아들이려는 마음이 없다고 볼 수 있다. 그래서 결국 재발한다. 따라서 많은 상담자들이 초기에 도박중독자와 치료 계약을 맺을 때부터 분명하게 선을 긋는다. 그렇지 않으면 도박중독자와 치료자 모두에게 시간 낭비가 될 수도 있기 때문이다.

도박중독자가 실수를 두려워해야 하는 이유

앞에서 "재발은 없어야 하지만 실수는 있을 수 있고, 때로는 꼭 있어야 할 필요도 있다."라는 이야기를 했다. 이러한 이야기를 한 것은 실수를 재발로 착각한 나머지, 치유 노력을 포기한 채 다시 도박의 나락으로 떨어지는 도박중독자가 너무나 많기 때문이었다.

이제부터 어찌 보면 그 주장과 반대되는 것처럼 보이는 이야기를 해보려 한다. 물론 도박중독을 치료하는 과정에서 실수가 있을 수 있다. 때로는 실수를 재발 위험 요소를 찾아내기 위한 절호의 기회로 활용할 수도 있다. 하지만 그렇다고 해서 실수를 아무렇지도 않은 것처럼 생각해서는 안 된다. 실수가 반복되면 재발로 이어질 수 있다는 사실을 명심해야 한다.

도박중독자의 실수는 재발의 미끄럼틀을 타는 것과 같다. 워터파크에 놀러 가본 사람들은 잘 알겠지만 물미끄럼틀을 일단 타기 시작하면 중간에 멈추는 것은 거의 불가능하다. 바닥도 미끄럽고 물이 계속 흘러내리기 때문에 잠시 멈출 수는 있어도 뒤로 거슬러 올라가는 것은 힘들다. 도박중독자의 실수는 이와 같아서 한 번 실수를 쉽게 생각하면 다시금 또 그 함정에 빠지게 마련이다.

도박중독자의 실수는 구덩이에서 아래로 미끄러지는 것과 같다. 도박으로 인한 쓰라린 경험을 하고 난 뒤 구덩이의 중간쯤에서 정신을 차리고 기어오르다가 미끄러지는 것이 실수다.

문제는 실수를 하면 처음에 시작했던 지점보다 더 아래로 굴러 떨어지는 것이다. 게다가 이를 자꾸 반복하면 기운이 빠져서 '에라, 모르겠다.' 하는 마음까지 든다. 그래서 실수를 반복하면 재발로 이어진다.

따라서 실수를 했다면 왜 실수를 했는지 분석하고 그만큼 재발에 가까이 다가갔다는 위기감을 가져서 다시는 실수하지 않겠다는 마음을 가져야 한다. '실수는 재발이 아니니까 상관없겠지.'라는 안이한 마음으로 치유에 임한다면 반드시 실수는 반복된다. 이 점을 꼭 명심해야 한다. 한두 번의 실수는 실수라고 할 수 있다. 하지만 실수가 반복되는 것은 해결되지 않은 근본적인 문제가 있다는 신호다.

더 큰 문제는 실수가 반복되면 도박중독자가 치유를 포기하지 않고, 더욱 힘을 낸다고 하더라도 지켜보는 가족들이 먼저 지쳐서 도박중독자의 손을 놓아버릴 수도 있다. 정작 당사자는 용기를 잃지 않고 다시 도전하는데 가족들이 도박중독자를 포기함으로써 훨씬 어려운 길을 갈 수밖에 없다. 그러니 가벼운 실수라고 우습게 보지 말고 긴장해야 한다.

HALT는 도박중독에도 해롭다

중독에 빠지게 하는 대표적인 심리적 요인들이 있다. 현장의 상담자들은 영문 첫 글자를 묶어서 'HALT'라고 한다. 배고픔Hunger · 분노Anger · 외로움Loneliness · 피로Tiredness가 바로 그것이다.

이 4가지 상태에 노출되면 중독에 빠질 위험성이 증가한다. 그런데 HALT는 중독에 빠지는 위험 요인일 뿐만 아니라 탈도박 상태 유지를 어렵게 만드는 재발 요인으로도 작용한다.

배고픔 · 분노 · 외로움 · 피로는 모두 부정적인 정서이자 부정적 정서를 유발하는 선행 요인이다. 이를 해소하고자 하는 후속 행동을 야기하는데 도박중독자의 경우 가장 긴밀하게 연결된 후속 행동이 바로 도박이기에 위험한 것이다.

물론 배가 고프다고 곧바로 도박을 하고 싶어지는 것은 아니다. 하지만 배가 고프면 정서적 허기를 느끼기 쉽고 이를 달래려고 도박을 하고 싶어지는 경우가 많다. 가족이나 지인과 다투고 나서 분노가 치밀어 오르면 자기파괴적인 행동 방식으로 도박을 선택하는 도박중독자가 많다는 것은 익히 알려진 사실이다.

또한 '회피형 도박중독자escape gambler'는 '아무도 나를 이해하지 못하고 내 편은 아무도 없다.'라고 생각해서 위로를 받거나 외로움을 잊으려고 도박에 다시 손을 댄다.

피곤함을 느끼면 도박 생각은커녕 아무 생각도 안 날 것 같지만 꼭 그렇지는 않다. 육체노동을 하는 노동자가 하루의 피로를 잊기 위해 한 잔 술에 의지하듯이, 신체적 피로감을 잊기 위해 도박을 선택하는 도박중독자도 많다. 왜냐하면 도박을 할 때 각성되는 느낌이 몸에 활력이 돌아오는 것 같은 착각을 불러일으키기 때문이다.

따라서 HALT 상태인 도박중독자는 도박 행동으로 연결되기 전에 각각의 문제를 다른 건강한 방법으로 즉시 해결해야 한다. 꼭 기억하자. 배고픔! 분노! 외로움! 피로!

도박중독을 재발하게 만드는 위험 요소

도박중독자와 그 가족들이 가장 무서워하는 말 중 하나가 바로 '재발'이다. 그 말만큼은 절대로 듣고 싶지 않다고 할 정도로 두려워한다. 그렇기 때문에 재발을 다시 겪지 않으려면 도박중독자 개개인에게 재발을 일으킬 수 있는 위험 요소를 철저히 분석해야 한다. 적을 알고 나를 알아야 100번 싸우더라도 위태롭지 않은 법이다.

재발을 야기하는 위험 요소는 도박중독자마다 조금씩 다를 수 있으나 대부분의 도박중독자에게 공통되는 위험 요소가 있다. 그 중 가장 위험한 3가지 요소를 정리해보았다.

첫째는 부정적인 정서 상태다. 앞에서 살펴본 HALT가 바로 그것이다. 각각 '배고픔' '분노' '외로움' '피로'의 영문 첫 글자다. HALT 상태인 도박중독자는 도박 행동으로 연결되기 전에 건강한 대체 수단을 찾아서 곧바로 해결해야 한다.

둘째는 대인 갈등이다. 위에서 설명한 HALT 중 절반에 해당하는 외로움과 분노가 관련될 정도로 대인 갈등이 도박의 재발에 미치는 영향력은 막대하다. HALT는 개인의 내면에서 재발을 일으킬 수 있는 요소다. 대인관계는 도박을 계속하거나 그만두려고 할 때 도박중독자가 가장 많이 언급하는 이유이니 만큼, 대인관계에 갈등이 생길 경우 단도박 의지가 약화되는 건 불을 보듯 뻔하다.

'이런 데도 내가 단도박 상태를 유지해야 할까?'라는 회의적인 생각을 불러일으키는 주범 또한 대인 갈등이다. 그러므로 대인 갈등은 반드시 해결해야 하고 그대로 방치해서는 안 된다. 가족 상담이나 부부 상담이 도박중독 치유에 필수적인 이유이기도 하다. 대인관계는 도박중독자의 외부에 있지만 비교적 가까이에 있는 요소다.

셋째는 사회적 압력이다. 대인 갈등과 마찬가지로 도박중독자의 외부에 있으며 약간 멀리 있는 요소다. 사회적 압력은 함께 도박을 했던 도박 동료와 친구를 비롯해 도박을 하도록 만들 수 있는 모든 외부의 영향을 의미한다. 명절 때 내기로 윷놀이를 하는 친척이나 게임비 내기 당구를 하자는 친구들도 사회적 압력으로 작용할 수 있다.

사회적 압력 요소가 무서운 것은 두 번째 요소인 대인 갈등을 피하려다가 촉발될 수 있기 때문이다. 대인 갈등을 피하면서 사회적 압력을 무마하려면 상당히 정교한 대인관계 기술이 필요하다. 물론 상담과 연습을 통해 이 기술을 습득할 수 있지만 그때까지는 결코 타협하지 않는 원칙 준수가 생명이다.

이 3가지 요소는 항상 주의해서 살펴야 한다. 3가지 위험 요소를 완벽하게 통제하지 못하고 있다면, 그 사람은 아직 도박중독에서 치유된 것이 아니라고 해도 과언이 아니다.

재발 요인 중 가장 위험한 것

도박중독은 아직까지 그 원인조차 정확히 밝혀지지 않은 병이다. 그러므로 왜 재발하는지 명확하게 이야기할 수 없다. 게다가 도박중독은 매우 다양한 요인의 영향을 받기 때문에 재발을 예방하기 위해서는 도박중독자에게 영향을 미칠 수 있는 요인들을 꼼꼼하게 점검해야 한다. 그런데 어느 도박중독자에게나 제일 조심해야 하는 재발 요인은 있다. 그것은 바로 치료자와 가족에게 말하지 못하거나 안 한 소규모의 도박 빚이다.

전문적인 치료기관의 도움을 받기 이전에 가족이 도박중독자의 빚을 대신 갚아주겠다고 나선다고 해도, 거의 대부분의 도박중독자가 자신의 도박 빚 내역을 가족에게 공개하지 않는다. 그래서 현장의 상담자들은 도박중독자가 털어놓은 빚 이외에 다른 도박 빚도 있을 것이라고 가정하는 것이 안전하다고 이야기한다.

그렇다면 도박중독자는 왜 가족이 빚을 다 갚아주겠다고 하는데도 빚을 끝끝내 숨기려 하는 것일까? 도박중독자들은 가족들에게 너무 미안해서 어느 정도의 빚만이라도 스스로 갚고 싶었다고 말한다. 틀린 말은 아니다. 실제로 그렇게 생각하는 도박중독자도 적지 않다. 다만 원래 결심했던 대로 스스로 벌거나 용돈을 아껴서 갚으면 괜찮은데 문제는 도박중독자들이 그렇게 하지 않는다는 것이다.

도박에 중독되면 참을성이 없어지고 충동적으로 변한다. 때문에 '얼마 되지도 않는 빚을 갚겠다고 쪼들린 생활을 하느니 한 번만 더 도박을 해서 빚을 갚아야겠다.'라는 생각에 사로잡힌다. 결국 지긋지

굿한 악순환이 시작되는 것이다.

여기서 문제는 도박중독자 자신도 모르는 무의식 속에 도박을 완전히 끊고 싶지 않다는 생각이 자리 잡고 있다는 점이다. 도박을 계속하는 이유가 뭐냐고 물으면 "빚을 갚아야 하는데 정상적인 방법으로는 도저히 갚을 엄두가 나지 않기 때문이다."라고 답하는 도박중독자가 대부분인데, 빚을 갚을 필요가 없게 되면 더이상 도박을 할 평계가 없어지기 때문에 일말의 여지를 자신도 모르게 남겨두는 것이다. 그래서 초반에 채무 변제 계획을 세울 때 가능한 한 모든 빚이 포함되도록 도박중독자를 충분히 설득하는 것이 좋다.

수면장애는 재발의 전조 증상인가?

도박중독자는 대개 도박 빚 고민 때문에 어느 정도 수면장애를 갖고 있다. 그런데 도박중독 치료를 받으면서 채무 변제 계획을 세우고 채권추심 압력에서 자유로워진 뒤에도 간혹 수면장애를 지속적으로 호소하는 도박중독자가 있다. 가족들은 이를 재발의 전조 증상이 아닌지 궁금해하며 불안해한다. 그런데 수면장애를 유발할 만한 다른 문제, 예를 들어 우울장애가 없는데도 도박중독자가 쉽게 잠을 이루지 못하는 것은 어찌 보면 긍정적인 신호일 수도 있다.

자신의 행동에 대한 책임감이 없고 가책을 느끼지 않는 도박중독자의 특성상 가족에 대한 미안함과 도박 문제 해결에 대한 두려움, 미래에 대한 걱정 등으로 잠을 설치는 것은 문제를 인식하고 있다는 뜻이기 때문이다.

반면에 가족들이 고민을 하건 말건 잠만 잘 자는 도박중독자라면 어떨까? 오히려 괘씸하지 않을까? 그러니 도박중독자의 수면장애 양상을 지속적으로 추적관찰하면서 적절히 대처하면 되는 것이지 지나치게 걱정할 일은 아니다.

도박을 유혹하는 환경을 접하면 안 되는 이유

도박중독자가 도박 정보나 도박을 하도록 유혹하는 환경을 접하는 것은 과연 어떤 의미가 있을까? 간혹 "나는 이제 자제력이 충분히 강하기 때문에 웬만한 자극에는 끄떡없다."라고 자신만만해하는 도박중독자도 있지만 자만심이야말로 재발의 지름길이다. 스스로 도박 정보나 도박을 권하는 사람 혹은 도박 장소를 접하거나 우연이라도 접하면 안 되는 이유가 있다. 설명을 해보자면 이렇다.

도박에 중독되는 것은 남자들이 열심히 근육 운동을 해서 '식스팩'을 만드는 것과 비슷하다. 운동을 게을리하면 근육이 풀리고 지방이 쌓여 언제 근육질이었는지 싶게 밋밋한 몸으로 돌아가지만, 마음을 다잡고 운동을 시작하면 운동을 처음 하는 사람과 달리 근육이 금방 다시 붙는다.

이와 마찬가지로 오랫동안 도박을 안 해서 연결 고리가 많이 끊어졌다고 해도 도박 정보나 도박을 하도록 유혹하는 환경에 접한다면, 작은 접점일지라도 도박을 했던 당시의 기억을 불러일으킬 수 있다.

그래서 도박을 할 수 있는 몸과 마음가짐을 빠르게 갖추게 된다. 그렇기 때문에 도박에 대한 단편적인 정보나 도박을 불러일으키는 아주 사소한 단서조차 도박을 하지 않으려는 도박중독자에게는 치명적일 수 있다.

도박중독은 100일병이자 1년병

단도박 모임에서 흔히 하는 말이 있다. "도박중독은 100일병이다."라는 말이다. 단도박 기간을 100일을 넘기기가 쉽지 않다는 의미에서 나온 말이다.

금단증상도 심하고 도박 충동도 심하기 때문에 도박중독자에게는 100일이 참으로 힘든 기간이다. 그래서 단도박 모임에서는 단도박을 한 지 100일이 지나면 백일잔치를 열어 100일을 넘겼음을 축하하고 다시금 의지를 다지는 행사를 한다.

우연의 일치이지만 도박중독을 치료하는 상담 현장에서도 100일을 의미 있는 기간으로 여긴다. 보통 상담자들이 치유의 가능성을 가늠하는 시기는 상담 10회차인데, 그동안 빠지지 않고 열심히 참석했다면 보통 희망이 있다고 생각한다. 상담을 10번도 오지 않는 내담자는 대개 재발의 위험성이 높고 조기 종결 가능성도 큰 것이 통상적이다.

일주일에 한 번 상담을 한다고 했을 때 10회차는 70일 정도가 걸린다. 그런데 보통 상담일이 휴일과 겹치거나 내담자의 개인적인 사정으로 상담 일정을 변경하기 때문에 10회차를 넘어서는 시점을 보면 대략 3개월 남짓 걸린다. 이는 거의 100일에 가깝다. 그래서 도박중독자에게 100일이 얼마나 중요한지 상담자도 잘 알고 있다.

그렇다면 그 어렵다는 100일만 지나면 도박중독은 걱정하지 않아도 되는 걸까? 그게 또 그렇지는 않다. 100일까지는 금단증상과 유혹에 맞서 힘든 싸움을 해야 하지만, 100일이 넘어서면 또 다른 싸움이 기다리고 있다. 바로 자만심과의 한판 대결이다.

단도박 100일에 성공한 도박중독자는 대부분 상당한 자신감을 얻는다. 이제는 혼자서도 잘할 수 있을 것 같고 유혹을 당해도 쉽게 이겨낼 것 같은 생각이 든다. 하지만 사실 100일이 지난 도박중독자는 이제 겨우 자리를 털고 일어난 환자와 다를 바 없다. 섭생에도 좀더 신경을 써야 하고 체력 회복에 총력을 기울여야 한다. 벌써 샴페인을 터뜨릴 때가 아니다.

한편 도박중독을 '1년병'이라고도 한다. 단도박을 한 지 100일이 지난 도박중독자가 1년을 넘지 못하고 무너지는 경우가 꽤 많기 때문이다. 100일이 지난 시점에서 1년이 되기까지 가장 주의해야 할 것이 바로 자만심이다. "나는 이제 도박을 걱정하지 않아도 된다."라는 그 자만심 말이다.

특히 초기에 단도박 환경을 조성하고 자제력을 회복한 도박중독자가 자만심 때문에 재발하는 경우가 많다. 그러므로 상담 전문가들은 최소 1년은 긴장을 늦추지 말라고 경고한다.

빨리 회복된 도박중독자가 더 쉽게 재발하는 이유

도박중독자는 기본적으로 충동성과 조급함이 있다. 때문에 '가능한 한 치유 기간을 줄였으면…' 하는 마음이 크다. 그러나 회복 속도에는 분명히 개인차가 있다. 자신에게 도박 문제가 있음을 마음속 깊이 받아들이고 도박을 그만해야겠다고 결정한 경우는 대개 빨리 회복된다.

반면에 자신에게 도박 문제가 없다고 계속 부인하는 경우에는 치유에도 상당한 시간이 걸린다. 그런데 빨리 회복된다고 해서 안심할 수만은 없다. 빨리 회복된 도박중독자가 도박에 더 쉽게 다시 빠지는 경우도 많기 때문이다.

사실 필자의 경험상 빨리 회복된 도박중독자가 더 쉽게 도박에 빠지는 이유는 딱 하나뿐이다. 바로 자만해서 그렇다. '별다른 금단증상도 없고 도박 생각도 더이상 나지 않는 것을 보니 이제 도박중독이 다 치료되었나 보다.' 하는 생각이 '이제는 자제력도 충분히 생긴 것 같으니 예전처럼 감정에 흔들리지 않고 나 자신을 통제하면서도 적절히 도박을 즐길 수 있을 거야.'라는 생각에까지 이르는 것이다. 도박을 두려워하지 않고 우습게 보는 그 자만심 때문에 빨리 회복된 만큼이나 더 빠른 속도로 도박에 다시 손을 댄다.

도박이 자신의 인생을 얼마나 처참하게 망쳤고 얼마나 돌아가게 만들었는지 항상 기억해야 한다. 겉으로 보기에는 도박이 자신의 손 안에 있는 것처럼 생각되겠지만 도박은 겉보기에만 약해 보일 뿐이다. 또다시 도박중독자를 갖고 놀면서 파멸의 늪으로 몰아넣을 기회만을 호시탐탐 노리고 있다.

　그러니 얼핏 보기에는 아무리 좋아보일지라도 불 속으로 뛰어드는 불나방 꼴이 되지 않으려면 도박의 두려움을 평생 기억하면서 살아야 한다. 그것만이 살길이다. 도박을 이길 수 있다는 자만심을 가지는 순간 파멸의 시계는 돌아가기 시작한다.

도박 없는 삶을 상상하기 어렵다

도박중독을 치유하는 기법 중 상상력을 활용하는 방법이 있다. 도박중독 상담을 하던 초기에는 이대로 도박을 그만두지 않고 계속한다면 10년 뒤의 자신의 모습이 어떻게 될지 상상을 해보도록 했다. 그런데 너무 끔찍한 미래를 상상하거나 아예 상상 자체를 못하는 도박중독자가 많았다.

　그래서 최근에는 이제부터 도박을 그만두고 살게 된다면 10년 후 어떤 삶을 살게 될 지, 긍정적인 방향으로 상상을 하도록 유도한다. 그런데 단순히 미래를 상상해보라고 하면 도박으로부터 자유로운 미래의 자기 모습을 쉽게 상상하는 도박중독자의 수는 생각보다 매우 적다.

　치료를 받으러 온 도박중독자는 도박에 빠져 사는 삶이 너무나 익숙해진 나머지, 영원히 도박을 하지 않고 사는 자신을 상상하는 것이 매우 어렵다고 한다. 그렇기 때문에 도박을 완전히 그만두기보다는 조절하면서 즐기고 싶어하고 치유의 종반부에 이르기까지 그 마음을 내려놓는 것을 주저하며 끊임없이 타협하려고 한다. 그러니 상상 과정을 통해 강력한 치료 효과를 노린다면 상담자가 적극적으로 유도해서 도박중독자가 자신의 밝은 미래를 최대한 구체적으로 상상하게끔 도와줘야 한다.

그러려면 단순히 시각적인 유도만 하지 말고 청각·후각·촉각까지 총동원할 필요가 있다. 아무리 힘든 인생을 살았던 도박중독자라도 연상하기만 하면 마음이 편안해지는 그런 이미지가 반드시 있다. 그런 이미지를 먼저 떠올려서 긴장을 이완하도록 연습하고, 그런 연습에 익숙해지면 미래의 모습을 상상하도록 하는 것이 좀더 효과적이다.

도박을 조절하면서 즐길 수 있을까?

도박중독에서 벗어나 치유의 길에 들어선 도박중독자의 경우에도 끝까지 포기하지 못하는 도박에 관한 생각이 있다. 바로 '도박을 영원히 그만둔다.'라는 생각이다. 지금 당장은 도박을 조절할 능력도 없고, 도박을 계속하다가는 인생이 망가질 것 같고, 가족들도 끔찍하게 싫어하니 일단 도박을 참고 안 한다.

하지만 나중에라도 조절 능력이 생기고 경제적 여유가 생기면 '적당히 즐겨도 되지 않나?'라고 생각하는 도박중독자가 정말 많다. 이는 도박 자체가 무척 재미있고 흥분된 게임이라서 그렇다. 또한 도박중독자가 초반에 순수하게 도박을 즐겼을 당시의 추억도 잊지 않기 때문이다.

하지만 도박중독자가 도박을 조절하면서 즐기는 단계에 머무르는 것은 완전히 도박을 끊는 것보다 훨씬 더 어려운 일이다. 소주에 중독된 알코올중독자가 훗날 귀농해서 새참으로 막걸리만 마시는 것이 가능할지 생각해보면 쉽게 답이 나온다. 그러니 도박을 완전히 끊는 것은 어렵다며 처음부터 방어막을 칠 생각을 하지 말고, 도박을 끝까지 내려놓지 못하는 이유를 치유 과정에서 탐색하는 것이 중요하다.

돈 말고 다른 이야기를 해보자

도박중독자를 대상으로 집단 상담을 하다 보면 처음에는 가족들에게서 신뢰를 어떻게 되찾을지, 그리고 도박 충동이 심할 때 어떻게 대처해야 할지 알고 싶어한다. 그러나 어느 순간부터 빚을 어떻게 갚을지, 어떻게 다시 경제적으로 재기해서 가족들 앞에 당당하게 나설 수 있을지에 대해서만 이야기한다. 모든 주제가 돈으로 귀결되는 것이다.

앞에서 도박중독자나 가족 모두 각자의 성을 돌보는 것이 중요하다고 강조했다. 하지만 유독 도박중독자는 자신의 성을 돌볼 때에도 돈과 관련된 부분만 생각한다. 그래서 돈 말고 다른 이야기를 해보자고 하면 모두들 "꿀 먹은 벙어리."처럼 말이 없어진다.

물론 돈 문제는 중요하다. 잃은 돈도 아깝고, 당장 갚아야 할 빚도

태산이고, 언제쯤 다시 경제적으로 여유가 생길지 조바심도 날 것이다. 하지만 각자의 성은 돈으로만 쌓는 것이 아니다. 도박을 대신할 취미 생활도 알아봐야 하고 도박을 하는 동안에 소홀했던 친지와 친구들도 돌아봐야 하며, 그동안 미뤄놓았던 일에도 매진해야 한다.

우리는 성을 다시 쌓는 것이지 감옥을 세우는 것이 아니다. 죄수의 탈옥을 막기 위해 미관은 신경 쓰지 않고 튼튼하게만 짓는 감옥이 아니라, 살면서 행복감을 느낄 수 있는 보금자리를 다시 지어야 한다. 그런 성에는 튼튼한 성벽도 필요하지만 아름답게 장식된 창문과 펄럭이는 화려한 깃발, 하늘 높이 치솟은 첨탑도 필요하다.

재기를 꿈꾸는 도박중독자라면 다음과 같은 질문을 스스로에게 꼭 해봐야 한다.

"나는 돈 말고 무엇으로 내 성을 다시 쌓을 것인가?"

돈 말고 다른 이야기를 해보자. 우리의 인생은 돈으로만 구성되는 것이 아니다. 돈 외에도 우리의 인생에 필요한 것은 무수히 많다.

도박중독자에게는 무엇보다도 미래가 중요하다

사람들이 힘든 일을 하면서도, 엄청난 스트레스를 받으면서도 용기를 잃지 않고 열심히 사는 이유가 무엇일까? 앞으로 좋은 일이 있을 거라는 희망을 갖기 때문이 아닐까? 내가 아무리 열심히 일하고 버틴다고 해도 앞으로도 지금처럼 힘들게 살 것이 분명하다면 누가 현재를 희생하고 앞날을 기대하겠는가?

그렇다면 도박중독자는 어떨까? 도박 이외에는 아무런 관심이 없고 시간 감각도 일반 사람들과 달라져서 미래를 내다보지 못한다. 도박에 빠져 있을 때도 그렇고 도박중독 치료를 받는 초반에도 마찬가지다.

초기에는 과거에 사로잡혀서 잃은 돈이 아쉬워서 벗어나지 못하고 과거에 실수했던 도박판을 복기하거나 돈을 땄던 도박판을 상상하면서 위안을 얻는다. 조금 더 시간이 지나면 발등에 떨어진 현재의 문제에 초점을 맞추게 된다.

도박 문제에 어떻게 대처해야 하는지 알게 된 가족들이 대위변제를 거절하고 손을 떼면서 도박으로 발생한 각종 피해들이 도박중독자에게 밀어닥치면, 그제야 도박 빚을 갚거나 그동안 미뤄두고 제대로 처리하지 못했던 일을 부랴부랴 하거나 소홀했던 가족의 경조사를 챙기기까지 한꺼번에 하느라고 허덕인다.

나름 열심히 노력하는데도 가족들이 알아주지 않는다고 서운함을 표하는 도박중독자와 당연한 일을 하면서 무슨 칭찬을 들으려고 하느냐며 뻔뻔함에 어이없어하는 가족들의 의견 차이 때문에 갈등이 폭발하는 시기도 이때쯤이다.

그런데 이처럼 도박중독자가 과거와 현재에 발이 묶인 채로 머물러 있으면 안 된다. 특히 현재의 문제를 처리하는 데만 치중해서 미래를 내다볼 엄두를 내지 않거나 앞날의 계획을 세우지 않는다면 어떨까? 상류로 물길을 거슬러 올라가는 배가 동력을 잃으면 물살에 밀려 하류로 떠내려가는 것처럼 표류하기 쉽다.

미래에 대한 희망은 계속 노를 저을 수 있는 원동력이다. 바꿔 말하면 도박중독자가 미래를 이야기하고 계획을 세우고 희망을 말하기 시작하면 도박에서 벗어나기 시작했다는 신호일 수 있다. 그러니 도박중독자를 대하는 가족들은 반드시 미래에 대해 이야기해야 한다. 도박중독자가 미래를 이야기하도록 도와주자.

부록 1

도박중독 체크리스트

아래의 질문은 도박으로 인해 유발되는 문제점에 관한 것들입니다. 아래의 각 항목을 차근차근 읽어보고 지난 1년간 도박을 하면서 본인이 느낀 문제점이라고 생각되는 문항의 '그렇다' 또는 '아니다'에 ∨표 하십시오.

그렇다   아니다

1_ 도박으로 돈 벌 생각을 하거나, 다음 베팅과 모험에 대한 계획을 세우거나, 이전의 손실 혹은 만회에 집착하게 되었다.   _____ _____

2_ 원하는 만큼의 짜릿함과 스릴을 얻기 위해 도박에 거는 돈이 점점 더 많아졌다.   _____ _____

3_ 도박을 줄이거나 끊으려는 노력을 기울였음에도 실패했다.   _____ _____

4_ 도박을 끊거나 줄이려고 하면 초조하고 불안해지거나 신경질적이 되었다.   _____ _____

5_ 우울한 기분, 불안이나 죄책감, 무력감을 덜기 위해서 혹은 문제를 피하기 위한 방편으로 도박을 한 것 같다.   _____ _____

6_ 돈을 잃은 후 잃은 돈을 만회하기 위해 더 많은 돈을 걸게 되는 경우가 자주 있다.   _____ _____

7_ 가족이나 주변 사람들에게 도박에 빠진 정도를 감추기 위해서 거짓말을 했다.   _____ _____

8_ 도박할 돈을 마련하거나 도박 빚을 갚기 위해 문서위조, 절도, 사기, 횡령 같은 불법적인 일을 저지른 적이 있다.   _____ _____

9_ 도박으로 인해 가족이나 친구 및 주변 사람들과의 관계가 위험에 처하거나 단절되었다. 혹은 직장이나 학교에서 교육받을 기회를 놓치거나 어려움에 처한 적이 있다.   _____ _____

10_ 도박으로 인해 극도의 경제적 어려움에 처하고, 결국 가족이나 친척, 친구 등 다른 사람에게 돈을 빌리거나 경제적 도움을 요청하게 되었다.   _____ _____

채점 방법 및 해석 기준 : '그렇다'에 응답한 문항 수
0~1개 사교성 도박자
2~4개 문제성 도박자
5개 이상 도박중독자

부록 2

도박중독 치료 관련 기관

정부 운영 기관

- 한국도박문제관리센터 서울지역센터

  전화번호 080-300-8275(무료전화)

  주소 서울시 종로구 북촌로 18(재동 54-5번지)

  홈페이지 http://su.kcgp.or.kr/

- 한국도박문제관리센터 경기지역센터

  전화번호 080-770-8275(무료전화)

  주소 경기도 수원시 팔달구 구천동 13-2 녹산빌딩 7층

  홈페이지 http://gg.kcgp.or.kr/

- 한국도박문제관리센터 부산지역센터

  전화번호 080-400-8275(무료전화)

  주소 부산광역시 동구 초량1동 1209-14 마린리더스타워 7, 8층

  홈페이지 http://bs.kcgp.or.kr/

• 한국도박문제관리센터 광주지역센터

　전화번호　080-345-8275(무료전화)

　주소　광주광역시 서구 무진대로 950 명안빌딩 6층

　홈페이지　http://gj.kcgp.or.kr/

• 한국도박문제관리센터 강원지역센터

　전화번호　080-655-8275(무료전화)

　주소　강원도 강릉시 교동 982-8 세방빌딩 2층

　홈페이지　http://gw.kcgp.or.kr/

사행산업체 운영 기관

• 강원랜드 KL중독관리센터 본사 상담소

　전화번호　080-7575-545(무료전화)

주소 강원도 정선군 사북읍 하이원길 265 강원랜드호텔 페스타플라자
홈페이지 http://klacc.high1.com

- 강원랜드 KL중독관리센터 서울 상담소

  전화번호 080-7575-535(무료전화)

  주소 서울시 마포구 마포동 33-1 신한DM빌딩(구 삼정빌딩) 8층 801호

  홈페이지 http://klacc.high1.com

단도박 모임

- 한국 단도박 모임

  전화번호 02-8888-320

  주소 서울시 관악구 신사동 463-81 3층

  홈페이지 http://www.dandobak.co.kr/

- 한국 단도박 모임 · 한국 단도박 가족 모임

  전화번호 02-521-2141, 02-2636-1142

  주소 서울시 서초구 방배동 923-6 아크로타워 지하 1층

  홈페이지 http://www.dandobak.or.kr/

온라인 모임

- 월덴 3 – 심리학에 관한 다양한 이야기들
  홈페이지 www.walden3.kr

- 후크선장의 Never Land
  홈페이지 http://psyko.tistory.com

- 인터넷 단도박모임 가족모임
  홈페이지 http://cafe.daum.net/atlantakoreanga

『왜 우리는 도박에 빠지는 걸까』
저자 심층 인터뷰

'저자 심층 인터뷰'는 이 책의 심층적 이해를 돕기 위해 편집자가 질문하고 저자가 답하는 형식으로 구성한 것입니다.

Q 『왜 우리는 도박에 빠지는 걸까』 책 소개와 독자들에게 전하고 싶은 메시지는 무엇인가요?

A 도박중독으로 고통받는 사람들을 주변에서 얼마나 보셨나요? 가끔 언론 매체에서 가십 기사로 다룰 뿐, 우리는 그들을 쉽게 볼 수 없습니다. 도박중독이 대수롭지 않아서 우리가 알아차리기 힘든 것일까요? 아닙니다. 바로 '은밀한 중독'이라는 도박중독의 특성 때문에 눈에 잘 띄지 않는 것입니다. 실제로는 우울증, 알코올중독, 가정 폭력이나 공금 횡령 등 다양한 분야에서 도박중독의 어두운 그늘을 발견할 수 있습니다. 많은 사람들이 도박중독 문제로 고통을 받지만, 이를 어떻게 해결해야 하는지 잘 모르는 사람들이 너무나 많습니다. 저는 이러한 현실이 안타까워서 일반인도 언제든 쉽게 읽으면서 참고할 수 있는 책을 쓰고 싶었고, 그 결과물이 『왜 우리는 도박에 빠지는 걸까』입니다.

Q '도박중독'이라고 하면 머릿속으로는 알겠는데, 설명을 하려면 머뭇거리게 됩니다. 도박중독에 대해 간단한 설명 부탁드립니다.

A 인간에게는 자신이 통제할 수 있는 확실한 상황을 원하면서도 불확실한 상황을 좋아하는 이중적인 모습이 있습니다. 불확실한 상황을 극복함으로써 극적인 변화를 이루고 싶은 갈망이라고 할까요? 도박은 돈을 딸 수 있다는 희망과 돈을 잃을 수도 있다는 불길한 전망 그리고 불확실한 결과에 대한 베팅이라는 3가지 요소로 이루어지는데, 바로 세 번째 요소가 강렬한 매력으로 작용합니다.

문제는 도박이 스트레스 해소와 도박중독이라는 '양날의 검'이라는 점입니다. 도박중독을 쉽게 설명하자면 브레이크가 고장 난 차를 탄 것과 같습니다. 도박을 그만해야겠다는 통제력을 상실하고, 그 결과 삶의 균형이 깨지는 마음의 병이라고 볼 수 있습니다. 사람들이 흔히 생각하듯이 재산을 몽땅 잃고 패가망신하는 돈 문제만은 아닙니다.

Q 도박중독인지 아닌지 확실히 판단할 수 있는 자가진단법은 무엇인가요?

A 도박에 중독된 많은 사람들이 "내가 집안을 말아먹은 것도 아니고." 혹은 "내가 항상 도박만 하는 것도 아닌데."라고 하면서 도박 때문에 잃은 돈이나 도박하는 데 보낸 시간만 따지며 자신은 도박중독자가 아니라고 변명합니다.

앞에서 언급한 것처럼 '이제 그만해야지.' 하는 마음을 행동으로 옮기지 못하고, 도박 때문에 인생에서 중요한 것들, 예를 들어

일이라든가 공부 또는 가족과 함께 보내는 시간 등의 균형이 깨지는 시점이라면 이미 도박중독이 시작되었다고 보는 게 맞습니다.

자신이 도박중독인지 아닌지가 궁금하다면 도박중독을 치유하는 전문기관을 방문해서 전문가와 상담을 해보거나 자가진단 테스트를 해보면, 자신의 도박 문제를 좀더 정확하게 판단할 수 있습니다.

Q 많은 사람들이 도박에 빠져들고 있습니다. 이처럼 도박에 빠져드는 이유는 무엇인가요?

A 사람들이 도박에 빠지는 이유는 무척 다양하지만 크게 둘로 나누어보면, 도박 자체의 속성과 도박을 하는 사람에게 그 원인이 있습니다. 도박은 그야말로 무척 재미있기에 빠질 수밖에 없습니다. 사람의 오감을 자극하는 기법과 마음을 끌어당기는 심리적 기제가 총동원되기 때문입니다.

도박중독을 치유하는 상담자들이 가장 어렵게 생각하는 부분이 있습니다. 바로 도박보다 더 재미를 느낄 수 있는 대상이 없다는 겁니다. 그만큼 도박은 재미있지요. 하지만 이렇게 도박이 재미있다면 누구나 빠져들어야 할 것 같은데, 또 그렇지만은 않습니다. 도박을 하는 사람의 성향에 따라 도박에 더 끌리는 사람이 있는 반면에 도박을 별로 재미없어하는 사람도 있습니다. 도박 자체의 매력과 도박에 끌리는 사람의 특성이 한데 어우러져서 사람들을 도박에 빠지게 만드는 것입니다. 문제는 그걸 예상하기가 어렵다는 겁니다. 그러니 누구든지 이를 경계하고 조심해야 합니다.

Q 도박중독은 우리 삶에 치명적인 영향을 미칩니다. 도박중독이 가져온 폐해는 무엇인가요?

A 도박은 블랙홀과 같습니다. 그래서 도박중독자의 재산과 에너지, 열정 등 소중한 것들을 남김없이 빨아들입니다. 모든 것을 도박에 빼앗기면 자신의 인생에서 도박을 제외하고는 쓸 만한 것들이 남지 않습니다. 도박중독자에게서 도박을 빼면 그야말로 속 빈 강정과 같은 사람이 되고 맙니다.

또한 도박은 소비적인 활동이기 때문에 시간이 지날수록 삶의 의미와 가치관을 상실하게 만듭니다. '내가 지금까지 뭘 하면서 인생을 낭비한 거지?'라는 후회만 남게 됩니다.

이외에도 도박중독으로 잃게 되는 것은 시간입니다. 시간은 돈으로도 살 수 없습니다. 도박중독자들은 '이번 한 번만 크게 따면.' '잃은 돈만 복구하면.'이라고 조건을 달며 도박을 끊겠다고 다짐합니다. 하지만 흘러가버린 시간은 절대로 복구할 수 없습니다. 이런 것들이 도박중독이 가져온 진정한 폐해라고 생각합니다.

Q 도박중독에 빠져 패가망신한 사람들이 많습니다. 어떻게 하면 도박중독에서 빠져나올 수 있을까요?

A 어떠한 문제든지 문제가 생기기 전에 예방하는 것이 최선입니

다. 그러므로 계속 도박을 취미로 즐기고 싶다면, 자신도 도박에 중독될 수 있다는 위험성을 인정하고 이를 예방하기 위한 노력을 기울여야 합니다. 가까운 사람에게 도박하는 사실을 공개하고, 베팅액이나 도박하는 시간을 제한해야 합니다. 그리고 만약 자신에게 도박 문제가 있다고 느낀다면 지금 즉시 도박중독 치유기관에 연락해서 전문가와 상담하기 바랍니다.

도박중독을 치유하는 데 가장 어려운 점은 도박중독자가 자신의 문제를 인정하지 않기에 치유기관을 방문하지 않는다는 것입니다. 그래서 자신의 문제를 인정하고 전문가를 만나는 것만으로도 이미 절반은 치유가 된 것이나 마찬가지입니다. 나머지 절반은 전문가의 도움을 받았을 때 치유하기가 훨씬 수월합니다. 잊지 마세요. 가장 중요한 건 자신의 도박중독 문제를 마음으로 인정하고 받아들이는 겁니다.

Q 도박중독을 일종의 '병'의 문제라고 했습니다. 감기에 걸리면 감기약을 먹듯이, 도박중독에 빠지면 어떤 치료 방법을 택해야 하나요?

A 도박중독 문제를 해결하려고 전문기관을 찾는 도박중독자들 중에서 도박 생각이 나지 않게 하는 약을 달라고 하는 사람이 있습니다. 하지만 그런 치료제는 없습니다. 이것만 따르면 완벽하게 치유된다고 자신하는 치유 방법도 없습니다.

전문기관의 상담자들은 도박중독자 각각의 특성과 환경에 적합한 '맞춤식 치유법'을 매번 고안합니다. 똑같은 도박중독이라고 해도 어떤 도박을 했는지, 얼마나 했는지, 빚은 얼마나 있는지,

그리고 가족 중에서 누가 이 사실을 알고 있는지 등 경우에 따라 치유 기법들을 달리 조합해야 합니다.

이때 잊지 말아야 할 것이 있습니다. 도박중독은 자가치유가 굉장히 힘든 병이라는 겁니다. 도박중독자들이 흔히 생각하듯이 마음만 먹으면 금방 끊을 수 있는 것이 절대로 아닙니다. 그러니 꼭 전문가의 도움을 받아야 합니다.

Q 도박중독에 빠진 사람들이 도움을 받을 수 있는 전문기관이 있나요? 관련 기관을 알려주시길 부탁드립니다.

A 도박중독에 빠진 사람들과 가족들이 도움을 받을 수 있는 기관을 크게 둘로 나눠보면, 사행산업통합감독위원회에서 운영하는 국가기관과 사행산업체에서 운영하는 기관이 있습니다. 그러나 안타깝게도 2012년에 사감위법이 개정되면서 사행산업체가 부담해야 하는 분담금의 액수가 대폭 증액되었습니다. 그 결과 운영에 부담을 느낀 사행산업체 운영 센터들이 하나둘씩 문을 닫고 있습니다.

국가에서 운영하는 한국도박문제관리센터가 그 공백을 메우기는 역부족이라서 도박중독자와 가족들의 시름이 깊어지고 있습니다. 하지만 점차 관련 기관의 수가 늘면 결국은 정상화될 것이라고 생각합니다. 그래도 일단은 국가에서 운영하는 한국도박문제관리센터에 일차적으로 도움을 요청하는 것이 좋습니다.

Q 도박중독만큼 가족을 병들게 하는 것도 없습니다. 그렇다면 도박중독자의 가족들은 어떻게 대처해야 하나요?

A 아무것도 모르다가 도박 문제가 터지면 가족들은 무척 힘들어 합니다. 자신이 하지도 않은 도박 때문에 생긴 엄청난 문제들을 감당하려면, 무엇보다 도박과 도박중독의 개념과 특성, 증상, 대처 방법에 대해 정확히 알고 있어야 합니다. 그리고 도박중독은 도박중독자 본인뿐만 아니라 가족까지 의심병과 조급증에 빠지게 하므로, 도박중독 문제와 가족에게 나타나는 문제도 함께 치유해야 합니다.

단도박 가족모임에 참석해서 똑같은 문제로 고민하는 다른 가족들과 마음을 나누며 힘을 얻는 것도 좋고, 믿을 만한 도박중독 전문가와 지속적인 상담을 통해 도움을 받는 것도 좋습니다.

Q 도박중독에 대해 많은 오해와 편견이 있다고 하셨습니다. 좀더 구체적인 설명 부탁드립니다.

A 사람들은 도박중독에 대해 많은 오해와 편견을 가지고 있습니다. 먼저 도박중독자가 일확천금만 노리는 '게으름뱅이'라는 편견이 있습니다. 물론 그런 도박중독자가 아예 없는 것은 아닙니다. 하지만 대부분의 경우 도박에 중독되기 이전에는 성실하거나 매사에 열심이었던 사람들입니다. 불행하게도 목표 대상이 도박이 된 것입니다.

또한 도박중독은 성격적인 문제 때문에 생긴다거나 얼마든지 마음만 먹으면 끊을 수 있는 것이라고 생각하는 사람들이 많습니다. 주로 도박중독자의 부모님들이 이런 생각을 많이 하는데 이 역시 오해와 편견입니다. 성격이 이상한 사람들이 도박에 잘 빠지는 것도 아니고, 무엇보다 도박에 중독되면 마음만으로는 도박을 끊을 수가 없습니다. 그러므로 도박과 도박중독에 대한 정확한 지식을 습득하는 것이 매우 중요합니다.

스마트폰에서 이 QR코드를 읽으시면
저자 인터뷰 동영상을 보실 수 있습니다.

★ 초록북스는 독자의 꿈을 사랑합니다.

문명의 발상지 터키로 떠나는 다크 투어리즘!
우리가 미처 몰랐던 터키 역사기행
이종헌 글·사진 | 값 19,500원

이 책의 저자는 역사기행이라는 형식을 빌려 연대와 사건이 아닌 인간이 담긴 역사를 흥미롭게 풀어낸다. 특히 극과 극의 이질적인 요소들이 충돌하고 섞인 터키를 직접 보고 발로 뛰며 터키의 어제와 오늘을 기록한다. 대륙·문명·인종·종교 등 여러 분야의 경계 지점이자 그 경계가 허물어진 터키에서 외신기자로 오랫동안 일한 저자의 시선으로 '화해와 공존'의 가치를 바라본다.

눈치를 심하게 보는 당신, 왜 그러는 걸까?
왜 나는 늘 눈치를 보는 걸까
박근영 지음 | 값 15,000원

내 몸과 마음에 상처를 주고, 나와 타인의 가치에 해를 입히는 잘못된 눈치는 이제 그만 보자. 불안하고 소모적인 눈치가 아니라 생기 있고 야무지게 건강한 눈치를 보려면 어떻게 해야 할까? 이 책은 말로는 정확하게 표현하기 힘든 눈치의 복잡한 맥락을 원시 인류 시대로 거슬러 올라가 설명한 후 현대의 최신 심리 연구까지 분석하며 눈치의 속성을 속속들이 파헤친다.

인생 최고의 힐링은 가족입니다
그래도 가족입니다
설기문 지음 | 값 15,000원

21세기는 마음의 시대라 말하는 저자는 상처받은 마음을 보듬어줄 수 있는 존재가 바로 가족이라는 생각에서 이 책을 썼다. 이 책은 가족 문제만을 다루는 일반적인 책과 달리 상처받은 사람들을 위해 그 상처를 보듬어줄 수 있는 연고와 같은 역할을 한다. 또한 가족의 애틋함을 느낄 수 있는 글과 함께 보기만 해도 마음이 따뜻해지는 사진을 실어, 조용하고 여유로운 힐링의 시간을 선사한다.

불멸의 명상록, 21세기에 다시 태어나다!
아우렐리우스의 명상록
마르쿠스 아우렐리우스 지음 | 이현우·이현준 편역 | 값 13,000원

이 책은 또 한 권의 명상록이 아닌, 21세기에 완전히 다시 태어난 고전이다. 아우렐리우스의 인생철학을 보다 명확히 이해할 수 있도록 기존『명상록』의 12개 테마를 6개 주요 테마로 재분류하고, 77개 칼럼으로 완전히 재정리했다. 딱딱한 철학적 사고에 익숙지 않은 일반인들은 이 책을 통해 철인왕의 위대한 정신에 흠뻑 빠질 수 있도록 해준다.

허전하고 외로운 이들을 위한 위로와 공감
왜 나는 늘 허전한 걸까
조영은 지음 | 값 15,000원

내면의 허전함이 정신적 상처와 연결될 때 혹은 건강한 충만감을 찾는 방법을 모를 때, 마음속에 자리 잡은 결핍감은 우울증, 열등감 등 마음의 병으로 드러난다. 상담심리가인 저자는 마음의 병을 앓는 사람들을 치유했던 사례를 재구성해 소개한다. 공허한 이들과 진심으로 공감했던 치유과정을 흥미로운 이야기로 전하는 동시에 유용한 정보와 치료방법을 알려준다.

권력과 인간의 진실을 해부하다!
마키아벨리의 군주론
니콜로 마키아벨리 지음 | 김경준 해제 | 값 13,000원

불멸의 고전인 『군주론』이 리더십의 정수를 꿰뚫는 인문서로 태어났다. 완독과 의미 파악이 쉽지 않았던 원문을 5개의 테마로 나누어 재편집했으며, 딜로이트 컨설팅 김경준 대표가 성실한 해제를 더해 완성도를 높였다. 있는 그대로의 세상을 이해할 자세가 마련되어 있는 사람에게 인간이 살아가는 현실에 대한 귀중한 통찰력을 주고자 한다. 이 책에 압축된 마키아벨리의 사상은 21세기 기업경영학과 조직리더십의 최고 지침이 될 것이다.

인상적인 인상파 풍경을 걷다
인상파 그림여행
최상운 지음 | 값 17,000원

인상파 작품이 그려진 프랑스 각지의 매혹적인 장소를 찾아가서 그림을 되짚어보는 낭만 여행을 떠난다. 19세기를 살았던 인상파 화가들이 그린 매혹적인 프랑스 풍경은 지금 어떤 모습을 하고 있을까? 저자는 인상파 문화의 산실이었던 장소를 생생하게 묘사한다. 인상파 화가가 그림을 그렸을 19세기를 상상하며 글을 읽다 보면 마치 프랑스 도시를 직접 다녀온 것 같은 기분 좋은 착각에 빠져들 것이다.

남자의 내면을 이해하는 최고의 바이블!
그 남자는 도대체 왜 그럴까
런디 밴크로프트 지음 | 정미우 옮김 | 값 19,000원

전 세계에서 100만 부 이상 판매되었고 독일, 일본, 중국, 태국 등 30여 개국에서 번역 출간되었다. 이 책은 학대하는 남자들의 내면으로 들어가는 문을 열어주었으며, 가학적인 남녀관계를 벗어날 수 있는 출구를 제시한 기념비적인 저작이다. 17년 동안 가정폭력과 학대하는 남자의 행동을 연구해온 미국 최고의 전문가인 저자는 정신적·육체적으로 여자를 학대하는 남자의 내면세계를 파헤치고 명쾌한 해결책을 제시한다.

★ 초록북스는 독자의 꿈을 사랑합니다.

엄마가 행복해야 아이도 행복하다!
엄마의 상처 떠나보내기
재스민 리 코리 지음 | 김세영 옮김 | 값 15,000원

늘 피곤해하고 화만 내는 엄마, 필요할 때 곁에 없는 엄마를 두었는가? 이 책은 어릴 때 충분한 사랑을 받지 못한 어른 아이들과 아이에게 충만한 사랑을 주고 싶은 엄마들을 위한 최고의 심리 지침서다. 저자는 엄마의 자리가 부족했던 사람들이 엄마에게 어떤 영향을 받았으며, 어떻게 해야 상처를 회복할 수 있는지 상세하고 친절하게 해법을 제시한다.

마음챙김으로 수줍음과 불안 치유하기
더 강해지지 않아도 괜찮아
스티브 플라워즈 지음 | 값 15,000원

적당한 수줍음은 신중함으로 받아들여지지만 지나친 수줍음은 타인과의 친밀한 관계 형성을 가로막기 때문에 문제가 되기도 한다. 미국의 저명한 심리치료사인 저자는 지나친 수줍음의 문제를 극복할 수 있는 마음챙김의 기술과 지혜를 소개한다. 이 책은 열린 마음으로 행복한 인생을 살고자 하는 사람들에게 도움이 되는 메시지와 훈련법들도 가득하다.

중독으로부터 회복에 이르는 길
어떻게 나쁜 습관을 멈출 수 있을까
프레드릭 울버튼·수잔 샤피로 지음 | 값 16,000원

나쁜 습관은 아무리 사소해보이는 것일지라도 삶을 황폐하게 만들 수 있다. 우리는 마약이나 술, 담배뿐만 아니라 쇼핑, 스마트폰, 온라인게임, 운동, 일, 성형, 종교 등 일상에서 즐겨하는 활동에도 중독될 수 있다. 이 책은 당신 삶이 중독으로 인해 서서히 병들어 가는 것을 막고 건강한 삶으로 돌아갈 수 있는 길을 제시한다. 풍부한 사례와 현실적인 조언, 전문적인 지식을 제시하는 해독제와 같은 책이다.

우리 문화와 자화상을 있는 그대로 보자!
정신분석으로 본 한국인과 한국문화
이병욱 지음 | 값 17,000원

이 책은 인간심리를 이해하는 유용한 도구인 정신분석으로 한국인과 한국문화를 분석한 역작이다. 저자는 우리의 역사 및 사회적 현상과 관련된 내용들을 분석적으로 탐색해 개인적·집단적 현상을 심리적으로 재해석하고, 그것에서 비롯된 다양한 문화적 코드를 읽어내고 있다. 이 책을 통해 왜곡된 우리문화와 자화상을 똑바로 볼 수 있게 될 것이다.

외상 후 스트레스 장애(PTSD)에서 벗어나는 법
내 인생을 힘들게 하는 트라우마
바빗 로스차일드 지음 | 김좌준 옮김 | 값 16,000원

외상 후 스트레스 장애(PTSD)에서 벗어날 수 있는 트라우마 치유서가 나왔다. 신체가 외상 사건을 어떻게 처리하고 기억하며 지속시키는지부터 상처를 진실되게 마주하고 기억해내는 상세한 치유 과정에 이르기까지 트라우마 이론과 치유에 관한 모든 것을 담았다. 이론과 치유 현장 사이의 괴리를 좁히며 미국뿐만 아니라 전 세계에서 트라우마 치유의 대표적 베스트셀러로 자리매김한 책이다.

자기 자신과의 화해를 위한 철학카운슬링
진짜 나로 살 때 행복하다
박은미 지음 | 값 15,000원

인생은 자신이 깊이 빠져 있는 문제에 대해 어떤 태도를 취해야 할지 배우는 영혼의 진화학교. 이 영혼의 진화학교에서는 자신의 마음을 들여다보고 진정한 마음의 주인이 되어야 비로소 '진짜 나'로 사는 행복을 누릴 수 있다. 이 책에서 저자는 심리학적 설명을 바탕으로 두고 철학적 성찰력을 통해 삶의 방향을 잡도록 조언해주고 있다. 어려운 철학을 공부하자는 것이 아니라 철학적 성찰력을 일상에 적용해내는 공감과 위로의 철학카운슬링이다.

마음을 다스리면 행복은 저절로 온다!
내 마음이 도대체 왜 이럴까
이현주 지음 | 값 14,000원

우리는 마음이 편치 않을 때 술을 마시거나 운동을 하지만, 그럼에도 불구하고 여전히 마음이 편치 않을 때가 있다. 이럴 때 이 마음을 어떻게 다스려야 할까? 심리학박사인 저자는 이 책에서 많은 사람들에게 고통을 안겨주는 대인관계, 감정의 다스림, 내면적 갈등, 일과 개인생활의 균형에 대해 아낌없이 조언하고 있다. 내 마음에서 갈등의 실마리를 찾을 수 있다면, 우선은 내 마음을 다스리는 것이 필요한 것이다.

당신의 마음속에 온기가 스며들다
심리학의 온기
조영은 지음 | 값 15,000원

버거운 하루를 보내고 있을 당신을 위한 심리학 대중서가 나왔다. 불안 때문에 몸과 마음이 바쁜 날, 나 자신이 너무나 싫어지는 날, 당신이 지치고 힘들 때 등 실생활에서의 문제들을 쉽고 재미있게 심리학의 개념부터 치유방법까지 설명한다. 저자는 심리학에 대한 지식이 없는 독자도 쉽게 이해할 수 있도록 풀어냈다. 지치고 힘들 때 잠깐의 쉼표가 필요하다면 이 책을 펼쳐보자.

■ **독자 여러분의 소중한 원고를 기다립니다**

초록북스는 독자 여러분의 소중한 원고를 기다리고 있습니다. 집필을 끝냈거나 집필중인 원고가 있으신 분은 khg0109@hanmail.net으로 원고의 간단한 기획의도와 개요, 연락처 등과 함께 보내주시면 최대한 빨리 검토한 후에 연락드리겠습니다. 머뭇거리지 마시고 언제라도 초록북스의 문을 두드리시면 반갑게 맞이하겠습니다.

■ **메이트북스 SNS는 보물창고입니다**

메이트북스 홈페이지 www.matebooks.co.kr

책에 대한 칼럼 및 신간정보, 베스트셀러 및 스테디셀러 정보뿐만 아니라 저자의 인터뷰 및 책 소개 동영상을 보실 수 있습니다.

메이트북스 유튜브 bit.ly/2qXrcUb

활발하게 업로드되는 저자의 인터뷰, 책 소개 동영상을 통해 책에서는 접할 수 없었던 입체적인 정보들을 경험하실 수 있습니다.

초록북스 블로그 blog.naver.com/chorokbooks

화제의 책, 화제의 동영상 등 독자 여러분을 위해 다양한 콘텐츠를 매일 올리고 있습니다.

메이트북스 네이버 포스트 post.naver.com/1n1media

도서 내용을 재구성해 만든 블로그형, 카드뉴스형 포스트를 통해 유익하고 통찰력 있는 정보들을 경험하실 수 있습니다.

STEP 1. 네이버 검색창 옆의 카메라 모양 아이콘을 누르세요. STEP 2. 스마트렌즈를 통해 각 QR코드를 스캔하시면 됩니다. STEP 3. 팝업창을 누르시면 메이트북스의 SNS가 나옵니다.